1ᵉʳ groupe

1442

O² 906

JOURNAL D'UN COMMANDANT

DE

LA COMÈTE

L'auteur et les éditeurs déclarent réserver leurs droits de reproduction et de traduction en France et dans tous les pays étrangers, y compris la Suède et la Norvège.

Ce volume a été déposé au ministère de l'intérieur (section de la librairie) en janvier 1897.

JOURNAL D'UN COMMANDANT

DE

LA COMÈTE

CHINE — SIAM — JAPON

(1892-1893)

PAR LE COMMANDANT

LOUIS DARTIGE DU FOURNET

Ouvrage accompagné de gravures

PARIS

LIBRAIRIE PLON

E. PLON, NOURRIT et Cie, IMPRIMEURS-ÉDITEURS

RUE GARANCIÈRE, 10

1897

Tous droits réservés

A Celle

pour qui ces lignes furent écrites chaque soir

et dont la pensée les remplit

sans que son nom y soit prononcé.

1896.

Et vos meminisse juvabit.

Louis DARTIGE DU FOURNET.

JOURNAL D'UN COMMANDANT
DE
LA « COMÈTE »

CHAPITRE PREMIER

Le départ. — Le canal de Suez. — Aden. — Colombo. — Singapore. — Saïgon. — Hong-Kong. — Shanghaï.

2 octobre 1892. — Il est quatre heures et demie du soir. Le *Natal*, le beau courrier d'Extrême-Orient, largue ses dernières amarres qui tombent en faisant jaillir l'eau de la Joliette... De tels départs sont toujours des moments d'angoisse, et bien des yeux sont humides à bord, bien des cœurs saignent, songeant aux êtres chéris dont vont les séparer les mers et les années...

Le puissant paquebot prend sa course rythmée par le battement de l'hélice ; en quelques minutes les jetées sont franchies ; Marseille qui emplissait l'horizon n'est plus qu'une tache pâle sur la côte grise. Au-dessus de la grande ville se dresse, comme un symbole d'espérance, la haute silhouette de Notre-Dame de la Garde. Elle plane sur le rivage de France, portant l'image de cette Étoile de la mer que tant de lèvres prient chaque soir pour les absents, et semble jeter à ceux qui partent, à ceux qui souffrent, un adieu, une consolation.

3 octobre. — Il y a de tout dans notre arche de Noé : des Anglais qui vont aux Indes ou en Chine, des Hollandais qui nous quitteront à Singapore pour gagner Batavia, des Français allant en Cochinchine, des missionnaires, des religieuses qui se répandront sur tout le parcours, des Siamois, des Cambodgiens, tout un petit monde qui vivra quelques jours côte à côte, et se dispersera ensuite pour jamais. Chacun le sait ; pourtant déjà les causeries s'engagent, les groupes se forment au gré des sympathies, des liens se créent qui se rompront demain... La mer est admirable, et ce matin, en passant les Bouches de Bonifacio, nous avons salué la dernière terre française.

4 octobre. — A midi, après avoir longé Stromboli et les Lipari, dont les volcans fument toujours à la grande joie des passagers, nous nous engageons entre les hautes montagnes sauvages du détroit de Messine. Il fait un temps calme, chaud, ravissant ; il n'y a pas une ride à la belle eau bleue où de grands voiliers dérivent au courant, paraissant s'inquiéter fort peu des dangers antiques de Scylla et de Charybde. On monte un piano sur le pont, on danse, on chante, et les muses de Sicile doivent être satisfaites ! *Sicelides musæ!*... Hélas ! cette belle terre de Sicile n'est plus la patrie des églogues ; la politique y a importé la tragédie !

8 octobre. — Après une matinée passée à Alexandrie, le *Natal* longe la côte d'Égypte, que révèlent seules la teinte jaune de la mer au voisinage du Nil ou quelques lanternes de phares sortant de l'horizon, portées sur des trépieds de fer; et nous voici dans le canal de Suez. Cette œuvre magnifique du génie français frappe toujours ceux même qui l'ont vue plusieurs fois. Quel travail gigantesque ! Que de difficultés ont été vaincues pour ouvrir cette route colossale ! De toutes parts on n'aperçoit qu'une solitude affreuse, du sable et de l'eau salée, des tamarix et des roseaux rabougris sous le ciel aux tons rouges du désert. Au bord de l'horizon flottent de vagues images, des arbres, des voiles de dahabiehs, des mâtures, des cheminées de vapeurs déformés par le mirage. Le ressac du navire effarouche des ibis, des cigognes, de grands vols de flamants roses ; des vautours volent de dune en dune. Vers le sud, les montagnes du Géneffé baignent dans une lumière aveuglante.

Nous sommes au pays de l'Exode, et nous sentons à quel point, au sortir de ces sables, de ces volcans, de cette stérilité effroyable, l'imagination juive dut être éblouie par les cèdres du Liban, les roses de Saron et les oliviers de la Judée.

A El-Kantara une caravane a fait halte, et cette vie orientale, immobile depuis quatre mille ans, fait songer aux frères de Joseph ou à la Fuite en Égypte. Sur la berge des marmots fellahs courent en demandant l'aumône au Léviathan qui passe. Les garçons poussent des cris ; les filles tendent silencieusement la main, très gracieuses dans les plis de leur voile bleu qui flotte au vent.

9 octobre. — Nous descendons la mer Rouge, mer d'azur malgré son nom, que chauffe un soleil implacable. Des côtes abruptes, des montagnes colossales comme le mont Sinaï ou les monts Émeraude, bordent l'horizon des deux rives, rouges le jour, violettes au soleil couchant, pays de rochers et de lumière, sans un brin d'herbe, sans un arbre pour reposer la vue, sans une source. Après le désert de sable de Suez c'est le désert de pierre, d'où l'on sort avec un soupir de soulagement quand le paquebot franchit à Périm le détroit de Bab-el-Mandeb, la « Porte de la Désolation ».

13 octobre. — Aden est, lui aussi, un lieu de désolation, aride, brûlé, un massif de pics noirs qui semble sortir du crayon de Gustave Doré. Très jaloux de cette admirable position stratégique, les Anglais lui ont fait, contre l'ennemi de la terre ferme et celui de la mer, une ceinture de forts et de remparts qui la rendent plus triste encore. On y mourrait de spleen sans le mouvement et la vie qu'apportent les innombrables vapeurs d'Australie, d'Afrique, des Indes, de Chine, obligés de s'arrêter tous ici, soit pour faire du charbon, soit pour transborder leurs dépêches ou leurs passagers.

15 octobre. — L'océan Indien, calme et bleu, a pour nous des nuits splendides, parées de tous les diamants du ciel. On se montre la Croix du Sud, cette constellation si longtemps vierge du regard européen. Vers le nord l'étoile polaire décline, pâle au fond de l'horizon tropical, jalon muet marquant la distance colossale où nous sommes déjà de la patrie.

20 octobre. — Que l'Inde est belle, au sortir des longs jours de mer et des tableaux désolés qui se déroulent à nos yeux depuis Port-Saïd ! Voici Colombo et sa merveilleuse végétation toute fraîche encore de la saison des pluies. Nous ne nous lassons pas d'admirer ces bois exotiques qui forment autour de la ville une série de décors incomparables, ces bungalows charmants ombragés de cocotiers, voilés de bananiers et de lianes, de bambous et de sensitives, ces routes auxquelles les tamariniers et les arbres mandarins font une voûte de dentelle, ces beaux jardins parsemés de flamboyants aux grappes de pourpre, de banians aux fleurs violettes qui sentent le miel. La sève est si brûlante, ces arbres ont des parfums si violents que, dans les nuits calmes, Ceylan embaume, comme un bouquet capiteux, les brises de la mer et que les marins en pressentent ainsi l'approche.

Quand on songe à nos feuillages d'automne, à nos champs glacés par l'hiver, on est plus frappé encore de cette fête perpétuelle du soleil, de la vigueur de cette nature au milieu de laquelle l'homme s'étiole par un contraste singulier...

Il s'étiole au moral surtout, car ici les femmes sont grandes, gracieuses et belles; ces Indiens qui passent coiffés de turbans rouges, la taille ceinte d'un pagne éclatant, le torse drapé d'une étoffe fièrement rejetée sur l'épaule, sont des hommes superbes, faits pour servir de modèles dans les ateliers d'artistes. Et pourtant c'est un peuple énervé, qu'une poignée d'Anglais contient, pourvu qu'elle aille de temps à autre retremper son énergie dans les brumes froides de la Tamise.

Nous voyons à Colombo les premiers pousse-pousse, spectacle autrefois réservé aux seuls voyageurs, mais avec lequel les expositions ont familiarisé même les gamins de Pontoise.

24 octobre. — Le *Natal* pénètre dans le détroit de Malacca, après avoir contourné à distance respectueuse la tête d'Achem. La lutte entre les indigènes et les Hollandais s'éternise à cette pointe ouest de Sumatra, et le paquebot qui raserait la terre de trop près pourrait bien recevoir quelque balle égarée. Nous longeons une côte hérissée de montagnes, où d'immenses forêts montent de la mer jusqu'aux cimes. A chaque instant des torrents d'eau nous assaillent, accompagnés de violentes rafales, suivis de calmes accablants. La tension électrique est si forte que des feux Saint-Elme s'allument au beaupré et à la pointe des vergues.

26 octobre. — Nous entrons à Singapore à travers un dédale d'archipels, de rochers roses couverts d'arbres fleuris. A mesure que nous approchons, ces îlots se peuplent de jolies maisons entourées de vérandas ombragées de banians. Une jeune femme souriante se penche à la fenêtre de l'une d'elles pour regarder passer le grand paquebot empanaché de fumée qui emporte tant de cœurs inquiets à la recherche de l'inconnu... Le soleil se lève à peine, et il fait encore une délicieuse fraîcheur au moment où nous accostons l'appontement de New-Harbour.

A terre, on se croirait déjà en Chine. A part les soldats anglais, les policemen indiens, et quelques négociants ou fonctionnaires, tout est Chinois, depuis le fournisseur millionnaire jusqu'au coolie qui vous traîne en « djinnricksha ». On rencontre à chaque pas des pagodes, de longues files de boutiques ornées de lanternes et d'enseignes aux lettres étranges, des maisons émaillées de fleurs de faïence, un peuple de portefaix portant leur fardeau sur l'épaule balancé au deux extrémités d'un bambou. C'est la ville chinoise avec son odeur spéciale d'égout, de poisson grillé, d'opium et de musc...

Le soleil monte, la chaleur rend déjà la marche pénible, et nous regagnons le *Natal* à travers une campagne merveilleuse où, sous les palmiers éventails et les bambous, fleurissent des jasmins et des liserons plus grands que nos roses de France.

28 octobre. — Au jour nous sommes en vue du cap Saint-Jacques, haut massif montagneux qui marque l'entrée de la rivière de Saïgon. Il fait mauvais... La mousson de nord-est, qui balaye la côte de Chine pendant les six mois d'hiver, vient de s'établir et souffle avec violence.

La mer est grosse, le pont couvert d'embruns... Puis, aussitôt que nous sentons l'abri du cap, le calme se fait en quelques minutes, et la baie des Cocotiers, le Donnaï sont à peine ridés par des brises folles quand nous nous y engageons à toute vitesse.

L'estuaire se rétrécit rapidement ; nous voici au milieu de champs de palétuviers et de palmiers d'eau, de plaines de vase où dorment des alligators, où paissent des buffles gris. Ce fouillis de verdure coupé par le lit boueux des arroyos, ces terres noyées où s'élèvent de loin en loin des huttes de bergers annamites, ces troupeaux qui écartent les hautes herbes pour nous regarder d'un œil farouche, ces sampans misérables qui suivent le courant le long des berges et que notre sillage couvre d'écume, forment un tableau bizarre, laid, sans grandeur. A un détour du fleuve, les tours de la cathédrale, les mâtures des navires se montrent, annonçant Saïgon. Mais le lit du Donnaï est un méandre ; nous semblons tour à tour nous rapprocher, nous éloigner, et il faut décrire des sinuosités sans nombre avant d'atteindre la ville, qui paraît fuir devant nous.

Elle est belle, un peu vaste encore pour la population et le commerce d'aujourd'hui ; on a prévu le lendemain... Tiré au cordeau, coupé de larges rues ombragées de beaux arbres, Saïgon monte, en pente légère, du fleuve au plateau, où s'élèvent les casernes, le palais du gouverneur, la cathédrale, les édifices publics, monuments superbes du grand effort fait par la France en Extrême-Orient. De beaux jardins, de gracieuses maisons à l'indienne bordent les avenues

où l'œil s'enfonce de toutes parts. On a fait grand ici, et l'étranger peut venir, même au sortir de Batavia ou de Calcutta, sans que notre amour-propre ait à souffrir.

Vers midi nous regagnons le paquebot. C'est l'heure silencieuse de la sieste. La nature sommeille, défaillante, accablée par un soleil de plomb; les Annamites eux-mêmes succombent sous le poids du jour. On n'entend que le cri des vautours de la rivière qui tournent lentement autour des mâtures.

30 octobre. — En route pour Hong-Kong! Nous avons pris à Saïgon cent cinquante passagers chinois qui campent sur le pont, y dorment, y font leur cuisine, y prennent leur repas. C'est une Chine en miniature, grouillante, malpropre et mal odorante. Nous nous amusons à les regarder manger avec des bâtonnets, dans de petits bols de faïence, les cinq ou six plats minuscules, poissons, hachis, riz, fruits, gâteaux, qui forment l'ordinaire de tout Fils du Ciel et nous semblent des dînettes de poupée.

31 octobre. — Le personnage le plus important du bord est un diplomate anglais retournant en Chine, où il a déjà rempli de hautes fonctions. Il est grand, froid, parfaitement courtois et, malgré l'apparence guindée commune à tous ses compatriotes, prévenant et désireux de causer cordialement avec ses compagnons de voyage. Il parle parfaitement le français et, catholique irlandais, ne cache pas sa sympathie pour nous. Malgré sa jeunesse, il ne paraît pas enthousiaste du poste qui lui est confié. Comme tous les Européens de Péking, il s'irrite de la haine, du mépris que le Chinois déguise mal sous la politesse officielle quand il est mandarin, et que la populace témoigne très ouvertement pour le blanc, « le diable des mers de l'Ouest ». « Je ne pourrai jamais passer devant une maison en construction, dit-il, sans qu'on me jette une brique sur la tête », et c'est une image pittoresque de la situation. Elle n'a rien d'agréable pour le représentant d'un pays grand, riche, mais qui doit éviter toute aventure.

Ayant embrassé le monde, il a des ennemis partout, et il suffirait d'une pierre pour faire trébucher ce colosse aux pieds d'argile.

2 novembre. — Nous sommes à Hong-Kong, en face d'une des œuvres les plus frappantes du génie anglais. Il n'y a pas encore soixante ans, cette île pierreuse, aride, n'avait pas de nom sur la carte; sa magnifique rade était déserte. Les marchands d'opium sont venus et, malgré tous les obstacles, le choléra qui les décimait, l'abandon de leur propre gouvernement, les entreprises des pirates, l'hostilité universelle, malgré sans doute le cri de leur conscience, ils ont fondé une des villes les plus riches du monde entier. Sur ces rochers stériles qui ne produisaient que des moissons d'or mal acquis, il a fallu apporter même la terre végétale. Aujourd'hui, les pluies de la saison chaude et l'action du temps aidant, Hong-Kong a des arbres, des fleurs, de belles promenades en amphithéâtre où les coupures du roc disparaissent déjà sous la verdure, des jardins admirables égayés par les jeux de ces beaux « babies » anglais blonds, roses, aux yeux couleur de pervenche, qui souvent feraient mieux de ne pas vieillir si la question esthétique était seule en jeu.

3 novembre. — Nous approchons de Shanghaï. La côte se déroule en longues chaînes fauves et nues, baignée d'une eau jaune, défendue de la mer par une ceinture d'îlots stériles. Il faut avoir lu les récits de voyages pour soupçonner la richesse d'un pays qui se présente ainsi aux regards. A notre droite s'élève la longue silhouette de Formose, avec ses montagnes de quatre mille mètres voilées par la brume de la mousson. Des jonques passent, ouvrant à la brise de larges voiles échancrées qui ressemblent à des ailes de chauves-souris. Le paquebot est presque vide maintenant, et on peut s'y promener à l'aise. Après l'étouffante chaleur des pays tropicaux, nous remontons vers le froid, sous un ciel qui rappelle l'automne de France.

6 novembre. — Le *Natal* a mouillé devant la barre de Shanghaï, en face de Wousong ; nous transbordons sur le remorqueur des Messageries Maritimes, qui doit nous conduire jusqu'à la ville. C'est la séparation pour tous ; chacun songe à ses affaires. La *Vipère* est à Kiou-Kiang, très haut dans le Yang-Tsé, et je partirai demain pour la rejoindre par un « ferry » du fleuve. En attendant, il y a la ville à voir, des visites à faire, des achats à compléter. Shanghaï n'a pas changé, depuis huit ans que je ne l'avais vu. C'est toujours une ville de banques, de magasins de thé, de soie ou d'opium, un rideau de palais rococo au bord du fleuve, derrière lequel fourmillent les rues chinoises. Le long des routes de « Bubbling Well » et de « Sicawei », les jardins des villas ont grandi et donnent de beaux ombrages sous lesquels passent des voitures de Chinois. Les hommes ont des robes violettes, bleu ciel; les femmes sont plâtrées, peintes, ont des lèvres rouge de carmin, des fleurs aux cheveux, et ressemblent à des poupées de cire. Au bord du « Soochow Creek » le « Public Garden » est rempli d'enfants qui rient et jouent avec des pépiements d'oiseaux... C'est dimanche... les cloches lointaines sonnent doucement, et leur voix remue le cœur après les longues solitudes de la mer.

7 novembre. — Visite à Sicawei, l'observatoire créé, dans la banlieue de Shanghaï, par les Jésuites, auprès de l'école où ils préparent au mandarinat. Notre principale raison d'être en Chine est la protection de ces missions qui font connaître, aimer, respecter la France, et que je n'ai jamais visitées sans un juste sentiment de fierté et d'admiration. Tout le long de la route la campagne est laide, plate, sillonnée d'arroyos vaseux et fétides. La répugnance qu'inspirent à tout Chinois aisé les exercices physiques, et notamment la marche, se manifeste ici par la multiplicité des moyens de transport, voitures, djinnrikshas, chaises à porteurs, brouettes. Sur ce dernier véhicule il y a place à deux, avec la roue au milieu séparant les voyageurs.

Cela va bien quand ils sont deux!

Mais quand il n'y en a qu'un seul, le coolie qui traîne se trouve réduit à faire des prodiges d'équilibre, inquiétants pour les passants presque autant que pour son fardeau.....

CHAPITRE II

Le fleuve Bleu. — Prise de commandement. — Fiancées à bon marché! — La branche de saule partagée. — Kiou-Kiang. — Hankow. — Les projets d'un vice-roi. — Wouhou. — Coup d'œil sur les missions. — Chinkiang.

8 novembre. — Le *Kiang Foo* nous emporte vers le haut du Yang-Tsé. C'est un beau « ferry » à l'américaine, muni de deux roues énormes au-dessus desquelles monte et descend un grand balancier. Tout cela tourne, va, vient, avec des secousses qui ébranlent la coque entière. A Wousong, nous quittons le bras de Shanghaï, venons à l'ouest et remontons le fleuve à toute vapeur.

L'estuaire est si large que nous voyons à peine, à trois ou quatre kilomètres de chaque côté, les rizières et les champs de roseaux qui forment les rives. Il est si plat que nous parcourons près de cent kilomètres avant de rencontrer une hauteur dans ces immenses terrains d'alluvions. Enfin, vers quatre heures du soir, nous sommes à Tongtchéou, en face de trois collines dont la principale porte une pagode, l'amer le plus remarquable du delta. Avec ses quatre étages aux angles retroussées, elle a une fière mine, une silhouette tout à fait chinoise. Les berges du fleuve commencent à s'élever et à se rapprocher. A chaque instant, nous croisons des jonques dont l'avant porte des deux bords un œil gigantesque. Sur la rive des files de pêcheurs, abrités sous de petits toits de feuilles, élèvent et abaissent tour à tour leurs carrelets mus par un système de bambous très ingénieux. Ils ne semblent pas prendre beaucoup plus de poisson que les pêcheurs du pont Royal.

9 novembre. — L'aspect du Kiang change de plus en plus ; mais ses eaux sont du même jaune sale, et l'on se demande quel géographe fantaisiste a bien pu inventer cette dénomination de fleuve Bleu. C'est une mystification de plus parmi celles, hélas ! trop nombreuses, dont on nous a peuplé la mémoire sur les bancs de l'« Alma Mater ». Nous traversons de grandes plaines de roseaux où tournent d'innombrables vols de canards sauvages ; nous côtoyons des hauteurs qui reposent l'œil de l'ennui des horizons plats. Des rochers escarpés, pleins de nids de cormorans, surplombent l'eau ; chaque colline porte une pagode, au milieu de sapins, de chênes, de bosquets d'érables qui ont leur beau feuillage pourpre d'automne. Le bouddhisme cherche pour ses temples les sites élevés, pittoresques, et entretient autour d'eux ces ombrages que l'imprévoyance chinoise a coupés et jetés au feu partout ailleurs. La pénurie de bois est telle maintenant dans le Céleste-Empire qu'on n'y trouve plus de quoi faire des cercueils.

La matière première de ces meubles macabres vient d'Amérique, et les fils qui, par un singulier usage local difficile à populariser en France, offrent en cadeau à leur père vivant une bière magnifique, doivent trouver que ce dernier n'a pas le droit d'être très exigeant, ayant mangé déjà son blé en herbe.

Il pleut et il fait froid dans cette Chine où nous nous enfonçons de plus en plus. Il souffle un grand vent du nord-est qui contrarie le courant et soulève de gros embruns. Si ce temps continuait, certains passages seraient infranchissables; il faudrait mouiller et attendre une embellie. Pourtant les eaux sont basses, comme l'indique la ligne d'érosions que la crue d'été a tracée sur les rochers; quand elles sont hautes, le Kiang doit avoir de vraies lames et des colères redoutables.

11 novembre. — La *Vipère* attendait à Kiou-Kiang; le commandement m'a été remis ce matin, et ce soir je couche à bord de la canonnière où vont s'écouler deux années de ma vie.

Si petit que soit son bâtiment, un marin sent toujours qu'on lui confie un morceau de la patrie, que sa responsabilité est grande et sa tâche sérieuse : « Vous lui obéirez, dit la formule officielle de présentation du nouveau chef à l'équipage et aux officiers, en tout ce qu'il vous commandera pour le bien du service et le succès des armes de la France. » Chacun sera donc tenu de s'incliner devant sa direction militaire; il a charge d'âmes, charge de l'honneur du pavillon. Que d'événements imprévus peuvent surgir pendant deux années dans le petit monde qui se repose de tout sur lui, où il aura à maintenir la concorde, la discipline, les traditions maritimes, à grouper toutes les volontés vers le but qui lui sera désigné, à faire pratiquer le devoir, à le faire aimer! Il sent qu'avant tout lui-même doit élever son cœur pour qu'il devienne l'appui des autres; il sent qu'au milieu de tant de complications où le hasard jouera un grand rôle, il lui faudra l'heureuse étoile, la protection de Dieu. Tout commandant a connu ces pensées inséparables de la première nuit à bord…

Je sais que j'ai un excellent équipage, un bon navire, qu'un meilleur encore, la *Comète*, remplacera bientôt, un état-major d'élite; et cette certitude est un doux oreiller, tandis que la pluie fouette le pont là-haut et que la *Vipère*, secouée par la tempête qui fait rage cette nuit, tangue comme en pleine mer.

13 novembre. — Puisque notre tâche principale est la garde des Missions, faisons connaissance avec elles; et, sur cette réflexion, en route pour voir la petite église des Lazaristes, leur école de garçons, l'hôpital, l'orphelinat de filles que tiennent les Sœurs de Saint-Vincent de Paul! Partout, accueil chaleureux des maîtres, grands saluts à la chinoise des bambins… Ici la coutume veut que les maris achètent leurs femmes, ce qui leur coûte souvent fort cher. Aussi le Chinois, esprit pratique, emploie-t-il quelquefois un artifice ingénieux. Quand le fils a une dizaine d'années, on lui fait emplette, à vil prix, d'une fiancée en bas âge; on la confie aux Sœurs, qui l'élèvent gratis, et ce mariage à bon marché devient ainsi une excellente affaire. Pendant notre visite, toutes les fillettes tissent ou filent du coton; leur premier ouvrage est la confection des bandelettes dont on leur enveloppe aussitôt les pieds pour les conserver petits. Sans cette précaution, leur avenir matrimonial serait irrémédiablement compromis.

19 novembre. — Le cœur de l'homme est le même partout; son cri est pareil quand il souffre... En feuilletant un livre de poésies chinoises, j'en ai rencontré une qui a la mélancolie, la douceur des chansons bretonnes...

Quand un Chinois quitte les siens pour un long voyage, il partage avec eux une branche de saule. Cette cérémonie, dans un pays esclave de l'étiquette et où rien de solennel ne se fait sans musique, est accompagnée d'un air populaire joué sur la flûte par un membre de la famille, et qu'on appelle l' « air de la Branche de saule partagée ». Cette musique peut être atroce, elle doit l'être sûrement pour nos oreilles européennes; mais nul cœur ne désavouerait les vers que cette coutume a inspirés à un poète chinois de l'an 800 :

« Quelle est cette flûte rustique dont l'haleine d'un
« soir de printemps m'apporte les ondes harmonieuses?
« Ses notes remplissent la ville, flottent doucement
« autour des remparts, trouvent des échos dans la
« vallée. Écoutez ! elle joue la « Branche partagée »,

« la douce chanson du départ amer ! L'image de ma
« chère maison s'élève dans mon cœur et le remplit
« d'attendrissement. Qui peut, cette nuit, loin de sa
« maison, sentir la mystérieuse influence de cette mu-
« sique sans qu'aussitôt son jardin et la scène des
« adieux ne lui apparaissent comme une vision ? »

N'est-ce pas qu'elle vibre douloureusement cette mélodie d'Extrême-Orient? N'est-ce pas qu'elle est sœur de celles que gémissent les binious bretons ou les cors des Alpes et que les conscrits ne peuvent entendre sans pleurer de nostalgie? Oui, pauvre Chinois, il en est parmi nous qui sentent aujourd'hui ce que tu sentais il y a mille ans, eux dont la maison est si loin, là-bas où le soleil se couche, de l'autre côté du globe !

20 novembre. — Kiou-Kiang se compose de trois parties : la concession européenne, la ville chinoise qui l'entoure et la ville murée qui les domine toutes deux. Cette dernière, prise d'assaut en 1860 par les rebelles Taï-ping, est restée presque déserte depuis cette époque. On a néanmoins relevé les remparts ; travail bien inutile au point de vue militaire, mais qui a été fort apprécié des résidents étrangers. Le chemin de ronde constitue en effet pour eux une magnifique promenade. Montant ou descendant suivant les caprices du terrain, faisant face successivement à tous les points de l'horizon, il offre d'admirables perspectives sur le lac qui borde une partie de Kiou-Kiang, sur les hautes montagnes qui barrent au sud la vallée du Yang-Tsé, sur le fleuve où passent des flottes de jonques deux fois grosses comme la *Vipère*. L'intérieur de la ville a été transformé en jardins maraîchers coupés de haies de bambous. Il fait très doux aujourd'hui, et la nature est encore verte. Le long de la muraille poussent des touffes de menthe, de marguerites violettes ; des tourterelles, des corbeaux voltigent sur les parapets, tandis qu'au fond du ciel passent de grands triangles de canards sauvages.

Le sol de la ville, celui des cimetières qui l'entourent sont de pure argile rouge. Nous sommes au centre de la fabrication des poteries chinoises, et les briquetiers du pays peuvent être fiers des grands miradors à double étage, aux angles retroussés, qui font de chaque porte du rempart un curieux spécimen de l'architecture indigène.

22 novembre. — Ce soir, on dirait que le fleuve charrie des lucioles. Ce sont de petites lanternes roses, en papier huilé pour les garantir du contact de l'eau, que les Chinois abandonnent au courant. Ils se proposent, paraît-il, d'apaiser ainsi et d'éloigner les diables qui apportent les maladies. Si le remède n'est pas très efficace, l'effet en est du moins charmant.

24 novembre. — A l'encontre de nos rivières, le Kiang est bas l'hiver et haut l'été. Dès que le soleil prend de la force, les neiges du Thibet et des chaînes de l'Asie centrale entrent en fusion ; une quantité d'eau colossale descend vers la Chine ; l'étiage du fleuve monte rapidement. Les gelées d'automne arrêtent ce mouvement, et la vallée du Yang-Tsé se vide alors en partie. En août, des cuirassés peuvent remonter à Hankow, le grand entrepôt de thé, à trois cents kilomètres au-dessus de Kiou-Kiang.

En décembre, la *Vipère* ne pourra plus aller jusque-là, malgré la faiblesse de son tirant d'eau ; c'est ce qui vient de me décider à faire le voyage avant qu'il soit devenu impossible... Nous marchons assez lentement ; le courant est rapide, et la canonnière, fatiguée d'une longue période d'armement, n'a qu'une vitesse médiocre. Les bords du fleuve sont de plus en plus accidentés à mesure que nous nous enfonçons dans l'intérieur. Par endroits, nous sommes comme enfermés dans des cirques de hautes collines qui donnent l'impression d'un voyage sur les lacs suisses. A un coude de la route, nous croisons une flottille de jonques mandarines, pavoisées de pavillons multicolores. Elles exécutent, au son des gongs, un simulacre de branlebas de combat et font feu de tous leurs pierriers. Ces exercices doivent avoir sur l'issue des guerres sensiblement la même influence que les lanternes roses sur la marche des maladies.

25 novembre. — Voici les premiers flocons de neige apportés par un vent du nord qui cingle le visage. C'est l'hiver de ce pays singulier, où il fait en janvier le temps de la Sibérie et en juillet celui du Sénégal. Tout le jour, nous n'avons guère vu d'êtres animés le long des berges ; de loin en loin seulement, un chien renard, un cochon noir ou un Chinois qui semble complètement gelé. Enfin, à la nuit close, nous mouillons devant les lumières de Hankow, aux côtés de la canonnière anglaise *le Linnet*.

30 novembre. — Hankow est peut-être l'agglomération la plus considérable de la Chine, et les statistiques un peu vagues de ce pays lui attribuent plusieurs millions d'habitants. Il y a en réalité trois villes ; deux sur la rive gauche, Hankow et Hanyang, encadrant le confluent du Han ; une sur la rive droite et leur faisant face, Wouchang, la résidence du vice-roi du Hounan et du Houpé. Nous sommes dans les domaines des missions italiennes, placées comme toutes les autres sous la protection de la France et non de leur pays d'origine. Ce matin, nous avons déjeuné au siège du vicariat apostolique; et, en l'absence de Mgr Carlafare, qui fait une tournée pastorale, son procureur nous a reçus avec tout le confort dont ces pauvres missionnaires sont capables. C'est un Piémontais et, malgré son séjour de quarante ans en Chine, un Italien irrédentiste, un patriote fougueux, perpétuellement balancé entre une foule de sentiments difficiles à concilier. Comme religieux, il vénère le Pape et admire la vieille Rome ; comme Italien, il aime Garibaldi, Victor-Emmanuel et rêve d'une belle capitale, refaite à neuf, tirée au cordeau, éclairée à l'électricité. Il n'est pas jusqu'à son nom d'Angelo qui ne semble en opposition avec sa figure de brigand des Abruzzes. Après le déjeuner, cet excellent homme s'offre à nous ramener jusqu'au canot qui nous attend. En route, nous montons passer quelques instants dans une maison de thé construite au bord du Kiang, sur un promontoire qui domine les trois villes sœurs.

Tandis que nous nous régalons de thé et de pistaches, notre guide nous montre au loin la pagode où vécut le Père Huc et près de laquelle repose le bienheureux Perboyre, le yamen du vice-roi, les toitures vernissées des cercles de négociants, les usines où l'on comprime le thé en briques pour l'expédier plus facilement en Sibérie ou au Thibet.

Nous sommes presque au centre de l'Empire, de cet océan d'hommes jaunes qui s'étend autour de nous à plus de mille kilomètres et dont il nous faudra de longs jours pour sortir. Combien nous sommes isolés, étrangers ici! Cette impression nous frappe vivement en face de ces fourmilières humaines qui s'agitent à nos pieds, de ces pagodes d'une architecture barbare qu'on voit à perte de vue sur les coteaux du Han et du Kiang, de ces fleuves gigantesques qui viennent de pays inconnus à l'Européen, de ces villes, fruits d'une civilisation si différente de la nôtre, de ce peuple qui nous hait mortellement, dont un geste suffirait à faire disparaître la plupart des Occidentaux et que retient avec peine un gouvernement débile.

3 décembre. — Chang-Chi-Tong, le vice-roi des deux Hous, est un des adeptes de la politique qui se résume en ce cri : « La Chine aux Chinois ! » Toutefois, il sent bien qu'il faut avant tout emprunter à l'étranger ce qui fait sa force, l'imiter d'abord pour le battre ensuite avec ses propres armes, entrer enfin dans la voie de progrès matériel où le Japon marche déjà depuis vingt ans. Aussi vient-il de fonder à Hanyang une usine destinée à fabriquer des armes de guerre et du matériel de chemin de fer. Le charbon et le fer se trouvent à Whang-Shih-Kang, au bord du fleuve, à cent kilomètres en aval de Wouchang ; mais le vice-roi a voulu que l'établissement fût sous ses yeux. Les machines, de provenance allemande et belge, sont arrivées, et la construction des ateliers avance rapidement. En 1895, les ingénieurs comptent être en état de fabriquer l'acier, les rails, les wagons, cinquante fusils à répétition par jour, des canons de campagne, des affûts... Seules, les locomotives seront demandées à l'Europe. Il n'est peut-être pas inutile de faire remarquer en passant que la France n'a rien fourni de tout cela, bien qu'elle ait essayé, par une clause, malheureusement trop vague, du traité de 1885, d'imposer sa collaboration aux chemins de fer chinois.

Chang-Chi-Tong rêve la création d'une voie ferrée traversant tout l'empire, du sud au nord, et reliant Canton à Péking par Hankow. Au dire des ingénieurs, avant que la fabrication du matériel soit en train, il aura fallu débourser vingt millions. Chacun ici, même parmi les employés du vice-roi, croit qu'il se ruinera sans avoir rien commencé de sérieux, et qu'une fantaisie aussi coûteuse le dégoûtera de ses projets grandioses. Cette impression est-elle justifiée ? Il serait téméraire de l'affirmer. La transplantation de l'industrie européenne a déjà réussi à Shanghaï et à Nanking ; elle peut prospérer ici. Sous peine de périr, la dynastie actuelle doit secouer sa torpeur séculaire, remanier tout son appareil gouvernemental, financier, économique, se faire une armée, une marine, un réseau de télégraphes et de chemins de fer, un budget ; Chang-Chi-Tong est un précurseur.

10 décembre. — Depuis trois jours nous sommes de retour à Kiou-Kiang. Le fleuve baissant rapidement, la *Vipère* ne pouvait s'exposer à se trouver bloquée à Hankow. Les Anglais, qui ont ici une escadre nombreuse, laissent le *Linnet* passer tout l'hiver là-haut ; nous nous réjouissons d'être plus libres et de sortir bientôt de l'eau douce. Aujourd'hui nous avons fait, avec le consul de France, une partie de chasse dont nous n'avons pas lieu d'être fiers. Le gibier, si abondant dans la vallée du Kiang, a complètement abandonné ces parages, et tout s'est borné à une excursion au bungalow que les Lazaristes se sont construit sur les premiers contreforts de la montagne. Leur cimetière est dans un coin de leur petit jardin, et nous avons fait halte, avec respect, devant ces tombes. Ils sont nombreux déjà les nobles cœurs qui dorment là sous l'argile rouge, autour de la croix du Christ, les croyants qui, pour leur foi, ont quitté tout ce qui fait la joie de vivre, qui, pour elle, ont aimé l'exil et sont venus reposer à jamais au penchant d'une colline chinoise.

CHAPITRE II.

16 décembre. — Nous redescendons vers la mer, toujours poussés par la crainte de la baisse des eaux, et nous sommes à Wouhou, après avoir passé quelques heures à Ngan-King.

Ce dernier point est remarquable par sa magnifique pagode à six étages, la plus belle de la vallée du Kiang, posée fièrement au bord du fleuve. A l'encontre de Kiou-Kiang, le pays fourmille de gibier, de faisans, de chevreuils, d'oiseaux d'eau, et les employés européens de la douane y tuent chaque année six ou sept cents pièces par fusil.

Nous avons un temps froid, clair, avec un grand soleil vivifiant. Le matin, au moment des appareillages, le pont est blanc de givre, les montagnes du Yang-Tsé sont bleues avec d'admirables reflets roses. Le soir, quand nous mouillons, il glace ; l'air est calme, le ciel ruisselant d'étoiles.

A Wouhou, les Jésuites relèvent leur église et leurs établissements brûlés dans une émeute, il y a deux ans. A Ngan-King ils rebâtissent leur chapelle ; partout ils pensent jouir de quelques années de calme, avant la prochaine effervescence qui viendra mettre de nouveau leurs vies et leurs œuvres en danger. Ces explosions de fanatisme ont une sorte de cours régulier : tous les dix ans environ, des troubles, des séditions, fomentés par la classe lettrée avec la complicité des mandarins, éclatent un peu partout en Chine ; des chrétiens sont massacrés, des églises incendiées, des missionnaires martyrisés ; puis le calme renaît ; le gouvernement de Péking s'excuse de ce qu'il n'a ni su ni voulu empêcher, verse une indemnité, et les missions reprennent leur tâche, sans découragement, comme si rien ne s'était passé, avec un calme d'esprit et une foi dans l'avenir que Dieu seul peut inspirer.

Malgré tant d'efforts, le nombre des chrétiens n'augmente que lentement et s'accroît surtout par la natalité. On ne peut guère l'évaluer à plus de quatre ou cinq cent mille, soit un millième de la population chinoise. Il faut tant de courage à ces néophytes pour braver les préjugés qui les entourent et les font considérer comme des renégats vendus aux Européens, pour vivre au milieu des persécutions, du mépris et de la haine, que les conversions sont rares. Autrefois, les Jésuites étaient à la cour de Péking les conseillers intimes de l'Empereur ; le cœur des puissants leur était ouvert. Aujourd'hui que de déplorables divisions entre les missionnaires eux-mêmes ont ruiné leur crédit officiel, ils s'attaquent au cœur du peuple, pour monter ensuite plus haut. Tous semblent, d'ailleurs, envisager comme prochaine la dissolution de ce monde réfractaire aux idées chrétiennes, que menacent à la fois les dissensions intérieures, la haine des Chinois contre une dynastie étrangère à leur race, les convoitises de l'étranger.

Par un frappant contraste, à quelques centaines de lieues d'ici, le Japon, cet ennemi-né de la Chine, fournit aux missionnaires ce qu'eux-mêmes appellent des pêches miraculeuses, et ce fait indique bien de quel côté l'avenir fera pencher la balance de tous les progrès.

Nous venons de visiter l'hôpital que les Pères ont établi auprès de leur église. Un Chinois hydropique a subi hier la ponction, pratiquée par un de ses compatriotes. Le malade semble bien portant, mais le docteur est mort dans la nuit!

18 décembre. — Nous sommes redescendus à Chin-Kiang, la seule ville pittoresque de la vallée du Yang-Tsé que nous ayons visitée. Construite en partie sur des rochers qui surplombent le fleuve, dominée par une citadelle, c'était, il y a cinquante ans, une position militaire de premier ordre, car le canal Impérial, qui relie le centre de la Chine au Peïho, aboutit là. Maintenant que l'incurie des mandarins a laissé combler en grande partie cette artère, le riz destiné à Péking prend la route de mer, et c'est par l'arrêt de son transit que notre croisière de 1885 a contraint la Chine à traiter. Pendant la guerre de l'opium, en 1842, les Anglais prirent Chin-Kiang d'assaut, brûlèrent, tuèrent tout. Ce fut une scène de vandalisme faite pour justifier le dédain que les « Fils du Ciel » affichent pour les « Barbares de l'Occident ». Aujourd'hui la ville, rebâtie à neuf, est aussi sale que si elle datait de la première dynastie. A ses pieds le Kiang a cinquante mètres de profondeur, et il faut de grandes précautions pour retrouver le plateau étroit sur lequel on peut laisser tomber ses ancres.

CHAPITRE III

Shanghaï. — Les incendies de fin d'année. — Zeng Fô ou le Bonheur parfait. — Journal d'un chasseur d'Afrique. — Cuisine chinoise. — Tirs du canon.

22 décembre. — Après avoir franchi la barre de Wousong, « la barrière envoyée du Ciel », comme disent les Chinois, qui menace, à la grande joie des mandarins, de bloquer le plus beau port de l'Extrême-Orient, nous voici mouillés à Shanghaï, au milieu d'une foule de jonques, de navires dont plusieurs sont prisonniers jusqu'à la prochaine marée de syzygie. Pour remédier à une pareille situation, qui ne peut que s'aggraver, il faudra sans doute faire à Wousong des travaux d'endiguement analogues à ceux qui ont réussi aux Américains sur la barre du Mississipi ; mais sûrement on s'y décidera coûte que coûte, si cela devient nécessaire. Les patriotes à face jaune, qui voient déjà les concessions évacuées et les Européens « au diable », ne sont pas au bout de leurs désillusions.

Le commandant en chef veut nous faire passer ici les fêtes de Noël et du premier de l'an. C'est un repos que la *Vipère* a bien gagné ; chacun à bord s'en réjouit et sait gré de cette bonne pensée au chef éminent dont la bienveillance ne nous manquera jamais pendant cette campagne.

Shanghaï n'est plus l'Eldorado où l'on faisait fortune en quelques années, quelques mois même, grâce à l'inexpérience chinoise. Les paquebots, le télégraphe, la concurrence indigène ont modifié les choses, et les affaires se traitent maintenant comme en Europe. Néanmoins la ville est riche, les dollars y tintent derrière toutes les fenêtres du quai du Yang-Tsé; la vie est gaie, l'hospitalité charmante et fastueuse, surtout à cette époque de l'année, moment des fêtes, des réunions, des plaisirs. Cette fièvre nous étourdit un peu, après la solitude du haut fleuve, mais on se met vite « dans le train ».

24 décembre. — Nous avons trouvé sur rade l'aviso *l'Inconstant,* avec lequel nous festinons en l'honneur de Noël, tandis que, à terre, la ville est en liesse. La nuit de Bethléem n'était pas plus belle que celle qui nous enveloppe; la rivière est calme comme un miroir et roule des reflets d'étoiles; au-dessus de nos têtes un mince croissant de lune brille à travers des nuages plus fins que de la dentelle.

31 décembre. — L'année finit par un froid très vif dont nous avons grand'peine à nous défendre, malgré les poêles qui brûlent sans arrêt et les toiles dont nous couvrons la *Vipère* pour l'abriter. Un terrible vent du nord souffle de la Sibérie et pénètre partout, apportant avec lui des nuages de poussière jaune. La toilette habi-

FROID ET INCENDIES DE FIN D'ANNÉE. 31

tuelle du navire est devenue impossible à faire ; l'eau gèle sur le pont ; il faut s'ingénier à réchauffer l'équipage par toutes sortes d'exercices violents. A terre, les Chinois ont pris leur tenue d'hiver, ce qui consiste à mettre tous les vêtements de leur garde-robe les uns par-dessus les autres. Ainsi accoutrés, les enfants ne peuvent plus plier ni bras ni jambes ; une fois tombés, ils sont incapables de se relever. Le matin on trouve souvent de malheureux coolies morts de froid, et, deux ou trois fois par semaine, le feu prend dans quelques maisons trop chauffées des concessions.

L'organisation du service d'incendie est une des choses les plus remarquables de Shanghaï. Chaque municipalité a un guetteur placé dans une logette très élevée et chargé d'annoncer par des coups de cloche déterminés dans quel endroit s'est produit le sinistre. A ce signal, que chacun connaît, les secours arrivent rapidement ; de puissantes pompes à vapeur accourent au galop, et les compagnies d'assurance viennent avec leurs pompiers défendre leur argent... Chez nous, où l'on se repose de tout sur l'État, les actionnaires de la *Compagnie générale* ou de l'*Aigle* se contenteraient, en pareil cas, de maudire du fond de leur lit le contretemps qui va réduire le dividende. Tout au plus pourraient-ils songer à suivre l'exemple d'un mystificateur célèbre qui, pour ne pas tout perdre dans un incendie où brûlait sa fortune, s'était fait apporter un fauteuil et se chauffait les pieds.

La liquidation de fin d'année n'est pas étrangère, paraît-il, à la fréquence des sinistres. Les Fils du Ciel sont trop avisés pour négliger ce moyen de régulariser une situation compromise, et le tarif des polices a été établi en conséquence !

6 janvier 1893. — Les réceptions, les dîners, les bals, les visites forment maintenant une partie importante de notre vie, et partout nous recevons l'accueil le plus chaleureux. En Europe, où nous sommes si divisés, on ne peut se faire une idée de la cordalité qui règne ici, même entre gens qu'un abîme séparerait ailleurs. Le seul fait de n'être pas Chinois est un lien, et c'est un trait bien caractéristique de la situation des étrangers en Chine. On ne voit jamais un « Céleste » dans les salons de Shanghaï; on ne rencontre jamais un mandarin dans ce monde où la courtoisie internationale tient pourtant les portes ouvertes. En dehors des relations officielles, les deux races s'ignorent ; toute fusion semble aussi éloignée qu'au pied de la tour de Babel. Le consul général du Japon suit naturellement une ligne de conduite diamétralement opposée ; et c'est un curieux contraste de le voir, en complet de chez Crémieux, aux côtés de sa femme toute menue et toute rose dans son gracieux costume de « mousmé ».

8 janvier. — Parmi les œuvres des Jésuites ici, il en est de bien curieuses : par exemple, la maison d'éducation, où beaucoup de parents protestants envoient leurs filles, et l'école de garçons, où une centaine de petits Chinois apprennent le français. C'est là que mon ancien domestique « Zeng Fô » (en français Bonheur parfait) avait puisé l'éducation dont sa magnifique écriture et son langage soigné attestaient la perfection. Quoique élève des Pères, il n'était point catholique ; mais ses maîtres m'avaient donné sur lui les meilleurs renseignements. Doux, soumis, plein de bonne volonté, il eût rempli convenablement son rôle sans un mal de mer qui le poursuivait jusque dans le fleuve, et nécessitait un second domestique pour le servir lui-même. En présence d'une situation aussi affligeante, il m'a fallu me séparer de lui, souhaitant lui voir trouver ailleurs que sur un navire ce « bonheur parfait » dont son nom est le présage, mais que la navigation ne saurait lui donner. Au moment de son départ, cet excellent garçon a manifesté des regrets, et je n'ai eu à constater ensuite la disparition d'aucune partie de mon argenterie. Deux de mes prédécesseurs n'en peuvent dire autant, leurs « boys » les ayant quittés en emportant, à titre de souvenir sans doute, les trois ou quatre cents dollars que contenaient leurs tiroirs.

10 janvier. — A bord d'une canonnière anglaise où je suis allé aujourd'hui en visite officielle, deux magnifiques « pointers » ont leur domicile dans des tonneaux, de chaque côté de la porte du commandant. Cela m'a rappelé que nous aurions bientôt affaire au gibier du fleuve, et je me suis précipité dans un « general store » pour y acheter de la poudre et du plomb de tous les numéros. Ce serait peut-être le cas d'ajouter que nous avons fait avec ces munitions des chasses magnifiques, mais je craindrais d'anticiper, comme faisait, il y a dix ans, un chasseur d'Afrique avec lequel j'ai navigué...

A la fin de 1883, à bord du *Mytho*, nous transportions au Tonkin un peloton de ces brillants cavaliers. Pendant la traversée, l'un d'eux, craignant sans doute que les tracas de l'arrivée ne lui fissent manquer les premiers courriers, avait préparé une lettre pour sa famille. Il la perdit un jour sur le pont; comme elle n'était pas signée, on l'afficha pour que l'auteur pût la réclamer. On y lisait des épisodes de guerre fort émouvants, et elle se terminait par ces mots : « Enfin nous nous battons tous les jours. » Ce bon fils ne voulut jamais se faire connaître; ses parents ne reçurent point son précieux journal; mais d'amples dédommagements ont dû leur parvenir dans la suite.

Je ne puis résister au plaisir de dire quel admirable coup d'œil offraient ces beaux hommes et ces chevaux de pur sang arabe. Un de ceux-ci était destiné à l'amiral, et on le soumettait à un régime spécial. Hélas! la mer seule eut bien vite apaisé l'ardeur de ces nobles bêtes. Quand le temps était calme, on répandait du sable sur le pont, et on leur en faisait faire le tour, bride en main. Ce « Longchamps » d'un nouveau genre était peu du goût des pauvres captifs. Ils n'avançaient qu'en tremblant, et, visiblement, le sable du *Mytho* ne leur rappelait en rien celui du désert. Le climat du delta, la vase des rizières leur convenaient moins encore que l'air de la mer; l'affaire de Bac-Lé, où les chasseurs furent superbes, leur porta le coup de grâce, et il n'en resta plus.

13 janvier. — Le paquebot qui emporte notre courrier vient de partir ; ce spectacle serre toujours un peu le cœur, même quand on aime la noble vie de marin et qu'on est fier de sa mission. Nos pensées suivent ce soir le puissant navire dans les mers qu'il va fendre de son étrave d'acier, à travers la mousson glaciale des côtes de Chine, les grands soleils de l'océan Indien, le mistral et les flots d'azur de la Méditerranée. Quand nos lettres arriveront là-bas, les bois de la Bretagne commenceront déjà à verdir, et les premiers chants d'oiseaux accompagneront les Angélus de nos vieux clochers.

16 janvier. — Les dîners succèdent aux dîners, mettant à une épreuve redoutable la résistance de nos estomacs. Bien que tous les cuisiniers soient indigènes, leurs chefs-d'œuvre feraient honneur à des cordons bleus français. Parfois nos hôtes nous offrent comme curiosité quelques plats du cru...

Le potage aux nids d'hirondelles et le consommé aux ailerons de requin ne sont étranges que par leur nom ; un distrait prendrait facilement le premier pour du tapioca, et le second pour de la soupe à la tortue. Ce serait inodore, incolore et insipide, suivant la formule chère aux chimistes, sans les fortes doses de poivre dont on accompagne ces gélatines informes. La bouillabaisse a un cachet, une couleur locale bien autrement agréables aux yeux et au palais; ni Paris ni Marseille n'ont de leçons de cuisine à prendre ici.

Le canard laqué a son charme. Désossé, aplati

comme une poire tapée, cuit au four, puis soigneusement verni, il forme un plat original, assez mangeable quand il est frais, mais lamentable lorsqu'on le voit se balançant aux crochets des restaurants chinois, noirci par la poussière, lavé par la pluie du ciel, attendre de longs mois le bon plaisir des acheteurs.

Ces échantillons suffisent largement à notre curiosité gastronomique. D'ailleurs, en 1884, lorsque j'étais à Shanghaï à bord du *Villars,* l'aimable chancelier du consulat général nous offrit un magnifique dîner chinois complet qui lui coûta un prix fou. Mets, liquides, tout était indigène. On se rafraîchissait, suivant les rites, en s'essuyant le visage et les mains avec des serviettes mouillées à l'eau bouillante ; on buvait du thé fade et brûlant, sans sucre. La salle était ornée de tentures de papier portant des inscriptions philosophiques bizarres (1), des sentences empruntées aux meilleurs auteurs, usage consacré qui, paraît-il, ajoute beaucoup en Extrême-Orient à la saveur des festins, en y mêlant les plaisirs de l'esprit. Les plats étaient au nombre de plus de soixante (2), tous plus étranges les uns que les

---

(1) Cherche le bonheur...
  Bois, écoute la musique et le chant des femmes...
  Il faut cent ans pour qu'un arbre porte ombrage...
    Etc., etc., etc.
(2)   12 assiettes de fruits et de graines
             Ailerons de requin
             Nids d'hirondelle
             Poulets désossés
         Œufs de pigeon translucides
                Crevettes
             Tripes de poisson

autres; les vins chinois (1) contenaient toutes les épices que peut produire le Céleste-Empire. Le résultat ne se fit pas attendre ; nous fûmes tous horriblement malades, et on put croire un instant qu'il faudrait ajouter à la porte de la salle du banquet cette inscription philosophique supplémentaire : « Fermé pour cause de décès. »

22 janvier. — Le mois de repos et de détente que l'amiral nous avait accordé expire en ce moment, et nous faisons nos préparatifs de départ. A demain les affaires sérieuses ! Ce soir nous sommes tout entiers aux visites à nos aimables hôtes, aux adieux, aux remerciements pour l'accueil que nous avons trouvé ici. Nous réglons nos fournisseurs, et la vue de leurs notes nous explique que la plupart d'entre eux puissent se payer le luxe d'avoir cheval et voiture. Au jour nous sortirons pour aller faire des tirs du canon ; puis nous

(1)
Bambous sautés
Champignons blancs
Canard laqué
Tripes de porc
Vermicelle
Jambon
Poisson mandarin
Pieds de porc
Crabes
Etc., etc., etc.
Siaochine, ou vin de petit riz
Mékoué, ou vin de roses
Nomitchou, ou vin de gros riz
Soutchapi, ou vin des cinq médecines
Etc., etc., etc.

remonterons de nouveau le Kiang aussi haut que le permettra la baisse des eaux.

26 janvier. — C'est au milieu des bancs qui barrent l'entrée du fleuve que nous venons de passer quatre jours à faire nos tirs du canon et des canons-revolvers. La marine possède des pointeurs admirables grâce à ces exercices périodiques qui entretiennent leur valeur professionnelle. Pour eux le tir, à terre, d'un canon immobile sur un but fixe est un jeu d'enfants. C'est à la mer qu'il faut les voir, alors que leur pièce, le bâtiment qui la porte, la cible elle-même tournent, roulent, s'élèvent et s'abaissent dans une agitation incessante. Eux sont là derrière le canon, la main au cordon tire-feu, l'œil rivé à la ligne de mire, prêts à saisir au vol l'instant fugitif où il faut tirer ; le coup part à point et frappe avec une étonnante justesse. Chacun à bord s'intéresse à cette pratique du tir dont plus tard le salut du bâtiment peut dépendre. Pendant quatre jours nous avons tous été sur le pont, malgré le froid, le vent, les grains de neige qui, parfois, nous masquaient les buts. L'importance de notre tâche nous faisait oublier les intempéries, et personne ne songeait à se plaindre.

Le fleuve charrie légèrement ; une glace fine frange les berges ; des cygnes, des oies sauvages passent sur nos têtes ; des sarcelles et des plongeons nagent presque le long du bord. Au sud, c'est un défilé continuel de grands vapeurs montant à Shanghaï ou redescendant vers la mer ; au nord, on ne voit que des bancs de vase à fleur d'eau, vastes alluvions venues de toutes les montagnes de l'Asie orientale, dépôts féconds d'où les Chinois de l'an 3000 feront sortir de prodigieuses récoltes de riz. Une île immense, Tsung-Ming, sort ainsi rapidement du Kiang, dont elle est vraiment la fille, et ses riches cultures dépassent à peine le niveau des eaux.

27 janvier. — Nous regagnons Wousong par une pluie battante, ayant tiré deux ou trois mille balles ou boulets. Les cibles sont rentrées criblées; celle du canon, bien que n'ayant pas un mètre de diamètre, a été jetée à bas trois fois; l'équipage a bien mérité la double ration qu'on lui distribue en ce moment. Le bateau est si noir de poudre, qu'on pourrait nous prendre pour des nègres, sans l'activité et le silence qui règnent sur le pont et témoignent contre une pareille hypothèse. Nos frères à peau d'ébène travaillent rarement, chacun le sait, mais en revanche ils crient toujours. Ce soir, un grand vent du nord s'est levé, et la neige fondue tombe par grains. Il fait bon au coin du feu après ces rudes journées...

CHAPITRE IV

Montée du fleuve. — Un ami de Li-Hung-Chang. — Caractères et rites. — L'hiver chinois. — Oie et cuisinier. — Un père clairvoyant. — Mésaventure d'un croiseur chinois. — Navigation pénible.

28 janvier. — Notre départ de Wousong a été retardé par le mauvais temps ; il tombait une neige si épaisse que de l'arrière on ne voyait pas l'avant. A huit heures nous sommes partis enfin, une légère éclaircie permettant un peu de vue ; à midi, il a fallu mouiller. A trois heures, dans une embellie, nous avons fait encore quelques milles ; puis nous avons été contraints de laisser tomber l'ancre près de la bouée Langshan, au milieu d'une tempête de neige qui a duré toute la nuit. Nous maugréons, mais pourtant nous la regretterons plus tard cette belle neige blanche, cette ouate glacée couleur d'hermine que des hommes balayent sans cesse pour tenir le pont dégagé ; nous la regretterons certainement dans quelques semaines, sous le ciel torride de la Cochinchine, quand nous irons là-bas prendre la *Comète,* suivant les ordres qui nous sont annoncés.

29 janvier. — Ce matin, le soleil brille, et nous appareillons. Tout est blanc sous le ciel bleu, tout, jusqu'à la *Vipère,* qui semble poudrée comme une marquise de la régence et dont la mâture est tapissée de givre. A deux heures, notre courte traversée se termine devant Kiang-Yin, le premier passage du fleuve où l'on rencontre des hauteurs et où le vice-roi de Nanking a fait élever récemment des forts puissamment armés à l'européenne. Descendus à terre aussitôt, nous allons faire une visite au mandarin chargé du commandement de cette importante position. Il nous reçoit dans son yamen, entouré de nombreux soldats bien vêtus, bien armés, faisant bonne contenance. C'est un vieillard de soixante-dix ans au moins, dont la figure parcheminée, ornée d'une petite barbiche et de longues moustaches grises, semble très pacifique. Il nous fait asseoir, nous offre du thé, des sucreries; puis, après un long échange de sourires, de tchinns tchinns et de cigares, la conversation s'engage par l'organe de mon interprète. Le mandarin est un général très influent, ami de Li-Hung-Chang, qui lui a confié l'inspection des forts de Port-Arthur et du Yang-Tsé. Il nous invite à voir avec lui quelques batteries, et, dès notre entrée dans la première casemate, il saute aux yeux que ce haut dignitaire est d'une ignorance crasse. Son éducation militaire, nous dit-il lui-même, a commencé par le tir à l'arc. Elle en est même visiblement restée là... Notre départ est salué de trois coups de canon; et le général vient, au bout de quelques minutes, nous rendre notre visite à bord de la *Vipère.* Une suite multicolore lui fait cortège; ceux qui n'ont pu trouver place dans les appartements passent leurs têtes jaunes par les claires-voies ; le champagne, la chartreuse circulent jusqu'au moment où le général proteste qu'il va « devenir soûl », suivant la traduction plus littérale que littéraire de mon Chinois Aming. Sur cette observation délicate, nous levons le siège et présentons à notre hôte la *Vipère*, dont les canons lui paraissent mesquins à côté des krupps et des armstrongs qui arment ses forts. Cette impression est trop justifiée pour que nous cherchions à la combattre. Le brave général doit même penser que nos pièces sont hors d'état de faire feu, car toutes sont en démontage à la suite des tirs récents. Lui ne fait que rarement de tirs et jamais de démontages. Soupçonne-t-il même que ses hommes aient besoin d'exercices et son beau matériel d'entretien? C'est peu probable ; mais, à coup sûr, l'avenir le lui apprendra.

30 janvier. — La vieille civilisation chinoise n'a vraiment avec la nôtre aucun point commun par où nous puissions y faire pénétrer nos idées. Celui qui voudra régénérer ce pays devra faire table rase du passé ; l'état social nouveau ne sortira que de la ruine complète de l'ancien. On pourrait croire que les jeunes Chinois qui viennent en Europe étudier nos sciences, nos progrès modernes, nos chemins de fer, nos télégraphes, nos arsenaux maritimes, qui voient nos grandes villes, nos chefs-d'œuvre, rentrent chez eux altérés de progrès, de réformes, résolus à secouer l'engourdissement de leur pays. Quelle erreur ! Ils rapportent ici de nouveaux vices, et c'est tout. L'influence du milieu les ressaisit ; ils se retrouvent Chinois comme avant. A qui leur parle de la supériorité matérielle des Occidentaux, ils répondent en secouant la tête : « Oui, certes... mais eux n'ont pas les examens littéraires ! » L'orgueil du disciple de Confucius est un bandeau que les clartés les plus aveuglantes ne peuvent percer et que des catastrophes, sans doute prochaines, réussiront seules à arracher de ses yeux.

L'armée chinoise est nombreuse, assez bien armée ; les soldats sont braves et ne craignent pas la mort; mais il n'y a pas d'officiers, pas d'organisation sérieuse. A l'exception des mercenaires européens, la plupart des chefs ressemblent au général d'hier. Ils n'ont d'ailaucune influence, car le moindre mandarin civil considère le plus haut mandarin militaire comme un soudard et un subalterne.

La marine est composée de bons navires qui feraient figure partout ; mais chaque commandant recrute le personnel dans sa famille, parmi ses proches, ceux de sa ou de ses femmes, sans aucune garantie de capacité ; la vie à bord est un pillage éhonté des deniers impériaux.

Il n'y a pas de finances, pas de travaux publics. Alors que les vice-rois et leurs préfets édifient d'énormes fortunes personnelles, le Trésor n'est alimenté que par les revenus des douanes. Si cette dernière administration, uniquement composée de fonctionnaires européens honnêtes et distingués, tombait aux mains des mandarins, elle ne produirait plus rien.

Au milieu de cette corruption, que d'institutions

singulières, où un grain de vérité se mêle à des montagnes de sottises! La philosophie de Confucius, nébuleuse, sans morale, sans préceptes pratiques, le culte des ancêtres, seule religion de l'Extrême-Orient, qui conduit naturellement au respect d'un passé souvent condamnable, l'esprit de routine, qui s'attache obstinément à des traditions surannées, constituent un obstacle absolu à tout progrès. Au premier rang de ces débris d'un autre âge, la langue écrite actuelle, les « caractères », et les « rites », sorte d'étiquette publique sur la conservation de laquelle un ministère spécial veille sans cesse, forment deux barrières qui arrêtent net le développement de l'esprit chinois.

Mode d'écriture idéographique, véritables hiéroglyphes, les caractères ont d'abord été simples et rappelaient par leur forme les objets qu'ils désignaient. Puis, à mesure qu'il a fallu exprimer plus de choses, que l'échange des idées est devenu plus complexe, les caractères se sont multipliés; on les a surchargés de traits sans nombre qui ont altéré le dessin primitif; les connaître tous est devenu un casse-tête vraiment chinois.

Actuellement, il y en a plus de soixante mille, et on peut dire qu'apprendre à lire et à écrire constitue toute la science des lettrés.

Ce qui est pour nous une clef, dont l'enfant apprend le maniement en quelques mois et avec laquelle il ouvrira ensuite les sources du savoir, est pour le Fils du Ciel un instrument si compliqué qu'il peut à peine le connaître, moins encore en faire usage.

Et pourtant la Chine est si attachée à sa vieille

langue écrite que les inventeurs de cette calligraphie barbare sont l'objet d'un véritable culte, que le maître d'école qui l'enseigne est protégé par une loi assimilant son meurtre à un parricide. Fouler aux pieds des caractères est considéré comme une sorte de sacrilège, et, de distance en distance, on rencontre ici, le long des voies publiques, de petits édifices où le passant doit brûler les papiers qu'il trouve sur sa route.

Les rites enserrent la vie chinoise tout entière dans un réseau d'usages minutieux qui compliquent les choses les plus simples.

Les formules occupent dans une lettre ou une conversation une place si exagérée que le sujet véritable y est absolument noyé ; une étiquette étroite règle tout, funérailles, mariages, visites, fêtes privées ou publiques, et notre vieille civilité non puérile, mais honnête, est remplacée par des règlements sans nombre destinés à prévenir toute atteinte aux précieux rites. On raconte que Marie-Antoinette, tombant d'un âne à Trianon, disait avec son joyeux rire de Dauphine : « Qu'on aille chercher madame l'Étiquette, afin qu'elle nous apprenne comment une reine de France doit se tenir sur un âne. » En Chine, l'étiquette interviendrait sûrement, surtout s'il ne s'agissait que de la femme d'un coolie : un mandarin confisquerait très probablement l'âne, et l'ânier recevrait, au nom des rites méconnus, dix ou quinze vigoureux coups de bambou additionnés d'une amende expiatrice.

Si un profane, un diable étranger, pouvait risquer un avis en matière si grave, je me permettrais peut-être de signaler quelques timides améliorations au ministère compétent. Mon général était évidemment un observateur fidèle des traditions et faisait preuve de la plus gracieuse cordialité quand il retirait son propre fume-cigare de sa bouche pour me l'offrir, en négligeant de l'essuyer. La domesticité obéissait assurément à un usage consacré lorsqu'elle assistait tout entière à notre entrevue et se mouchait dans ses doigts avec un ensemble digne d'éloges. Si le thé était fade et sans sucre, si on le buvait bouillant, en arrêtant les feuilles à l'aide d'une petite tasse renversée dans la grande et en s'échaudant la bouche et les mains, c'était visiblement par respect pour les rites. J'ai le mauvais goût de préférer m'en tenir aux coutumes barbares de l'Occident, et je ne proposerai pas d'ajouter en France, aux ministères dont nous sommes abondamment pourvus, un département chargé de maintenir une telle étiquette.

31 janvier. — Hier soir nous avons mouillé à Chin-Kiang, au milieu d'une neige épaisse. L'*Inconstant* nous y attendait, et, ce matin, il est parti pour Shanghaï, nous laissant la garde des missions. Depuis le quai jusqu'au sommet des rochers de la citadelle, tout est blanc et glacé. Parmi les indigènes la misère est affreuse, le froid et la faim font des ravages épouvantables. Des batelées entières de mendiants viennent le long du bord implorer la pitié des « seigneurs étrangers », sauf à les traiter de « diables » aussitôt de retour à terre. Cette certitude ne nous empêche pas de leur jeter des sapèques qu'ils accueillent avec mille démonstrations de gratitude.

Dans cet immense empire déboisé jusqu'aux cimes des montagnes et dont les mines de charbon ne sont pas exploitées, le peuple en est réduit à faire la cuisine au feu de roseau. Ce combustible donne une grande flamme, mais brûle si vite que, pour utiliser sa chaleur, il faut employer des ustensiles minces comme des coquilles d'œufs, auprès desquels les chaudrons de la vieille Europe ont l'air de morceaux de blindage. Quant à chauffer sa maison, personne n'y songe. Ce serait un luxe aussi insensé que celui qui consisterait, pour un Parisien, à brûler dans son poêle le mobilier du salon. Les terrains d'alluvions qui bordent le cours du fleuve, les îles qui le parsèment, portent chaque année des forêts de roseaux que l'on coupe à l'automne, et que les marchands assemblent en radeaux gigantesques pour leur faire descendre le Yang-Tsé et les vendre de ville en ville. Le gibier y trouve, pendant la belle saison, un abri presque impénétrable, et ces jolies tiges flexibles, panachées de vert tendre, toujours en mouvement au moindre souffle, forment au bord des eaux des bouquets charmants.

Le commandant du *Rattler*, canonnière anglaise mouillée près de nous, paraît fort inquiet de l'absence prolongée d'un de ses officiers. Depuis quinze jours que ce jeune sportsman a quitté Wouhou pour descendre ici en chassant, on n'a pas eu de ses nouvelles. Nous promettons de nous enquérir de lui quand nous remonterons à Wouhou.

1er février. — Comme il arrive trop souvent ici, on affiche de temps à autre sur les murs des placards poussant la population au massacre des Européens et à l'incendie des concessions. Mais, en ce moment, personne ne prend au sérieux ces excitations anonymes. On a remarqué à Paris qu'il n'y avait jamais d'émeute grave un jour de pluie. En Chine, c'est l'hiver qui se charge de refroidir l'ardeur révolutionnaire des sociétés secrètes. Tous les vagabonds se tiennent tapis et ont assez à faire de souffler dans leurs doigts...

Le retour du printemps ne ranimera que trop vite ces honnêtes gens.

3 février. — Hier il neigeait ; ce matin il faisait une brume intense ; ce soir nous avons un soleil radieux, aussi la *Vipère* se dépêche-t-elle d'en profiter pour reprendre la montée du fleuve. Les berges, la vallée du Kiang, les montagnes lointaines qui la bordent, sont d'une blancheur immaculée et reflètent une lumière éblouissante. Le fleuve est peuplé d'oiseaux sauvages qui se dérangent à peine pour nous laisser passer. Du gaillard d'avant je tire une oie qui s'enlevait au moment où l'ombre du beaupré allait l'atteindre. Elle tombe lourdement, battant des ailes, puis flotte immobile. « Stoppez ! Armez la baleinière de sauvetage ! » La manœuvre s'exécute rapidement, et l'embarcation nous ramène un bel oiseau pesant neuf livres. « Sera-t-il bon ? Sera-t-il mauvais ? » Mon cuisinier Aming, consulté sur cette importante question, ne peut se prononcer... « Je mangerai l'oie avec les missionnaires de Wouhou, qui sont d'aimables convives, faciles à satisfaire... » Aming approuve cette solution et se retire en grimaçant un sourire qui consiste à montrer une dent jaune, noble débris d'une denture magnifique où l'usage du tabac, de l'opium, celui du biscuit de mer, ont produit des ravages irréparables. Voilà sept ans qu'Aming est cuisinier de l'état-major de la *Vipère,* qui l'aime beaucoup, tout en lui prodiguant les épithètes flatteuses de « vieux pirate » ou de « profond scélérat ». Il a combattu contre nous à Fou-Tchéou, et y a trouvé son chemin de Damas qui l'a conduit du côté du vainqueur. Dédaigneux des scrupules d'un patriotisme mesquin, il nous fait une cuisine satisfaisante, sans chercher au fond de ses casseroles une vengeance trop facile. Possédant des ressources inépuisables, parlant tous les dialectes de la Chine, plusieurs langues européennes, il est partout chez lui et découvrirait des provisions au fond du désert de Gobi. Aussitôt les repas finis, il disparaît à terre pour ne revenir qu'à l'heure où son fourneau le réclame impérieusement. Comme tout cuisinier chinois, il a, pour son service personnel, un « boy » qui fait la grosse besogne. Aming nous amena un jour son fils aîné, voulant lui confier ces hautes fonctions ; mais il ne tarda pas à demander lui-même son débarquement. « Li trop bête », disait ce père vraiment clairvoyant. Peu de parents en Europe sont capables d'une telle impartialité.

Encouragés par nos premiers succès cynégétiques, les officiers fusillent avec ardeur les bandes de canards et de sarcelles que nous croisons à chaque instant ;

mais la fortune ne sourit pas à leurs efforts, et la baleinière de sauvetage demeure hissée tranquillement tout le reste de la journée.

4 février. — Nous n'avons pu reprendre notre route que vers onze heures, tant la brume était épaisse. Ces jours panachés de neige et de brouillard rappellent singulièrement le climat de Terre-Neuve et d'Islande. Au moment où nous approchions de Nanking, un croiseur chinois nous a dépassés, filant quinze nœuds, deux fois plus que la *Vipère*. Tout l'état-major nous lorgne et semble ravi de faire « ramasser les balais » à des étrangers. Les braves Fils du Ciel aiment à montrer ce dont ils sont capables ; mais ils n'ont pas toujours la main heureuse, et on est quelquefois mieux derrière eux que devant. Ces jours-ci, leur escadre était à Wousong, en compagnie de plusieurs bâtiments de guerre. Un des croiseurs chinois voulut faire une manœuvre hardie en entrant à toute vitesse, et vint aborder par le milieu le *Sydney*, paquebot des Messageries Maritimes, qui était tranquillement au mouillage, chargeant pour Marseille. Le *Sydney* coula immédiatement. Par bonheur, il y avait peu de fond, et l'eau s'arrêta juste au moment où le piano du salon des premières commençait à flotter. Des pompes puissantes vinrent en hâte de Shanghaï remettre le paquebot à flot, ce qui fut relativement facile. Depuis, le gouvernement chinois a payé une indemnité, et on a fait accorder le piano ; seulement, le commandant du croiseur a été assez penaud : il a « perdu la face », suivant l'expression chinoise.

5 février. — Voici une des plus rudes journées de notre voyage, un dimanche qui ne ressemble en rien à un jour de repos. A sept heures, la neige s'étant arrêtée, nous partons ; mais, au bout d'une demi-heure de marche, on ne voit plus rien ; il faut mouiller. Des chasseurs profitent de ce contretemps pour aller faire un tour sur la berge, où l'on croit avoir aperçu des faisans. Le fait est exact ; par malheur, nous sommes assez près de Wouhou pour que le gibier, trop pourchassé, soit devenu méfiant ; les beaux oiseaux se lèvent de loin, vont chercher dans les roseaux un refuge qui rend toute poursuite impossible, et nos Nemrods rentrent bredouilles, ruminant de sanglants projets de revanche. A midi nous repartons, dans une éclaircie, trop courte, hélas ! car, à une heure, nous sommes contraints de jeter l'ancre en avant des Piliers, grands rochers dont la haute silhouette brumeuse semble barrer le fleuve. A deux heures, nouvelle embellie ; nous nous remettons en route sans nous décourager ; mais nous ne pouvons parcourir que quelques milles, et nous mouillons, cette fois, jusqu'à demain auprès de Dearborne. Nous ne sommes pas seuls dans cette fâcheuse position ; de gros « ferrys » cherchent leur route autour de nous, et les échos de leurs sifflets se prolongent au loin dans les falaises des rives. Enfin, ils s'arrêtent comme la *Vipère*, et, toute la nuit, nos cloches tintent, se répondant par intervalles, pour écarter les bâtiments qui seraient tentés de passer dans le voisinage.

CHAPITRE V

Wouhou. — La boue. — Les pontons. — Missionnaires catholiques et protestants. — Jour de l'an chinois. — Baisse et hausse du Yang-Tsé. — Ngan-King. — Le paradis des chasseurs.

6 février. — A mesure que le jour grandit, un vent léger fait des trouées dans le brouillard qui nous enveloppe; vers huit heures, nous y voyons assez pour appareiller. Avant midi nous sommes à Wouhou, et nous y apprenons avec grand plaisir que l'officier si impatiemment attendu à bord du *Rattler* a rejoint son bâtiment. L'échange habituel des visites avec les missionnaires, les consuls, les fonctionnaires européens de la douane chinoise commence aussitôt; le soir même, nous connaissons tous les visages blancs de la concession. Wouhou est un séjour triste et d'une malpropreté affreuse dans cette saison d'hiver. Les rues sont des fondrières où l'on renonce à se risquer quand il pleut; aussi les gens du pays restent-ils des jours entiers sans pouvoir sortir de chez eux. La courtoisie officielle ne me permet pas de reculer devant un pareil obstacle. C'est à travers une mer de boue que je me dirige vers le consulat anglais et le bungalow du commissaire des douanes. Les gracieuses jeunes femmes qui m'y ont reçu n'ont pu cacher leur admiration pour un tel acte de courage ; mais aussitôt après mon départ, les efforts réunis de tous les domestiques n'auront pas été de trop pour effacer de leur salon les traces fâcheuses de mon passage. Quelque chose manque à ces ménages qui semblent, par ailleurs, entourés de tant de conditions de bonheur ; ce sont les enfants, les garçons surtout, qu'il faut laisser en Europe pour leur éducation, dès qu'ils sont un peu grands. Cette plaie vive saigne au cœur de bien des mères ; on la devine facilement en voyant leurs yeux se tourner souvent vers les portraits des chers « boys » absents.

11 février. — Les premiers objets qui frappent les regards, quand on arrive dans un port à traité du fleuve, sont les pontons alignés le long des berges, en face du quai de la concession, du « Bund », selon l'expression locale. Leurs usages sont multiples ; bureaux des compagnies et des maisons de commerce, entrepôts de marchandises, points d'accostage pour les ferrys, ils sont aussi le refuge désigné en cas d'émeute menaçant la vie des Européens. Ceux de Wouhou ont fourni un asile précieux aux familles des résidents en 1891, lors des troubles si graves qui ont éclaté ici, et au cours desquels l'église, la procure et la précieuse bibliothèque des Jésuites ont été brûlées. Nous retrouvons à bord du ponton de la Compagnie *Butterfield* une famille qui a fait le voyage de Marseille à Shanghaï sur le *Natal*. Elle habite l'arrière du bâtiment et s'est fait un nid coquet, gai, plein de fleurs et de verdure.

CHAPITRE V.

Une charmante jeune fille joue la ritournelle d'une mélodie écossaise, quand notre entrée vient malheureusement l'interrompre... Cette vie paraît plus douce et plus paisible encore au fond de ce vieux navire où tout évoque des souvenirs de lointains voyages, de luttes contre le vent et la mer, de départs pleins d'inconnu et de tristesse.

Depuis deux jours il semble que nous soyons au printemps. Nous avons une brise tiède et légère, un ciel bleu où courent quelques nuages semblables à des flocons d'ouate, un soleil clair qui nous sèche, nous réchauffe et nous réjouit. La *Vipère* fait sa toilette, gratte sa vieille peinture écaillée par le froid; elle met une belle robe blanche toute neuve. Chacun à bord est armé d'une « moque », d'un pinceau, et peint ou astique avec amour la partie du navire confiée à ses soins. A terre, les chemins redeviennent praticables; les résidents sont débloqués; on échange visites et invitations. Les missionnaires ont déjeuné ici; à l'étonnement de tous, l'oie sauvage a obtenu près d'eux un vrai succès qui a fait le bonheur d'Aming. Le commissaire des douanes nous a offert un « tiffin » dans son joli bungalow, qu'il nous a montré avec complaisance et dont il y a vraiment lieu d'être fier. Bâti au sommet d'un mamelon pittoresque, entouré d'un jardin anglais, il domine, par-dessus la ville chinoise, l'immense vallée où se déroulent les replis du fleuve Bleu. On respire un air plus pur en face de ce bel horizon, sur cette hauteur où le plaisir des yeux double celui que nous éprouvons auprès de nos aimables hôtes.

Ce soir, en rentrant, j'achève la lecture des livrets de l'équipage de la *Vipère,* travail indispensable à qui veut bien connaître ceux qu'il est appelé à diriger. Sauf une demi-douzaine de mauvaises têtes, nous n'avons que de braves gens, doux, disciplinés, faciles à conduire, des Bretons pour la plupart, dont quelques-uns parlent à peine le français, mais qui, une fois instruits et dégrossis, feront des marins solides, durs à la peine, sur lesquels on pourra compter. Presque tous ont au pays un vieux père, une mère, une femme, une jeune sœur à leur charge, et lui délèguent une partie de leur solde. Ces cœurs humbles et simples ont des trésors de généreuse abnégation qui commandent l'estime et l'affection. Notre meilleur chef de pièce est enfant naturel, fils de X..., dit le style officiel de son livret. Ce brave garçon n'a ni aigreur ni révolte; il nourrit sa mère et lui écrit par chaque courrier.

12 février. — Grand dîner aujourd'hui chez les Jésuites. En notre honneur, on avait fait violence à toutes les règles, chauffé le réfectoire, donné à chacun le droit de parler pendant le jour entier. Les Pères, dont l'établissement a été presque détruit en 1891, travaillent avec activité à le relever de ses ruines. La procure est refaite à neuf; les restes de la bibliothèque sont en ordre; l'église est déjà reconstruite jusqu'aux voûtes, et le Jésuite qui dirige le chantier est tout fier de nous promener sur ses échafaudages. C'est d'ailleurs un architecte émérite qui a édifié la plupart des églises de l'ordre existant en Chine. Toutes les professions sont ainsi représentées parmi ces messieurs. Un de ceux qui nous font accueil ici a été marin et dirige la *Sainte-Marie,* la jonque qui distribue dans cette partie du fleuve les envois de la maison mère de Shanghaï. Il parle d'un virement de bord ou de la coupe d'un grand foc avec la compétence et la chaleur d'un vieux loup de mer. Comment ne ferait-on pas de grandes choses avec de tels hommes dont chacun est à sa place, chargé de la besogne pour laquelle ses aptitudes le désignent, qui font tous concourir au but commun, avec un zèle ardent, l'esprit de sacrifice poussé jusqu'à la complète abnégation?

Le Chinois a l'esprit trop délié pour ne pas sentir que le renoncement à soi-même est la première condition de l'apostolat. Il respecte ces prêtres de la « Maison du Seigneur du Ciel » (Tien chou dan), qui sont pauvres, chastes, humbles; il accueille d'un mauvais œil les pasteurs qui viennent à lui avec femme et enfants, bien rentés par les sociétés évangéliques de Londres, pour lesquels la distribution des Bibles semble seulement un commerce d'ordre plus relevé que celui des cotonnades de Manchester. Dans la langue familière du pays, un Français, un « Falansi », est toujours un « missionnaire », un Anglais, un « Inglèse », toujours un « marchand ». N'osant pas heurter de front les traités, le gouvernement impérial prend une voie détournée pour entraver les progrès de l'influence chrétienne. A Wouhou, à Nanking, comme à Kiou-Kiang, les mandarins cherchent surtout à empêcher les achats de terrains par les Missions, espérant étouffer ainsi leur développement. De là un monde de chicanes qui grossissent sans cesse les archives des consulats et font, à la lettre, couler des flots d'encre de Chine.

16 février. — C'est demain le jour de l'an chinois; Aming et tous nos « boys » ont demandé congé pour prendre leur part des réjouissances traditionnelles. Les rites triomphent sur toute la ligne; on n'entend depuis midi qu'un feu continu de pétards; chacun a ses habits de fête; des tchinn-tchinns sans nombre s'échangent à tous les coins de rue. Les boutiques sont fermées; les comptes de chaque famille doivent, sous peine d'amende, être arrêtés et réglés, et on a eu soin de se munir de provisions, car il n'y aura pas de marché d'ici trois ou quatre jours. C'est la grande fête de ce peuple qui ne connaît pas le dimanche; le plus pauvre coolie se repose ou fait visite à ses amis.

Malheureusement le ministère des rites ne paraît avoir aucune influence sur l'état du ciel. Une neige épaisse tombe à gros flocons, et ce numéro imprévu nuit beaucoup au programme officiel. Aming, toujours malin, s'est fait inviter par un sien cousin, boulanger important de Wouhou. Il pourra passer ainsi une douce soirée le dos au feu, le ventre à table.

17 février. — Nous venons de quitter Wouhou au petit jour; mais ce n'a pas été sans peine. Nos ancres avaient un mètre de vase par-dessus les pattes, et il a fallu l'aide de la machine pour déraper. La *Vipère* ressemblait à une chèvre au piquet, tirant en tous sens sur la corde qui la retient. Par un temps gris et triste, au milieu d'une atmosphère de dégel, nous remontons vers Ngan-King, le point le plus éloigné que nous puissions espérer atteindre cet hiver. Le fleuve est à son niveau le plus bas, ses berges d'argile dominent de bien haut le pont de la canonnière. Des bancs surgissent partout ; il faut les contourner avec grande attention, car les chenaux sont étroits, tortueux, et changent fréquemment. A certains coudes on voit des éboulements ; de malheureux Chinois les regardent d'un œil désolé. Ce sont les débris de leurs champs que le Kiang ronge et fait disparaître, tandis que plus loin, dans une courbe, se forment des îlots dont les riverains fortunés s'empareront dès que leur exhaussement permettra d'y prendre pied. Dans quelques années d'ici, un caprice du Yang-Tsé chassera peut-être ceux-ci de leur nouveau domaine, en emportant l'ancien par-dessus le marché, malgré les digues dans lesquelles on essaye de contenir les eaux, ouvrages gigantesques auxquels travaillent sans cesse les habitants de la vallée du fleuve. Avant qu'il soit longtemps, le printemps va ramener la crue annuelle ; l'étiage montera de vingt mètres au-dessus de Hankow ; les plaines immenses qui nous entourent seront submergées ; on ne distinguera plus le lit du Kiang qu'à la violence plus grande des remous le long des chenaux, et des cuirassés pourront évoluer là où les coolies passent en ce moment à pied sec.

18 février. — Nous sommes de nouveau mouillés en face de la belle pagode de Ngan-King, et, aussitôt ar-

PAGODE DE NGAN-KING

rivé, je suis allé surprendre les missionnaires, auxquels notre présence n'était pas encore signalée. Le Père Joret se promène dans son jardin, joli enclos vert, ensoleillé, qui semble un coin de France ; il fait le plus cordial accueil aux compatriotes qui le prennent ainsi d'assaut. Nous visitons son église, que l'on remet à neuf en ce moment, puis l'orphelinat, où une Sœur chinoise nous offre de menus ouvrages faits par ses petites élèves. Il y a parmi eux des étuis à ciseaux et de menus souliers brodés avec un art charmant. On croirait ces derniers faits pour des poupées, si l'on ne voyait à côté les pieds auxquels ils sont destinés. Quand nous revenons au quai, un missionnaire suédois et sa femme, tous deux vêtus à la chinoise, viennent de débarquer d'un ferry ; ils distribuent des « tracts » à l'attroupement qui s'est immédiatement formé autour d'eux. La populace rit à gorge déployée, tandis que la pauvre Européenne semble un peu gênée des conversations qui s'échangent à son sujet et exigeraient, pour être traduites, l'usage de l'argot des bagnes. Au moment où j'embarque dans la baleinière, un jeune Chinois bien mis s'offre à me tenir un paquet qui gêne mes mouvements. Le Père Joret lui-même paraît surpris, tant une marque de sympathie est rare pour nous dans ce peuple. Il est vrai que le « taotaï » de Ngan-King ne professe pas pour les étrangers la haine classique des mandarins, et que les rapports avec lui sont courtois et faciles : son exemple déteint sur ses administrés.

20 février. — Les environs de Ngan-King sont réellement, comme on nous l'avait dit, le paradis du chasseur. Un temps magnifique nous favorise et a raffermi le sol. Par-ci par-là il reste bien quelques plaques de neige fondante ou des mares que le soleil ne séchera pas avant plusieurs jours ; mais on les traverse courageument, sans que ces bains partiels refroidissent notre ardeur. La rive droite du fleuve est une plaine immense, coupée de digues reliant des villages semés de distance en distance, avec de rares bouquets d'arbres entourant des pagodes en ruine. C'est là que nous débarquons, sans chiens, munis de simples lefaucheux, calibre 16 ; tous nous sommes fort novices, et saint Hubert doit froncer le sourcil en nous voyant si indignes de sa protection.

A peine sommes nous à terre que les lièvres, les sarcelles, les faisans commencent à nous partir dans les jambes. Mais nous leur prêtons à peine attention ; un plus noble gibier nous attire de son côté, et il s'agit de ne pas l'effrayer par une fusillade intempestive. Sur l'herbe fine de la plaine, où rien n'arrête le regard, des hardes de chevreuils sont dispersées de tous côtés ; beaucoup sont couchés et ruminent paisiblement ; d'autres paissent, se déplacent lentement, dessinant leur fine silhouette tantôt sur le fond vert d'une touffe de bambous, tantôt sur le bleu du ciel, quand ils franchissent quelque digue. Des chasseurs exercés, armés de carabines à longue portée, en feraient un véritable massacre. Hélas ! nous n'en sommes pas là ; notre chasse est plutôt comique que fructueuse !... Dans ces prairies rases comme des billards, où nous sommes visibles jusqu'aux semelles de nos souliers, il faut, pour approcher de nos chevreuils, des ruses de Mohican. Avant que nous soyons à portée, les jolies bêtes se dressent sur leurs jarrets, leur tête fine tournée vers nous, flairant le danger; puis, à notre premier mouvement brusque, elles partent, bondissant des quatre pieds à la fois par-dessus les ruisseaux, et s'arrêtent au bout de quelques minutes, immobiles, l'œil et l'oreille au guet. C'est un spectacle charmant pour un artiste, mais un peu énervant pour un chasseur.

Enfin, après une course de dix ou douze kilomètres, une touffe de roseau me permet de me glisser sans être éventé près de deux biches et de tirer. Elles partent au galop; puis, à cinquante mètres de là, l'une d'elles tombe foudroyée. C'est une jeune bête à la robe couleur de café au lait, aux yeux et aux jambes de gazelle. Elle saigne à peine; le cœur a été traversé par une chevrotine. Le matelot qui m'accompagne et moi, nous la portons à tour de rôle, nous dirigeant vers le bord, quand le hasard me favorise une fois encore. En traversant un champ, nous faisons lever un chevreuil; mon coup de feu lui casse une patte. La pauvre bête courant néanmoins fort lestement, nous laissons tomber notre premier gibier et commençons une poursuite homérique à travers les fondrières, les tronçons de roseaux, qui nous font trébucher à chaque instant. Nous perdons du terrain à vue d'œil, quand un groupe de Chinois se met de la partie et finit par arrêter le malheureux animal. En gens pratiques, ils réclament leur part de butin, criant, faisant un tapage infernal, jusqu'au moment où je distribue à la ronde quelques poignées de sapèques. Mais rien ne peut décider ces aimables Fils du Ciel à nous aider à rapporter notre butin ; c'est chacun avec un chevreuil sur les épaules que nous regagnons notre embarcation, éreintés, les pieds en sang, pestant contre le poids de notre charge, mais ravis au fond du cœur d'un succès si complet et, je dois le dire, si peu mérité !

CHAPITRE VI

Descente du fleuve. — Nanking. — Le tombeau des Mings. — Pagodes de Bouddha et temples de Confucius. — Ordre d'aller prendre la *Comète* à Saïgon. — Atchi tailleur et mandarin.

21 février. — Il est prudent de rester sur la bonne impression d'hier; aucune raison sérieuse ne nous retient plus d'ailleurs à Ngan-King. Les eaux étant trop basses pour que nous puissions monter plus haut, nous prenons le parti de redescendre le fleuve à petites journées et d'aller attendre à Chinkiang les nouvelles instructions dont l'amiral nous a annoncé l'arrivée prochaine.

22 février. — Nous avons couché à Wouhou hier soir; ce matin nous avons appareillé pour Nanking... Au moment du départ, la *Sainte-Marie*, la jonque des Missions, vient nous demander la remorque, et nous faisons route de conserve à une allure pacifique; car, chaque fois que nous voulons augmenter de vitesse, les bateliers des Pères déclarent que nous allons disloquer leur coque. Juste au moment où nous finissons de déjeuner, nous arrivons en face de l'île Wade, point désigné pour la séparation. Le Père Bizeul nous fait ses adieux ; nous larguons la remorque, et la *Sainte-Marie*, hissant sa grande voile de nattes, entre dans le bras de « Taïping-Fou », tandis que la *Vipère*, augmentant de vitesse, descend rapidement le courant. A la tombée du jour, nous mouillons devant Nanking.

25 février. — Le 23 et le 24 ont été deux jours affreux. Dès le lendemain de notre arrivée, le ciel a pris une teinte plombée de mauvais augure ; puis le vent du nord s'est levé, soufflant par rafales carabinées, et la pluie s'est mise à tomber par torrents. A en juger d'après l'état du fleuve, il devait faire un temps atroce au large. C'était le cas, pour les Méridionaux du bord, de réciter la prière légendaire du Marseillais :

« Bonne Mère, prenez en pitié le pauvre marin qui est à terre ! Que celui qui est en mer se débrouille ! »

Aujourd'hui il fait heureusement plus beau ; nous pouvons enfin quitter la *Vipère*. Comme la Mission, but de notre voyage, est fort loin, il a été décidé que nous y coucherions ce soir et rallierions le bâtiment demain dans la journée.

Un chrétien nous attend au débarcadère avec des ânes. Ce ne sont pas des baudets fringants, pareils à ceux qui nous promenaient autrefois dans Alexandrie et dont les âniers égyptiens nous vantaient les qualités exceptionnelles en vociférant sur tous les tons : « Capitaine ! Bon baudet de M. de Lesseps ! Capitaine ! Bon baudet a chemin de fer dans le ventre ! » Ceux-ci sont des montures pacifiques, évangéliques, tout indiquées pour aller voir des missionnaires. Peut-être même sont-elles trop paisibles, car la mienne a besoin de fréquents encouragements, et ma canne vole en éclats avant que je puisse obtenir le moindre temps de galop.

Nanking, ancienne capitale de la Chine sous la dynastie des Mings, était encore, il y a cinquante ans, une ville colossale de plusieurs millions d'habitants. Comme toutes les grandes cités chinoises, elle est entourée de murailles, et son enceinte égale en développement celle de Paris. En 1860, les Taïpings rebelles l'emportèrent d'assaut, brûlèrent, ravagèrent tout, ne laissèrent que des ruines au milieu desquelles vivent maintenant trois ou quatre cent mille habitants. Aussi, quand on a franchi le rempart sous une de ces portes immenses, coiffées de miradors aux angles retroussés, qui s'ouvrent de loin en loin, on entre, non pas dans une ville, mais dans une vaste plaine semée de maisons, coupée de champs et de jardins. Çà et là un pont dallé de larges pierres, enjambant quelque ruisseau d'une arche hardie, atteste la splendeur des voies anciennes qui traversaient Nanking. Le long des chemins, autour des cultures, on ne voit que des bambous, dont les hautes tiges vertes, le feuillage lancéolé animent la tristesse de cette nature d'hiver. Les fêtes du nouvel an ne sont pas encore terminées ; quand nous passons devant une maison, nous voyons la famille au grand complet sur le pas de la porte, en habits de gala, jouissant avec délices d'un repos si bien gagné dans ce pays de travail ininterrompu. Les femmes, outrageusement fardées, ont des chignons énormes piqués de fleurs de papier ou d'épingles d'argent. Les enfants jouent avec

4.

les cadeaux qu'on vient de leur faire, lances en carton, animaux en baudruche pour les garçons, poupées ou mignonnes lanternes de couleur pour les filles. Des bateleurs, des guignols sont installés à certains carrefours, au milieu de joyeux rassemblements. La foule nous fait place et ne paraît nullement hostile. A onze heures nous arrivons à la Mission, grande construction de bonne mine, entourée de murs blancs comme neige. Les Pères Simon, Lémour et Rodet nous accueillent chaleureusement; nous nous livrons aux douceurs d'un copieux déjeuner dont nos baudets profitent pour se restaurer de leur côté, puis nous sautons en selle et nous nous dirigeons en caravane vers le tombeau des Mings.

La dynastie tartare régnante a fait choix, pour y résider, d'une ville située presque à la frontière de l'empire. Péking (en chinois « capitale du Nord ») touche à la Mandchourie; l'on dirait que la race conquérante, sentant l'impopularité et la faiblesse de sa domination, ait voulu rester ainsi à portée de son berceau, prête à y chercher un refuge en cas de rébellion des vaincus.

La dynastie chinoise des Mings, celle qu'ont dépossédée les Mandchoux, il y a deux siècles, était établie au cœur de l'empire, à Nanking (« capitale du Sud »). Elle y a laissé des souvenirs toujours vivants, des vestiges imposants de sa puissance et, dit-on même, des descendants échappés aux proscriptions des vainqueurs, cachant soigneusement une origine qui les désignerait au bourreau. Les sociétés secrètes, qui travaillent dans l'ombre à la chute des empereurs actuels, connaissent ces derniers rejetons des vieux souverains nationaux, et c'est peut-être derrière un Ming qu'elles marcheront un jour pour expulser les maîtres détestés. En prévision de tels mouvements insurrectionnels, toute ville chinoise importante est flanquée d'une cité tartare ceinte de hautes murailles et peuplée de soldats mandchoux.

Au sortir de la Mission, nous traversons la colonie militaire qui surveille ainsi Nanking. Les femmes n'ont point les pieds déformés ; les hommes portent leur chevelure entière, au lieu de la longue queue nattée, coiffure imposée jadis à la race conquise comme marque de servitude.

Nous franchissons successivement deux remparts épais, par de larges portes voûtées, puis le vaste cimetière qui entoure Nanking de tous côtés, véritable cité des morts enserrant la cité des vivants. Au bout d'une demi-heure de marche, nous gravissons une petite hauteur couronnée de ruines... C'est le but de notre excursion.

Deux arcs de triomphe, distants de cent mètres environ, sont là au sommet, marquant la place où le cortège des obsèques impériales faisait halte en sortant de la capitale. Le premier est une belle construction en briques avec des soubassements de marbre ; sous le second est accroupie une gigantesque tortue de pierre, symbole chinois de la force, portant sur son dos un monolithe chargé de caractères. L'un de nous grimpe à grand'peine sur la tête du monstre et se trouve juste au-dessus de l'endroit où l'on posait le cercueil à terre pour quelque cérémonie aujourd'hui oubliée. L'horizon est immense... Au sud Nanking, au nord et à l'ouest, de grandes plaines nues bordées de montagnes violettes; à l'est, des collines rougeâtres d'une aridité affreuse. C'est vers celles-ci que nous nous dirigeons en suivant l'avenue funéraire qui s'ouvre devant nous, montant par endroits, puis descendant en replis sinueux suivant les caprices du terrain. Des statues étranges, colossales, la bordent de chaque côté : lions, tigres, chameaux, éléphants, chevaux, hippopotames, alternativement debout et agenouillés, puis des colonnes, des mandarins, des guerriers, placés là sur le passage du grand mort pour lui rendre un dernier hommage. Au bout de cette double haie de géants de pierre nous atteignons un troisième arc de triomphe précédé de terrasses et de cours entourées de balustrades sculptées; derrière lui s'élève la montagne, faite de main d'homme, sous laquelle dort le fondateur de la dynastie des Mings. Tout cela est énorme, barbare, sauvage! Malgré soi on songe à Attila, à Timour, à Gengis-Khan, à ces fléaux de Dieu qui ont laissé à l'histoire une impression d'horreur grandiose et dont les empereurs chinois étaient les fils.

Les mandarins tartares ne prennent, cela va de soi, aucun soin de ces ruines superbes, et chacun vient y puiser à sa guise; les marbres, les briques jaunes du tombeau, timbrées du dragon impérial, disparaissent peu à peu, pour aller boucher les brèches des masures du voisinage.

LES ÉLÉPHANTS DE MARBRE SUR LA ROUTE DU TOMBEAU DES MINGS

Au retour nous entrons dans une pagode que des bonzes vêtus de blanc sale nous montrent complaisamment et qui passe pour l'une des plus belles de Nanking. A la porte, des lions de pierre et des statues de bois peint représentent des dieux féroces, chargés d'écarter les mauvais esprits. Le temple est subdivisé en une série de salles où trônent des idoles d'une laideur repoussante : le dieu de la pluie, le dieu du tonnerre, Kwannyn la déesse de la mer et des femmes, le dieu auquel on demande des enfants, Dharma qui a quatre bras, Samgha qui tient à la main une fleur de lotus, Bouddha enfin, reconnaissable à ses longs cheveux bouclés, à la bosse singulière qui orne sa tête.

Devant chaque statue brûlent de petits bâtons d'encens; près d'elle un gong sert au bonze à appeler vigoureusement l'attention du dieu chaque fois qu'un adorateur vient prier et déposer son offrande. Les divinités de la Grèce étaient jeunes et belles; leurs temples étaient empreints d'une grâce majestueuse, pleins de fleurs et de lumière; l'Hellade avait le génie du beau. La Chine a le génie du laid; ses idoles ont le regard farouche, le geste menaçant; ses pagodes s'éclairent à peine d'un demi-jour funèbre; le culte est fait de mystérieuses terreurs, de cérémonies lugubres ou puériles. Le chrétien aperçoit partout la Providence; sa prière, faite d'espérance et d'amour, demande la vie éternelle au delà du tombeau. Le bouddhiste ne voit que la brutalité du sort, n'éprouve devant l'image de ses dieux que de la crainte et des angoisses; ne pas souffrir, ne pas être, le « Nirwana », voilà le seul bonheur auquel il aspire pour l'éternité...

La nuit tombe pendant que nous regagnons la Mission ; les enfants ont allumé leurs lanternes de nouvel an et les promènent dans les rues avec des rires joyeux.

D'immenses vols de corbeaux tournent sur nos têtes, accourus de tous les points de l'horizon. Ils viennent ainsi chaque soir gîter dans les ruines désertes qui parsèment maintenant la capitale du Sud. S'ils ont l'esprit malicieux que semble refléter leur œil brillant, et si la longévité qu'on leur attribue n'est pas une fable, il y a là des patriarches aux ailes noires qui ont connu Nanking avant le sac des Taïpings. Ils doivent trouver que les révolutions ont du bon, et qu'elles préparent aux corbeaux des gîtes admirables. Que d'hommes ont pensé de même dans tous les siècles et dans tous les pays !

Nous sommes ravis, mais harassés, et, aussitôt après le dîner, chacun monte se coucher. En ma qualité de commandant, j'ai la chambre de l'évêque, celle que Monseigneur occupe quand il vient en tournée pastorale. Il faut croire que les marins sont bien sybarites ou que les prélats vivent en Chine avec une simplicité tout à fait apostolique, car je trouve le lit dur, la cheminée exiguë, et le mobilier me paraît manquer totalement de confortable. Nous n'éprouvons tous d'ailleurs aucune tentation de faire la grasse matinée. Nos hôtes sont trop aimables, il y a trop de choses à voir demain matin, pour que nous songions à nous attarder au lit, ce lit fût-il même épiscopal.

26 février. — Aussitôt levés, nous montons à une

pagode située dans une belle position d'où elle domine la Mission, la partie la mieux conservée de Nanking, et l'arsenal où le vice-roi fait fabriquer des fusils et des canons de campagne. On voyait jadis de là s'élever fièrement devant soi la fameuse Tour de porcelaine, la merveille de l'empire. Hélas! ce chef d'œuvre de céramique n'existe plus que dans le monde des romances, où il est allé rejoindre le « Dernier Ménestrel », le « Dernier des Abencérages » et tant d'autres choses qui ne vivent plus que par la légende.

En rentrant déjeuner, nous traversons un cimetière dont les tombes sont bien conservées; la plus belle est même surmontée d'un portique de pierre qui frappe le regard par sa forme originale et les grands caractères gravés sur son linteau. C'est une sorte d'arc de triomphe élevé en l'honneur d'une femme qui, ayant perdu son mari, passa le reste de ses jours à le pleurer et à chérir sa mémoire. Le gouvernement impérial apprécie à sa juste valeur une fidélité si rare et, chaque fois que le cas se présente, autorise la famille d'une défunte aussi exemplaire à lui élever ce genre de monument dont la forme est consacrée par les rites. Il faut ajouter que le trésor public laisse tous les frais à la charge des héritiers, conciliant ainsi le double souci de ses intérêts et des hommages dus à la vertu.

On pourrait penser que les cimetières chinois sont remplis de tels portiques. Il n'en est rien pourtant, et les veuves inconsolables semblent aussi rares dans le Céleste-Empire que dans les pays où leur tombe n'a rien qui la distingue.

CHAPITRE VI.

Au sortir du déjeuner, visite au temple de Confucius, toujours fermé, sauf pour la célébration des fêtes officielles, mais dont la porte cède facilement devant une ligature de sapèques.

Le bouddhisme est la religion du peuple. Sans doute nous sommes choqués de voir appeler à coups de gong l'attention des idoles des pagodes, de voir dévider devant elles des moulins à prières ou d'assister aux danses de marionnettes qu'on leur offre comme un spectacle agréable; mais beaucoup de fidèles ont l'air convaincu, et le cri de supplication vers le grand inconnu qui tient dans sa main la faiblesse humaine est toujours touchant quand il est sincère : Dieu doit l'entendre.

Ici rien de pareil : le culte de Confucius est une religion de lettrés, sèche, pompeuse, abstraite et vide. On s'incline devant des sentences, des maximes solennelles qui sentent le pédant, le régent de collège. C'est l'idolâtrie de l'orgueil littéraire auquel nulle voix d'en haut ne peut répondre.

A quatre heures, nous faisons nos adieux aux Pères, ne sachant comment assez les remercier, et, à six heures, nous nous retrouvons sur la *Vipère*, ce coin de France où l'on est toujours heureux de rentrer, « home » du marin, plein de chers souvenirs qui adoucissent les pensées d'exil.

27 février. — C'est par une véritable journée de printemps que nous venons de faire la route de Nanking à Chinkiang. Ce dernier point est toujours le siège d'une certaine effervescence; de nouveaux placards contre les étrangers y ont été affichés récemment.

Maintenant que la température s'adoucit, les fauteurs de désordres vont pouvoir quitter une partie de leur garde-robe, s'agiter sans craindre les fluxions de poitrine, et il est bon d'être sur ses gardes. Ce soir, au moment où chacun commençait à s'endormir, un « sampan » accoste avec grand bruit. Est-ce déjà une alerte? Non; ce sont des dépêches de l'amiral qui couraient après nous depuis plusieurs jours et n'avaient pu nous rejoindre à Nanking, où il n'existe pas de bureau télégraphique...

Le *Lion,* qui a passé l'hiver à Tien-Tsin, vient d'être rendu à la liberté par la débâcle des glaces; il va pouvoir nous remplacer dans le fleuve; nous avons ordre de rallier Shanghaï, puis Hong-Kong, où nous trouverons de nouvelles instructions... Ce sont là des mouvements prévus depuis longtemps, désirés impatiemment par beaucoup d'entre nous. Le but de notre voyage est Saïgon, où nous allons désarmer la *Vipère,* incapable de continuer la campagne, et prendre la *Comète,* qui vient d'être remise à neuf. C'est une joie générale à bord. Une partie de l'équipage est congédiable et va rentrer en France par le premier transport de Cochinchine. Les autres se réjouissent de revoir la vraie mer, qui nous manque depuis de longs mois, de penser qu'ils auront bientôt sous les pieds une bonne canonnière dont ils seront fiers, un peu amoureux même, comme tout vrai marin doit l'être de son navire. Aussi la dépêche du commandant en chef est-elle accueillie avec enthousiasme, et la *Vipère* en éprouve comme un frisson du gaillard d'avant à la dunette.

28 février. — Nous avons réglé nos dernières affaires dans la matinée, puis mis en route à onze heures. Tout en descendant le Yang-Tsé, on envergue les voiles les plus neuves; on visite, on consolide le gréement ; on prend les dispositions pour la mer et pour le mauvais temps qu'on peut toujours y rencontrer. La *Vipère* a l'air d'une fourmilière où chacun s'empresse au travail, et nous ne mouillons qu'à dix heures du soir en face d'un passage que les pilotes ne franchissent jamais la nuit.

1er mars. — Nous appareillons aussitôt que le jour paraît, et, à quatre heures du soir, nous sommes affourchés devant Shanghaï, auprès de l'*Inconstant*. Sans désemparer, les commandes sont lancées aux fournisseurs pour le charbon, les vivres, tout ce qui nous sera nécessaire pendant la traversée. Atchi, le tailleur chinois, qui arrive souriant suivant son habitude, est invité à nous confectionner d'urgence quelques complets de toile blanche, seuls vêtements que l'on puisse porter en Cochinchine.

Atchi est une des figures de Shanghaï. Il a commencé par être simple ouvrier tailleur et poussait alors si loin le scrupule que, lorsqu'on lui confiait un pantalon hors d'usage comme patron, il en confectionnait un neuf reproduisant soigneusement les taches, les accrocs même du modèle. Mais ces regrettables malentendus n'ont pas duré ; grâce à sa finesse, à son entregent, à son don pour les affaires, Atchi est aujourd'hui un gros commerçant, et sa boutique porte en lettres dorées : « Tailleur de la Marine. » Il fait tout avec une promptitude merveilleuse, a réponse à tout, semble disposer de ressources inépuisables. Aux dimensions près, son magasin est une réduction de la Belle Jardinière ou du Bon Marché. Un Papou pourrait y entrer en costume national, c'est-à-dire simplement vêtu de sa peau d'ébène, et en ressortir en tenue de soirée ou de *lawn tennis* à son choix.

Atchi porte le bouton rouge, insigne de la dernière classe des mandarins. Intelligent comme il est, il eût pu tourner ses aptitudes du côté de ces fameux examens littéraires d'où l'on sort bachelier, licencié ou docteur, et qui donnent, suivant la valeur des compositions, accès aux différents grades de l'État. Mais il a préféré prendre une voie plus courte et payer son bouton rouge cinq cents francs. Ce n'est vraiment pas cher, surtout quand on songe que le bambou des juges chinois, aimable joujou dont ils aiment à chatouiller la plante des pieds de leurs justiciables un peu à tort et à travers, ne doit pas être employé à l'égard d'un mandarin, fût-il de la dernière classe. Atchi a pensé que son négoce pourrait le conduire quelquefois devant dame Thémis et qu'il était prudent de s'assurer contre la bastonnade.

La vénalité des grades est une des plaies de cet étrange système universitaire qui forme en théorie la hiérarchie chinoise suivant le mérite littéraire de chacun, et qui aboutit dans la pratique à la corruption universelle, aux concussions les plus éhontées. Les fonctions, les intérims même de vice-roi, de préfet, de taotaï, se payent des prix fous, s'achètent au moyen de pots-de-vin énormes distribués en haut lieu, et qu'on recouvre ensuite avec usure dans la poche des contribuables. Du haut en bas de l'échelle gouvernementale on agit de même, et les Européens, pourtant si savamment tondus par le fisc occidental, ne gagneraient, certes, rien à emprunter aux Fils du Ciel les impôts variés qui fleurissent en Extrême-Orient. Ce qui fait la prospérité des concessions étrangères de Shanghaï, c'est précisément que les Chinois viennent s'y fixer en grand nombre pour se soustraire aux exactions de leurs mandarins.

CHAPITRE VII

Départ mouvementé. — La croisière du riz en 1885. — Hong-Kong.
— Bal au « Naval-Yard. » — L'été au sortir de l'hiver. — Saïgon.

4 mars. — Au bout de trois jours de préparatifs qui nous ont paru bien longs, la *Vipère* a pu partir, après une chaude émotion. Au moment où nous prenions les dernières dispositions d'appareillage, le *Kweilin*, gros vapeur de la Compagnie « Butter field », a voulu tourner trop court devant nous et, nous abordant légèrement, a fait craquer notre beaupré, dont le bout dehors et le gréement sont tombés en morceaux. Pareil accident était déjà survenu à la *Vipère* l'an dernier, au moment où l'amiral en passait l'inspection générale. La canonnière anglaise *le Swift* fit exactement la même fausse manœuvre, à la suite de laquelle son chef d'escadre, présent sur rade, expédia immédiatement le coupable au fond du Yang-Tsé pour y méditer sur le danger des évolutions trop hardies. Ce soir, il a fallu traiter avec le capitaine du *Kweilin,* lui arracher la promesse d'une indemnité de cent taëls, et ces menues négociations ont singulièrement gêné nos mouvements. Enfin, à neuf heures, nous sortons du

Yang-Tsé par un admirable clair de lune. Une jolie brise nous pousse vers le sud, toutes voiles dehors ; la houle du large nous berce doucement ; il semble que la *Vipère* se réveille à ce mouvement inaccoutumé, et qu'elle secoue gaiement la torpeur de son long séjour dans le Kiang.

A minuit nous sommes à Gutzlaff. C'est là qu'il y a huit ans j'ai passé, à bord du *Villars,* les longues semaines de la « Croisière du riz ». Nous étions une escadre de croiseurs battant la mer à tour de rôle, arrêtant, pour les visiter, tous les vapeurs qui fréquentaient ces parages. Je dois dire que nous étions régulièrement bredouilles, malgré une foule de renseignements qui nous venaient de tous côtés, sur les endroits où les navires suspects avaient, disait-on, un chargement de contrebande de guerre caché. Nous fîmes donc peu de prises, en dehors d'un vapeur livré par son capitaine lui-même, contre bonne récompense.

A la fois ingénieux et simple, le procédé de ce commerçant adroit lui fut envié sans doute par les nombreux « Frères de la Côte », dénués de ressources et de scrupules, dont fourmillent les mers de Chine. Après une série de pourparlers, au cours desquels il fut stipulé qu'on lui abandonnerait l'argent trouvé à bord, il offrit ses services aux mandarins, chargea au compte du gouvernement chinois toutes les troupes, tous les dollars qu'on voulut bien lui confier, et dut même évidemment insister pour que ce dernier article fût abondamment représenté. Cela fait, il avertit l'escadre française de l'heure de son passage au cap sud de Formose, où l'un de nos bâtiments vint le cueillir à point nommé, lui et toute sa cargaison. Une seule traversée effectuée avec cet art consommé permit à l'heureux capitaine de se retirer après fortune faite.

Nous n'eûmes pourtant pas à regretter nos peines, car ce blocus, bien conduit, exerça sur les négociations avec la Chine une influence décisive, plus grande à coup sûr que les brillants succès militaires remportés trop loin de Péking. Le riz, déclaré contrebande de guerre, resta sur le quai de Shanghaï sans trouver de chargeurs, et le Tsung-li-Yamen, menacé de famine, capitula. Une fois de plus l'amiral Courbet, le glorieux chef que la mort allait bientôt nous prendre, avait prouvé dans cette occasion la justesse et la fermeté de ses conceptions. Si la Chine veut éviter le retour de pareille aventure, elle fera bien de réparer le canal Impérial, que nous avons aperçu à moitié comblé aux portes de Chin-Kiang, ou d'entreprendre le réseau ferré que préconise Chang-Chi-Tong.

6 mars. — La mousson du nord-est n'a pas encore pris fin, et nous retrouvons ses derniers souffles à l'entrée nord du canal de Formose. Il fait un temps clair ; le ciel est d'un bleu profond, pommelé de légers nuages blancs ; une jolie brise nous accompagne ; de petites lames couleur d'outremer bruissent joyeusement dans notre sillage.

La *Vipère* a mis toutes ses voiles, jusqu'aux bonnettes et aux flèches, qui n'étaient pas sorties des soutes depuis cinq ans ; on vient de pousser un bout dehors de grand foc neuf ; toute trace des dégâts du *Kweilin* a disparu, et nous filons près de dix nœuds. Un croiseur ou un paquebot en marche deux fois davantage ; mais la petite canonnière n'a jamais atteint que dix nœuds et demi aux essais ; il est déjà surprenant de la voir retrouver, au bout de dix ans, les jambes de sa jeunesse.

A bord, tout le monde rayonne ; en haut les gabiers contemplent fièrement les voiles largement gonflées qui, depuis tant de semaines, restaient tristement serrées le long des vergues ; en bas, les chauffeurs sont devant les gueules rouges des fourneaux, lançant à la volée de larges pelletées de charbon, attisant les feux dont la fumée grise sort de la cheminée par grandes bouffées. Accoudés sur le plat-bord, les hommes de quart regardent les tourbillons d'écume qui courent le long du cuivre, et cette eau d'azur qui repose les regards au sortir des vases jaunes du Yang-Tsé. Il semble que l'air du large nous fouette le sang, nous grise un peu de sa senteur capiteuse... Ne faut-il pas que cette mer soit grandiose et belle pour que nous l'aimions ainsi, pour que nous oubliions par instants, dans le bercement de sa houle, la cruauté des séparations qu'elle impose ?

Les îles qui bordent la côte défilent rapidement. Toutes sont stériles, sèches ; sur quelques-unes, le service des Douanes impériales a établi des phares ; on se prend à plaindre le sort des malheureux gardiens qui vivent là seuls, prisonniers au sommet de ces rochers sans eau, sans végétation, loin de la société des hommes.

Par une si belle journée, les goélands tiennent le large ; nous en sommes environnés. Ils pêchent autour de nous ou mangent les débris de cuisine que l'on jette par-dessus le bord. Plusieurs, avec leur dos gris perle, leur ventre blanc, leurs ailes fouettées de noir, leurs pattes roses, sont de charmants oiseaux. Leurs jeux, leur vol d'une admirable élégance, sont une distraction pour nous. Tout à l'heure l'un d'eux, ayant pris un gros poisson, se débattait furieusement au milieu de camarades accourus pour le lui voler. Tous poussaient des cris, et la déception a paru générale quand l'heureux pêcheur a réussi enfin à ingurgiter son butin. Maintenant la bande entière tourne silencieusement autour du mât de misaine, au pied duquel le boucher du bord vient de tuer un mouton. Les malignes bêtes sentent la chair fraîche mieux que l'ogre des contes de fées, et guettent la curée, le bec déjà tendu, les ailes frémissantes.

8 mars. — Au lever du jour il faisait un temps gris, brumeux et triste ; on distinguait à peine dans le nord la terre de Chine toute voilée de brouillard. Vers midi, une éclaircie subite s'est faite, et l'archipel des Lemma s'est dressé devant nous, ruisselant de lumière. Nous donnons dans les passes de Hong-Kong ; la grande baie s'ouvre, peuplée de navires, inondée de soleil ; à trois heures nous mouillons près de la *Triomphante*.

L'amiral Humann nous donne deux jours pour nous

reposer avant de reprendre la mer, et chacun s'apprête à en jouir à sa manière. Les officiers libres vont à terre; le second met le bâtiment en toilette de rade ; le commandant fait les visites officielles à tous les navires présents au mouillage, au gouverneur, au commmandant des troupes, au consul de France, comme le règlement sur le service à bord le lui prescrit... Le soir est vite arrivé, amenant une pluie fine qui rafraîchit l'atmosphère. Des centaines de feux blancs, rouges, verts, s'allument autour de nous ; des sifflets de vapeur vont d'échos en échos ; des cris de bateliers, de nasillardes cantilènes chinoises sortent de tous les sampans rangés le long des quais ou glissant dans l'ombre. Les pentes des montagnes qui enserrent la rade s'éclairent de lampes électriques, puissante réverbération d'une ville riche et pleine de vie. Plus haut la silhouette hardie du pic Victoria baigne dans des lueurs d'étoiles. Les yeux papillotent un peu, même en face de ce beau spectacle, après les nuits de mer. Un commandant, si solides que soient ses nerfs, si confiant qu'il puisse être en ses officiers, retrouve toujours sur son oreiller la pensée de sa responsabilité ; les incidents de la navigation troublent à chaque instant son sommeil, et les nuits qui suivent les arrivées sont pour lui une détente profonde et bienfaisante.

10 mars. — Hier soir, bal au « Naval-Yard », l'arsenal anglais, dans les pièces immenses qui servent à étendre les voiles pour les couper ou les faire sécher.

Décorées de fleurs, de feuillages, de pavillons où figuraient les couleurs de toutes les nations, brillamment éclairées par des lustres électriques, les salles offraient un charmant coup d'œil.

Il y avait là, avec une centaine d'officiers en habit rouge ou en frac brodé d'or, autant de femmes, dont plusieurs jeunes, jolies, représentaient gracieusement la beauté fraîche et blonde des Anglaises. Les amiraux ont donné l'exemple de l'entrain le plus juvénile, et chacun a marché sur leurs traces. Si les danses ont été animées, si les « flirts » ont garni tous les coins de couples souriants, le buffet n'a pas été négligé, tant s'en faut. Les liquides surtout ont été attaqués avec une ardeur vraiment britannique. Les insomnies des commandants anglais à la mer sont assurément moins fatigantes pour certains d'entre eux que les bals, où ils engloutissent pareil nombre de « cocktails », de « bamboos » et de coupes de champagne.

11 mars. — Avant de quitter Hong-Kong, je suis allé à bord du *Victor-Emmanuel* présenter mes devoirs au commodore anglais qui commande la rade. Une charmante petite fille de dix ans se trouvait seule dans la pièce où l'on m'a introduit. Loin d'être intimidée, la mignonne enfant est venue à moi pour m'offrir un siège et me prier d'attendre son père quelques instants. Je l'ai prise par la main ; nous nous sommes assis côte à côte sur un sofa, et, jusqu'à l'arrivée du commodore, j'ai reçu une des meilleurs leçons d'anglais de ma vie. Cette jeune tête aux cheveux d'or, ce gentil babil égayaient délicieusement le grand salon sévère du vieux navire.

Il y a quelques semaines, je trouvais à la table de l'amiral anglais, à bord de son beau yacht, les femmes de ses aides de camp ; ici la fille d'un commandant lui tient compagnie. L'Angleterre, qui exige de ses officiers des séjours lointains, fréquents, de longue durée, facilite autant qu'elle le peut le déplacement des leurs, afin qu'ils retrouvent partout ce « home » si cher aux cœurs anglais. Dans un pays qui vit de la mer, les voyages n'effrayent personne, et les possessions britanniques se peuplent ainsi de familles suivant leur chef là où le service de la Reine le conduit. Le contraste est vif avec nos colonies, pour la plupart malsaines, où l'on ne voit guère que des visages d'hommes, où l'on n'a souvent le choix qu'entre une existence de cénobite et la vie de café, de cercle, avec toutes les défaillances morales qu'elle entraîne.

A deux heures nous appareillons pour Saïgon. La *Vipère* a mis au grand mât sa plus belle flamme tricolore, celle qui, suivant un vieil usage, mesure un mètre par mois de campagne et qui atteint maintenant quarante mètres. Nous passons devant le *Redpole,* si près que le rouge de notre étamine glisse sur les vergues de son mât de misaine, derrière la *Triomphante,* où l'amiral fait jouer sa musique pour répondre à notre salut ; puis, venant à l'ouest, nous sortons par la passe de « Green-Island ».

La voilure est établie lestement ; la machine donne tout ce qu'elle peut faire sans crainte d'avarie, et nous filons vers Saïgon. Une grosse houle nous balance vigoureusement, mais tout est bien amarré à bord, les parcs à charbon improvisés qu'il a fallu installer sur le pont sont solidement accorés ; pourvu que nous marchions, tout est pour le mieux !

12 mars. — Il fait toujours une grande brise du nord-est qui nous pousse vers le sud ; la houle bleue nous berce sans trêve, jetant parfois des gouttes de son écume blanche jusque sur le plat-bord. Ces arrosages discrets ne sont pas inutiles, car nous avons passé le tropique, laissant bien loin derrière nous l'hiver de Shanghaï, et il fait si chaud que nous sommes tous en casque et en vêtements blancs. Mieux vaut maintenant ne plus penser à la neige immaculée ni au givre du Yang-Tsé ; sous ce ciel de feu de tels souvenirs sont un supplice de Tantale.

13 mars. — Le changement de température a été tellement brusque que nous y sommes très sensibles et que nous fondons littéralement en eau, malgré la légèreté de nos habits de toile. L'intérieur du navire, brûlant, mal aéré, est inhabitable ; aussi nous vivons presque continuellement sur le pont, en plein air, sous l'abri des tentes. L'équipage y prend ses repas ; beaucoup y couchent à la belle étoile, soigneusement enveloppés de leurs vêtements de laine pour éviter les refroidissements. La police du bord exige que toutes les précautions hygiéniques soient prises ; la douche est devenue obligatoire, au grand avantage de la santé générale. Chaque soir, à cinq heures, le maître calfat grée une pompe à incendie ; on installe quatre marins robustes aux bringuebales, et chacun vient se faire arroser vigoureusement des pieds à la tête.

La mer est d'un azur profond ; à chaque instant notre étrave effarouche des bandes de poissons volants qui s'élancent hors de l'eau, rasent la houle où leurs queues tracent de longues arabesques, puis replongent un peu plus loin. Les marsouins qui nous accompagnent font de véritables razzias de ces malheureux exocets, saisissant pour les happer le moment où ils retombent, et témoignant leur vive satisfaction par les culbutes les plus folâtres.

Rossinante galopa, dit-on, une fois dans sa vie. La *Vipère,* que nous avons souvent comparée à la jument légendaire de don Quichotte, fait preuve d'une bien autre ardeur ; stimulée sans doute par l'approche de l'écurie, elle galope durant des journées entières. Puisque c'est la dernière étape, nous avons moins de ménagements pour elle et nous marchons grand train.

Ce soir, après le branle-bas, les marins de quart ont demandé la permission de chanter. Quelques-uns ont de jolies voix ; plusieurs ont reçu à l'École des mousses des notions de musique vocale, et ces concerts improvisés sous le regard des premières étoiles, dans le silence des nuits de la mer, ne sont pas sans charme. Le répertoire en est généralement sentimental et triste ; l'on ne peut s'en étonner quand on songe à la vie que mènent ces braves gens, loin de toutes leurs affections. Ils ont au cœur une mélancolie instinctive que ces chansons du gaillard d'avant traduisent souvent avec une naïveté touchante, mais qui n'est pas toujours sans danger.

En 1885, dans les forts des Pescadores, où le choléra, la fièvre algide comme on l'appelait, décimait les compagnies de débarquement, nous avions organisé des soirées musicales pour entretenir parmi nos hommes cette gaieté et cette énergie morale qui sont de puissants préservatifs contre la contagion. Mais il nous avait fallu lutter pour en bannir certaines romances qui exerçaient sur ce public naïf et simple une influence nostalgique dont lui-même ne se rendait pas compte; et notre censure était obligée de proscrire impitoyablement des bluettes en apparence bien innocentes.

14 mars. — A l'aurore nous distinguons la terre d'Annam dans l'ouest, et le jour vient si rapidement sous les tropiques que le soleil se lève presque aussitôt, nous en montrant tous les détails. Au fond de l'horizon court, du nord au sud, la haute chaîne de montagnes qui limite vers l'est la vallée du Mékong, arête de plus de deux mille mètres, dont les fines dentelures se détachent en gris perle sur le ciel lilas du matin. Le long de la côte de grands caps escarpés tombent brusquement dans la mer; des îles aux falaises verticales abritent des golfes profonds, des rades où tiendraient des flottes entières et que de misérables jonques annamites sont seules à fréquenter. Vers le nord, le pic de l'Epervier semble un filet s'abattant sur les eaux; à l'ouest, le promontoire de Varella se dessine vigoureusement, portant cet étrange rocher qu'on appelle la Pagode et qui se voit à plus de cent kilomètres par les beaux jours; au sud le profil de la terre se perd dans une brume violette.

La journée entière se passe à longer cette belle côte pittoresque, qu'une puissante végétation couvre de verdure. Au moment où le jour tombe, aussi brusquement qu'il s'est levé, nous sommes en face du massif colossal de Padaran; son phare vient de s'allumer, et sa magnifique lueur scintillante nous guide pour infléchir notre route en suivant la terre de Cochinchine.

15 mars. — Le spectacle change à l'approche du cap Saint-Jacques; l'aube ne nous montre plus que des falaises de sable, des montagnes nues, le rivage aride et brûlé du Binh-Thuan. Mais notre attention est vite absorbée par les soins de l'arrivée, et nous ne songeons plus qu'à ce qui se passe à bord.

La machine a l'ordre de fournir toute sa puissance; nous filons plus de dix nœuds, ne perdant que trois dixièmes sur la vitesse des essais. Les chauffeurs sont animés d'une telle ardeur qu'il faut, pour les modérer, lever les soupapes de sûreté. Avant de rentrer en France, ils veulent donner un dernier coup de collier, et leurs figures rayonnantes se montrent de temps en temps au haut de l'échelle de la machine pour se rafraîchir un peu de l'affreuse chaleur des fourneaux.

A onze heures nous prenons le pilote au cap Saint-Jacques; puis la *Vipère* suit, au milieu des vases et des jungles du delta, la route de Saïgon.

A trois heures nous sommes mouillés en face de l'arsenal, et je me rends près du commandant de la marine. On m'apprend qu'il est en mission à Bangkok; mais les ordres sont donnés pour que tout marche rapidement; nous serons prêts à partir avec la *Comète* dans les premiers jours d'avril.

Ce soir, sur le gaillard d'avant de la *Vipère*, on chante des chœurs joyeux... Les échos du Donnaï doivent être surpris; car une telle exubérance de vie et de gaieté est rare dans ce pays de torpeur, où toute action devient rapidement une fatigue, où la santé de l'Européen ne se maintient qu'au prix d'une hygiène sévère excluant tout abus, même celui du travail.

CHAPITRE VIII

Le désarmement. — Le tour de l'Inspection. — Familles annamites. — La « Comète ». — Courses à Saïgon. — Les jardins publics. — Bruits de difficultés avec le Siam. — La maison du phou de Cholen. — Transbordement. — En route pour Bangkok.

16 mars 1893. — Suivant les ordres formels de l'amiral, nous ne devons séjourner en Cochinchine que le temps indispensable au transbordement sur la *Comète*. Il y va de la santé de notre personnel; d'ailleurs nous avons hâte de nous soustraire à la chaleur et à l'atmosphère paludéenne de Saïgon. Aussi les travaux sont-ils poussés avec une fièvre d'activité qui a gagné tout le monde, de l'état-major au dernier marin. On ne s'arrête que pour le sommeil de la nuit ou le repos indispensable d'une courte sieste à l'heure du grand soleil. Ancres, chaînes, filins, munitions, objets de mâture prennent déjà le chemin de l'arsenal, et le débarquement du charbon touche à sa fin. Au moment où nos soutes sont presque vides, une épaisse fumée se dégage du dessus des chaudières; les chauffeurs sont obligés de monter sur le pont; le feu vient de se déclarer... Une pompe, qui était là toute prête, a vite raison de ce commencement d'incendie. Voici la seconde fois depuis cinq ans que pareil accident se produit sur la *Vipère;* le dessous du pont légèrement carbonisé en témoignait déjà. Nous en avons été quittes encore pour une alerte; mais elle aurait été vive si nous l'avions éprouvée en pleine mer, avec tout notre charbon et toutes nos poudres à bord.

17 mars. — Un marin même est quelquefois étonné de ce que contient un navire de guerre. Pour être prêt à toute mission, en état, par conséquent, de naviguer durant des mois entiers livré à ses propres ressources, de faire face, en tirant tout de soi-même, à tant d'événements imprévus, il faut embarquer un matériel d'une extrême complication, des approvisionnements où rien ne soit omis, depuis les obus de combat jusqu'aux mèches de lampes. La seule lecture du règlement d'armement, l'énorme dictionnaire qui détaille tous les objets attribués à chaque bâtiment, est une fatigue. Qu'est-ce donc pour notre équipage qui porte à terre le matériel entier de la *Vipère* et devra ensuite, par un mouvement inverse, mettre à bord de la *Comète* son armement complet? Aussi le soir est-il le bienvenu quand il nous ramène la fraîcheur et l'heure d'un repos largement gagné.

On va faire alors la promenade de l' « Inspection », sorte de bois de Boulogne cochinchinois qui est le rendez-vous du « Tout Saïgon » au moment où le soleil se couche. Ici la plupart des fonctionnaires ont cheval et voiture; pour les autres, les moyens de transport ne manquent pas; les rues fourmillent de victorias attelées de minuscules chevaux annamites, vaillantes petites bêtes pleines de feu, toujours prêtes à mordre et à galoper. La tradition a baptisé ces équipages du nom d' « Isidores ». Un savant philologue pourrait seul dire l'origine de ce vocable bizarre; des profanes tels que nous l'ignoreront toujours; mais cette lacune regrettable ne nous empêche point cependant de goûter vivement les charmes du « tour de l'Inspection ».

Le paysage est plat, la vue est bornée; mais la verdure est si belle, le mouvement de la voiture vous fouette le visage d'une fraîcheur si agréable qu'on se sent renaître après l'accablante chaleur du jour. La route, sous l'ombrage des bambous et des tamariniers, a de vagues teintes roses; on dirait qu'au lieu de pierre de Bien-Hoa on l'a faite de poussière de corail. De loin en loin nous franchissons le pont d'un arroyo dont l'eau paraît blanc d'argent sous le ciel pâle du soir : nous passons devant des maisonnettes entourées de magnifiques jardins. Comme à Colombo la végétation est merveilleuse; des bananiers, des flamboyants, des aréquiers bordent partout le chemin, mêlés de grands hibiscus qui ont le feuillage de l'acacia et la fleur de l'azalée. C'est un enchantement pour des yeux accoutumés depuis longtemps aux couleurs tristes et aux campagnes déboisées de la Chine.

Les environs de Saïgon sont très habités, et nous croisons à chaque instant des groupes de figures jaunes; nous traversons de longues files de cases annamites.

Là, peu de flâneurs; chacun est occupé et interrompt à peine sa besogne pour jeter un coup d'œil au défilé des « Isidores ». Ce peuple paraît actif, laborieux, discipliné, heureux même sous notre domination; mais qu'il est terne, laid, peu décoratif! Les maisons sont noires et sales, les vêtements de couleur sombre; les peaux sont terreuses, d'aspect malsain; la taille est petite; on sent que cette race a souffert pendant des siècles de la faim, de la fièvre, de l'insalubrité du climat. Avec leurs cheveux relevés en chignon, leur visage imberbe, les hommes semblent d'un sexe indéfinissable; les femmes ont une démarche traînante et disgracieuse, les yeux bridés, le nez camard, et l'usage du bétel, qui rougit les gencives et corrode les dents, achève de gâter le peu de charmes que la nature avait consenti à leur accorder.

Tel n'est visiblement point l'avis de la partie masculine de la population, et la grève que les schopenhaueristes offrent au genre humain comme remède à ses maux a de faibles chances de s'étendre jusqu'ici. Malthus lui-même n'y aurait qu'un succès d'estime; on lui répondrait que le culte des ancêtres exige impérieusement qu'on multiplie leurs descendants; que, d'ailleurs, là où une poignée de riz et un verre d'eau suffisent à vous nourrir, le soleil à vous chauffer et l'air du temps à vous vêtir, point n'est besoin de limiter sa famille. L'Annamite la développe au contraire d'une façon tout à fait magistrale, et les femmes du pays pourraient réfuter la critique que je formule timidement au nom du goût européen en montrant la ribambelle de marmots qui grouillent au seuil de toutes les portes, vivante protestation du goût cochinchinois. A des époux aussi prolifiques l'habitude catholique du nom de baptême paraît une étrange complication, un luxe qu'on ne peut vraiment pas qualifier d' « asiatique ». L'usage local est, au contraire, de la simplicité la plus primitive. Les fils sont numérotés de un à « x », suivant l'ordre de leur naissance (mot, haï, ba, — 1, 2, 3). Quant aux filles, elles sont désignées de même, avec addition du préfixe « Ti », qui indique les sœurs (Timot, Tihaï, Tiba, etc.). Les Américains du Nord, qui emploient le même procédé pour baptiser leurs rues, pourraient être accusés de plagiat. Mieux vaut ne voir là qu'une simple coïncidence et se dire philosophiquement qu'il n'y a rien de nouveau sous le soleil, même sous le soleil yankee, qui se lève cependant chaque jour sur tant d'inventions merveilleuses.

Pour rentrer en ville, nous longeons le cimetière, vaste enclos entouré de hautes murailles, le « Jardin d'acclimatation », comme disaient les loustics des premiers jours de la Cochinchine, à une époque où, au milieu des fléaux qui décimaient la colonie, la blague était un acte de courage. Quinze à vingt mille Français dorment là, morts de la conquête ou victimes du climat, et on a le cœur serré devant ces hécatombes de vies précieuses, d'hommes jeunes et aimés, devant ces cruels sacrifices qui sont ainsi à la base de toutes les grandes choses.

18 mars. — La *Comète* est tout près de nous,

accostée aux appontements de l'arsenal. Un de nos premiers soins a été naturellement de la visiter de fond en comble, et nous l'avons trouvée, à notre grande satisfaction, remise à neuf, confortable, parfaitement installée. Elle est pour nous la maison qu'on ne quittera plus, alors que la *Vipère* n'était qu'un appartement meublé où l'on ne fait que passer, auquel rien ne vous attache. Depuis de longs mois nous parlions d'elle et nous la désirions ; aussi, maintenant, nous la regardons avec complaisance, j'allais dire avec amour, tant est vif le sentiment qui lie le marin à son bâtiment.

Lancée en 1884, construite en fer et bois, la *Comète* est une canonnière à hélice de 473 tonneaux, 46 mètres de longueur, 3^m,60 de tirant d'eau. Elle est mâtée en trois-mâts goélette ; mais sa voilure est plutôt un auxiliaire qu'un mode de propulsion. Sa machine, de 691 chevaux-vapeur, peut lui imprimer une vitesse de 12 nœuds 23. Son artillerie, considérable pour un si petit bâtiment, se compose d'un canon de 100 millimètres sur le gaillard d'avant en chasse, deux pièces de 138 millimètres sur le pont, au centre, tirant indifféremment de chaque bord, une de 100 millimètres derrière en retraite, deux canons-revolvers Hotchkiss de 37 millimètres armant les hunes. Elle peut lancer ainsi des obus pesant de 28 et 12 kilogrammes à 0^k,505, à une distance maxima de 8,000 mètres. L'équipage est de 86 personnes, tout compris. Coquettement peint en blanc, notre futur bâtiment a bon air ; il fera partout figure honorable. C'est, en somme, la meilleure canonnière de son type ; et, pour la vitesse, nous allons occuper le second rang dans la division navale de l'Extrême-Orient. Un critique à l'œil exercé trouverait peut-être que la mâture manque de grâce, que la courbe de l'étrave est peu harmonieuse ; il s'aventurerait probablement jusqu'à faire observer que les marines de la Chine, du Japon, du Siam lui-même sont composées de navires infiniment plus puissants ; il ne manquerait pas d'ajouter que, seuls dans ces mers-ci, deux avisos à roues américains et deux canonnières allemandes sont aussi démodés... Mais ce philosophe malencontreux ferait bien de garder pour lui ces réflexions, pourtant très justes, s'il venait à bord de la *Vipère*, où la *Comète* ne compte que des admirateurs. Ses arguments seraient fort mal accueillis, et son affaire pourrait prendre une mauvaise tournure.

20 mars. — C'était hier jour de courses à Saïgon, courses qui rappellent plutôt celles d'une sous-préfecture que le « Grand Prix de Paris ». A mesure que les travaux d'assainissement rendent le séjour moins insalubre, la population féminine s'accroît ici. Quelques colons, d'assez nombreux fonctionnaires amènent leur famille ; aussi les tribunes, le pesage étaient-ils garnis d'un bon nombre de gracieuses Françaises. Il y avait là de jolis visages, un peu anémiés peut-être, fort agréables néanmoins à regarder, auxquels la foule des faces jaunes faisait un repoussoir des plus flatteurs. Les petits poneys annamites ont vaillamment soutenu leur réputation ; mais le clou de la journée a été la course de bœufs trotteurs. Accouplés par un joug au timon d'une légère charrette de bois, ces animaux constituent l'attelage populaire du pays et marchent généralement à une allure rapide dont les rois fainéants n'eussent certainement pas goûté les cahots. Ceux qui se disputaient le prix étaient des bêtes de sang, aux pattes fines, aux cornes acérées, dont les connaisseurs racontaient les « performances ». Ils m'ont paru plutôt au-dessous de leur renommée, quoique la foule indigène leur ait fait un triomphe pendant tout le parcours. A l'arrivée, on entourait les vainqueurs qui, moites de sueur, excités par les cris et les piqûres d'aiguillon, paraissaient fort peu satisfaits de cet enthousiasme et s'en défendaient à grands coups de cornes ou de pied. Quant aux vaincus, le mépris populaire se traduisait pour eux en vigoureuses volées de rotin, allongées au passage par les parieurs malheureux, cinglantes apostrophes qui leur étaient assurément plus sensibles que l'humiliation de la défaite.

21 mars. — Le Jardin zoologique et celui du Gouvernement sont des parcs admirables où les botanistes peuvent s'en donner à cœur joie, car chacun des échantillons de la flore tropicale s'y trouve accompagné d'une étiquette de fer indiquant son nom et son pays d'origine. Le « filao » ou « arbre du mandarin », au feuillage de dentelle, le banian gigantesque dont les fleurs violettes sentent le miel, l'arbre du voyageur dont les palmes, disposées en éventail colossal, retiennent à leur base une provision d'eau, les cocotiers, les aréquiers, tous les végétaux des pays chauds ont été réunis ici venant de l'Inde, du Siam, de la Chine, du Japon, de Madagascar, des îles de la Sonde, mêlent leurs feuillages, leurs fleurs, leurs parfums. C'est un éblouissement.

Dans un paddock qui touche à l'arroyo de l'Avalanche, un éléphant se promène tristement. Nous l'avons connu tout petit, quand il appartenait à un préfet annamite et qu'il fouillait délicatement dans les poches des visiteurs pour y prendre les friandises apportées à son intention. C'est un colosse maintenant, toujours gourmand, s'agenouillant devant tous ceux qui lui offrent des bananes ou des morceaux de canne à sucre ; mais il nous faudrait les poches de Gargantua ou de Robert Macaire pour qu'il y pût fourrer sa trompe.

Plus loin, dans un bassin solitaire, un énorme caïman dort au soleil ; on le prendrait de prime abord pour un tronc d'arbre, tant son dos, qui dépasse à peine le niveau de l'eau, reste immobile. Ce matin, un pauvre caniche a sauté par-dessus la grille et flairé sans méfiance cette épave bizarre ; sa naïveté lui a été fatale, et le monstrueux saurien, s'éveillant brusquement, n'en a fait qu'une bouchée.

Dans une cage de fer, au milieu d'un massif de bambous, deux tigres superbes sont couchés avec des poses gracieuses de gros chats, les yeux mi-clos, la tête posée sur leurs pattes repliées, paraissant regretter médiocrement les jungles et la liberté ; puis voici la fosse aux ours, la cabane des serpents, le grand étang peuplé de pélicans, de canards exotiques, de flamants roses, enfin les volières où babillent des centaines d'oiseaux, véritables fleurs vivantes parées de toutes les couleurs de l'ac-en-ciel.

En quelques minutes on peut voir ainsi tout ce que porte la terre de Cochinchine. Ces animaux sont grands, forts, beaux; ces plantes, ces arbres sont pleins de sève et de vigueur. Il semble que, sous les baisers de l'ardent soleil, la nature enfante chaque chose dans une ivresse de vie et de fécondité. Mais le sang de l'homme ne peut supporter, sans en souffrir, le contact de cette fermentation brûlante; la fièvre, l'anémie, la dysenterie sont pour lui l'inévitable rançon d'un séjour au milieu de telles splendeurs. Aussi le farniente de l'existence coloniale frappe-t-il vivement le voyageur qui ne fait que l'entrevoir... Au sortir des tempêtes de la Révolution, Sieyès, interrogé sur ce qu'il avait fait durant ces jours d'horreur, répondait : « J'ai vécu. » Beaucoup de gens à Saïgon ne font que vivre et trouvent que ce résultat ne va pas sans fatigue. A l'aube on se lève; tout est tranquille; il fait doux, un peu humide; on peut respirer, marcher, travailler même. A huit heures on a déjà chaud, et à dix heures on rentre chez soi. Jusqu'à deux heures la ville est calme, silencieuse, plongée dans la torpeur de la sieste. La vie reprend alors jusqu'à cinq heures et demie; puis, au coucher du soleil, on va faire le tour de l'Inspection ou celui des jardins, du Goaviap, du Tombeau de l'évêque d'Adran. Après le dîner, on s'étend au fond de quelque *rocking-chair;* on respire voluptueusement jusqu'au moment où il faut regagner son lit et chercher un sommeil lourd, coupé trop souvent de rêves oppressants, de cauchemars fiévreux.

Cette existence morne, nonchalante, malsaine, est à Saïgon celle de tous; sous peine de ruiner ses forces, il faut s'y soumettre. La *Vipère* ne pourrait continuer longtemps son régime d'activité incessante si elle tenait station ici. Mais nous savons que notre séjour sera très court, que le climat fortifiant du Japon nous attend; nous hâtons nos travaux pour remonter vers le nord dès que cela sera possible.

22 mars. — Des rumeurs inquiétantes commencent à circuler à Saïgon et nous troublent un peu dans nos projets de départ prochain. On dit que des difficultés diplomatiques s'élèvent avec le Siam au sujet d'une délimitation de frontières. Ces bruits sont vagues encore, et l'on garde en haut lieu un secret absolu; toutefois certains indices, tels que la présence prolongée du commandant de la marine à Bangkok, l'ajournement du voyage du gouverneur général à Hué, le départ d'une compagnie d'infanterie de marine pour le haut Mékong, prouvent qu'il y a vraiment quelque anguille sous roche.

Le Siam, visiblement encouragé par l'Angleterre, qui convoite de l'annexer un jour à la Birmanie, cherche à s'étendre au sud et à l'est. Le long du golfe il a poussé un poste jusqu'à la pointe Samit, empiétant ainsi de plus de cent kilomètres sur le Cambodge; il a fallu établir là un fortin pour l'arrêter. Vers l'orient, il a franchi le Mékong, considéré jusqu'alors comme la limite de l'Annam, et créé une série d'établissements dont le plus éloigné n'est qu'à cent kilomètres de Hué, coupant ainsi en deux nos possessions d'Indo-Chine. L'opinion publique et la Chambre des députés s'étant émues en février, le gouvernement semble décidé à imposer au Siam la rive droite du Mékong comme frontière, à le chasser de Kong et de Stung-Treng, qui commandent les premiers rapides, et à lancer ensuite au delà des chutes des canonnières destinées à interdire le passage. La cour de Bangkok se résignera-t-elle à reculer, ou opposera-t-elle la force à la force? La première hypothèse serait seule vraisemblable, si l'Angleterre ne poussait secrètement le roi Chulalongkorn à la résistance en lui faisant espérer son appui tout au moins moral. Ce ne sont pas la marine naissante du Siam et les trois ou quatre forts des bouches du Ménam qui pourraient sauver sa capitale d'une attaque sérieusement combinée par terre et par mer.

On dit à Saïgon que la *Comète* sera envoyée à Bangkok, aussitôt prête, pour se joindre au *Lutin*, qui s'y trouve déjà. Là n'est point notre programme; mais, en marine, il faut s'attendre à tout; l'imprévu a ses charmes, et nous ne serions pas fâchés de visiter un pays qu'on dit superbe.

23 mars. — Tout voyageur doit aller voir à Cholen la maison du préfet annamite, du « phou », suivant la hiérarchie indigène, grand seigneur près de qui on trouve toujours l'accueil le plus hospitalier, haut mandarin rallié dès les premiers jours à la cause française, officier de la Légion d'honneur et l'une des figures populaires du pays.

Six kilomètres d'une jolie route bordée d'arbres superbes conduisent, à travers la plaine des Tombeaux, de Saïgon, la capitale officielle, à Cholen, la ville marchande, et l'on n'a que le choix entre un « Isidore » ou le tramway à vapeur récemment établi.

La résidence du « phou » est un merveilleux musée annamite, avec ses murs lambrissés de panneaux incrustés de nacre, ses cloisons de bois précieux fouillées à jour, ses plafonds à caissons soutenus par des colonnes de teck sculptées. Le jardin est rempli de belles fleurs; mais le goût oriental s'y révèle par des allées bizarres d'arbustes nains ou défigurés pour représenter des oiseaux, des lions, des animaux fantastiques. Cela rappelle certains vieux parterres français, sources d'orgueil pour les horticulteurs pépiniéristes du cru, objets d'horreur pour ceux qui aiment les beaux arbres droits, élancés, étendant fièrement leurs branches, aspirant la brise par toutes leurs feuilles.

Un des fils du « phou » est à Saint-Cyr; l'une de ses filles aide son père à nous faire les honneurs de sa maison. C'est une assez jolie personne aux yeux vifs, au teint plus clair que celui des femmes du peuple, à la physionomie intelligente. Elle parle fort bien français, et l'on prétend qu'un officier de la garnison la recherche en mariage. Elle ne pourra prononcer le « oui » sacramentel sans déposer au préalable quelque chique de bétel, car la famille entière mâche continuellement une de ces feuilles vertes qui, mêlées à un peu de chaux et

27 mars. — Ce matin le *Shamrock* est parti pour la France, emportant avec lui notre ancien équipage. Les hourras, les signes d'adieu l'ont accompagné jusqu'au premier détour de la rivière; nos yeux ont longtemps suivi sa mâture descendant les méandres du Donnaï. Les braves gens qui nous quittent avaient plus de trois ans d'absence... Quelle joie profonde a dû les remuer, comme leurs cœurs ont dû tressaillir aux premiers battements de l'hélice du grand transport!

Ceux qui restent garderont toute la journée l'impression de ce spectacle solennel, et plus d'un a l'âme malade de tristesse. Heureusement que le travail est là, pressant, que nous avons mille choses à embarquer, notre nouveau personnel à caser, à instruire de ses différents postes. Le découragement n'a point de prise sur des gens aussi occupés.

31 mars. — Avant-hier la *Comète* a descendu la rivière pour aller faire à Cangiou ses essais de machine et d'artillerie. On a marché à toute puissance, tiré cinq coups par pièce, et, comme aucun accident ne s'est produit, les résultats ont été déclarés très satisfaisants. Hier, selon les formes accoutumées, la commission d'armement a examiné le navire, constaté qu'il avait son matériel au complet, puis en a fait la remise au commandant.

Dès maintenant nous sommes parés à appareiller en quelques heures; mais, depuis plusieurs jours, des dépêches s'échangent à notre sujet entre Paris et Saïgon. Sans en connaître la teneur, il est, hélas! facile de deviner qu'il s'agit des affaires du Siam, et que nous pourrions bien aller faire une apparition du côté de Bangkok avant de rallier le pavillon du commandant en chef. Quoi qu'il en soit, le départ pour le Nord est ajourné jusqu'à nouvel ordre. Notre déconvenue serait grande si elle était moins prévue, si elle n'était tempérée un peu par la pensée que la *Comète* aura plus de temps pour se mettre en ordre et que nous passerons à Saïgon les fêtes de Pâques.

C'est, en effet, aujourd'hui le vendredi saint... Suivant l'usage traditionnel de la marine, les vergues sont en pantenne, les pavillons en berne ; les cloches des navires, les clairons ne sonnent plus ; d'heure en heure le bâtiment qui commande la rade tire un coup de canon. Ces marques de deuil ne disparaîtront que demain matin, à l'heure où une salve de vingt et un coups de canon répondra aux premières sonneries des cloches de la cathédrale.

2 avril. — La nouvelle officielle de notre envoi à Bangkok vient de m'être confirmée par le gouverneur général, au milieu du tintement des joyeux carillons de Pâques ; nous partirons le 5. Tout conflit avec le Siam paraît apaisé ; mais le *Lutin,* qui est en station là-bas, a besoin de vivres et d'argent. La *Comète* les lui portera, en visitant au passage le poste de la pointe Samit, et ramènera ici le commandant de la marine.

Puisque nous devons séjourner plus longtemps dans ces pays brûlants, j'ai engagé aujourd'hui un petit Annamite pour tirer le « panka », sorte de grand éventail d'étoffe suspendu au plafond au-dessus de ma table et dont le balancement procure une fraîcheur relative. L'aimable ingénieur de la *Comète,* M. Marty, l'a dotée de ce raffinement de confortable qui figure à terre dans toutes les salles à manger, dans les salons et jusque dans les bureaux.

Mon nouveau « panka-boy » a déjà été embarqué sur le *Villars,* où les loustics du gaillard d'avant l'avaient baptisé du surnom de « Banane ». Ce sobriquet lui paraît très flatteur, et il témoigne une vive contrariété lorsque je lui annonce mon intention de lui rendre désormais son véritable nom de famille : « Toui ». Avec son allure lourde, sa figure jaune, ses yeux en amande, ses grosses lèvres, ses cheveux raides comme des baguettes de tambour, « Toui dit Banane » n'est pas décoratif ; mais il comprend l'importance de ses fonctions et tire le panka avec une telle vigueur qu'il aurait quelquefois besoin d'être éventé lui-même.

Dès l'aube, Saïgon était en fête... La superbe cathédrale, dont les tours de brique rouge dominent la ville entière, était trop petite pour la foule qui s'y pressait : Européennes en fraîches toilettes d'été, Indiennes chargées de bracelets, drapées d'étoffes bariolées, Annamites aux longues robes flottantes de couleur sombre. Le chant des orgues, les répons des chœurs, la voix éclatante des cloches formaient à la grand'-messe une harmonie digne des plus belles églises de France ; la basilique cochinchinoise n'aura plus rien à leur envier quand elle possédera les deux flèches dont quelques craintes, maintenant dissipées, sur la stabilité des fondements ont seules retardé l'édification.

Ce soir, il y avait musique au jardin du Gouvernement. Tous les équipages de la ville étaient là, suivant au pas les allées circulaires qui entourent le kiosque. De jolis visages, des robes claires, que Paris eût peut-être désavouées, mais à qui sied la grande lumière tropicale, égayaient ce Longchamps colonial, et les ombrages des arbres exotiques lui prêtaient un charme très original.

Au retour, l'état-major a pendu la crémaillère au milieu de rires, de chansons qui duraient encore à minuit. Quand on a travaillé d'aussi bon cœur, on a le droit de se détendre un peu les nerfs.

5 avril. — La journée d'hier a été laborieuse, car il a fallu embarquer du charbon, des vivres, de l'eau douce, des moutons, du matériel pour le *Lutin*, vacciner l'équipage, le tout un peu pêle-mêle.

Ce matin, l'argent que nous devons porter à Bangkok n'arrivant pas, nous étions sur des charbons ardents. A Vatel la marée manquait; la marée d'ici ne nous manquait pas, mais elle nous imposait de partir à deux heures, sous peine de perdre une journée. De guerre lasse, j'ai sauté dans un « malabar », sorte de fiacre saïgonais; j'ai galopé au Trésor et, piétinant sur les formalités administratives, je suis revenu au quai avec les piastres en vrac sous les banquettes, tandis que les agents chargés de nous les faire parvenir se livraient sans doute aux douceurs d'une sieste réparatrice.

A deux heures, la *Comète* évitait au flot; à deux

heures et demie, nous sommes partis. Notre première étape sera la pointe Samit, où le passage d'un bâtiment fera comprendre aux Siamois que partout, sur la côte comme sur le cours du Mékong, la France veille, résolue à maintenir ses droits ; puis nous irons, à la capitale même du roi Chulalongkorn, montrer le pavillon tricolore. Mais, hélas ! un navire nouvellement armé doit s'attendre à bien des mécomptes ! A peine en route, la machine fonctionne déjà difficilement ; au cap Saint-Jacques, il faut mouiller pour visiter différents organes. Enfin, à onze heures du soir, nous levons l'ancre et sortons du Donnaï.

L'air pur du large est délicieux, cette nuit; nous l'aspirons à pleins poumons au sortir de la fournaise malsaine, de l'atmosphère marécageuse que nous laissons en arrière.

CHAPITRE IX

Dans le golfe de Siam. — La pointe Samit. — La barre du Ménam. — Paknam. — Le Roi vu à la lorgnette. — Forts et navires siamois. — Bangkok.

6 avril. — Nous avons un temps admirable, une mer plate, un horizon limpide où se dessinent vigoureusement les grands sommets des îles Poulo-Condore et Poulo-Obi. Ces amers nous sont précieux, la côte du delta du Cambodge étant particulièrement dangereuse. Les terres noyées sont invisibles, même à courte distance ; aucun phare n'en signale l'approche, et les courants sont violents. Le naufrage célèbre du *Weser*, qui s'est produit dans ces parages il y a trente ans, prouve qu'on doit y surveiller sa route avec le plus grand soin.

Même avec tous les panneaux et tous les hublots ouverts nous souffrons d'une chaleur vraiment torride ; la statistique ne se trompe pas en affirmant qu'avril est ici le mois le plus dur de l'année. Alors que les officiers, l'équipage, qui se sont prodigués pendant ces quinze jours d'un travail acharné, auraient besoin de repos, les quarts de nuit, les exercices, les théories indispensables à l'organisation d'un navire ne font, au contraire, qu'ajouter à leurs fatigues. Il faut croire qu'il y a des grâces d'état, car la santé générale se maintient bonne, et, sauf quelques fièvres légères dues au surmenage, le médecin n'a rien à signaler dans son rapport journalier.

8 avril. — La *Comète* a mouillé hier soir près de la pointe Samit, après une belle traversée sans incidents. La mousson du nord-est a pris fin, celle du sud-ouest ne souffle pas encore et ne fait sentir son approche que par des orages isolés. Le golfe de Siam est calme, uni comme un lac; la navigation y serait charmante sans les erreurs qu'on relève à chaque instant dans son hydrographie, bâclée jadis d'une façon très imparfaite et qu'il faudra reprendre quelque jour par la base.

Le poste frontière de la pointe Samit, que nous avons visité ce matin, est occupé depuis 1891 par quinze miliciens cambodgiens et commandé par un mandarin militaire qui parle français; aussi est-il très facile de se rendre compte de la situation. Voilà douze ans que les Siamois empiètent sur le territoire du Cambodge et cherchent à gagner peu à peu du terrain vers le sud, le long de cette côte. Ils viennent de construire non loin d'ici un petit fort d'arrêt dont la garnison a été renforcée récemment. Une canonnière siamoise fait de fréquentes apparitions à l'île Samit, qu'on assure être très giboyeuse; le roi annonce même, dit-on, l'intention d'y bâtir un pavillon de chasse à son usage. Il est évident qu'il faut agir de suite et avec vigueur pour arrêter un tel envahissement. Dans quelques années la cour de Bangkok invoquerait la prescription du fait accompli, et nous pourrions nous trouver vis-à-vis d'elle dans un grave embarras. En ce moment, où l'on nous oppose plutôt l'inertie que la force, les deux troupes en présence à la pointe Samit semblent animées d'intentions très pacifiques. Sans considérer leurs voisins comme des frères... siamois, les Cambodgiens déclarent nettement qu'ils redoutent bien davantage les rebelles dont la riche province de Kampongsom est infestée et qui battent l'estrade autour d'eux.

Au bout de quelques heures, nous reprenons route vers le nord en longeant la ceinture d'îles qui borde partout la côte. Une épaisse végétation d'arbres superbes les couvre, depuis leurs sommets jusqu'aux plages de sable qui frangent leurs contours d'un blanc éclatant. Il paraît que les cerfs, les singes, les sangliers, les tigres même y abondent; nous nous promettons des chasses palpitantes au cas où le hasard nous conduirait à relâcher dans ces parages.

En attendant ces émotions hypothétiques, l'équipage tente de capturer des requins qui nous suivent en bande et dont l'un semble énorme. Un émerillon de fer garni d'un morceau de lard très affriolant est mis à la mer et flotte dans le sillage, mais les affreux squales ont sans doute fortement déjeuné ce matin, car ils se contentent de jouer autour de notre appât sans y toucher, même du bout des dents. Ce bloc enfariné, ou plutôt salé, ne leur dit rien qui vaille.

9 avril. — Le lever du jour a été marqué par une

série de grains d'orage d'une violence extraordinaire. Comme c'était à l'heure où l'équipage fait sa toilette et celle du bâtiment, l'officier en second, M. Méléart, n'a pas voulu laisser perdre tant de belle eau douce tombant du ciel. Tous les dalots ont été bouchés, et nos marins, avec des éclats de rire d'enfants, se sont livrés sur le pont à une véritable partie de baignade. Chacun a lavé vigoureusement les taches de la peinture, les traces d'escarbilles; puis on a rouvert à cet étang improvisé le chemin de la mer; au bout d'une heure de grand soleil, la *Comète,* sèche, rafraîchie, était reluisante comme un sou neuf.

A dix heures, quelques silhouettes d'arbres, des lignes de pêcheries barrant la mer, commencent à émerger de l'horizon du nord; à onze heures, nous sommes mouillés devant l'embouchure du Ménam. Le Siam nous apparaît sous la forme d'une côte vaseuse, basse, à peine visible. Trois bâtiments, dont l'aviso portugais *le Diu,* attendent près de nous que l'arrivée d'un pilote et la montée du flot leur permettent de franchir la barre.

A quatre heures, une escadrille d'avisos siamois, superbement pavoisée, est signalée venant de Kohsichang, l'île où se trouve le palais d'été du Roi. Elle défile près de nous, escortant un magnifique yacht à roues, d'une blancheur immaculée, qui porte en tête de chaque mât l'étendard royal rouge frappé d'un éléphant blanc. Sa Majesté est à bord; la *Comète* et le *Diu* lui rendent les honneurs au passage. La garde présente les armes, les tambours battent, les clairons sonnent; si nous ne saluons pas du canon, c'est que le petit nombre de nos pièces ne nous le permet pas; pour la même raison, le navire portugais garde, lui aussi, le silence.

L'alerte a été vive; notre organisation est encore si imparfaite qu'il était difficile de nous montrer avec tous nos avantages. Ce soir nous aurons sûrement des cauchemars où passeront des navires fantômes et des silhouettes d'éléphants tous plus blancs les uns que les autres.

10 avril. — La journée s'est écoulée tout entière sans que le pilote ait donné signe de vie; depuis ce matin nous maugréons contre cette absence inqualifiable, contre les pays chauds, contre les gens qui les habitent et pour lesquels il semble toujours que la consigne soit de ronfler. Cependant, comme la navigation est une école de patience, certains d'entre nous prennent le parti de se résigner et s'adonnent aux douceurs de la pêche à la ligne, exercice paisible qui est l'apanage des esprits calmes et méditatifs, des âmes vraiment philosophiques. Les poissons de la barre sont plus naïfs ou plus affamés que les requins du large, car nous prenons des seaux entiers de sardines dorées, bleues, rouges, offrant toutes les teintes du prisme.

Vers le soir, une chaloupe à vapeur apparaît... nous la dévorons des yeux... Mais l'officier du *Lutin*, qui s'y trouve, est seul et vient avec elle chercher l'argent et le matériel que nous apportons pour son bâtiment. Le pauvre garçon est assez mal reçu... Il faut bien pardonner un moment d'humeur à des gens qui, pensant leur mission pressée, ont fait douze cents kilomètres à grande vitesse et qui enragent de rester ainsi inactifs au terme de leur voyage.

Une lettre du commandant de la marine nous révèle le véritable motif de ce retard étrange. Le gouvernement siamois s'est ému de voir à la fois deux navires français dans ses eaux, et il a fallu entrer en explication avec lui. Afin de ne pas effaroucher sa susceptibilité, la *Comète* ne rejoindra point le *Lutin* à Bangkok ; elle s'arrêtera à Paknam, petite ville située à vingt-cinq kilomètres de la capitale. Cette satisfaction diplomatique est de pure forme ; nos intentions sont irréprochables, et les deux canonnières réunies ne constitueraient pas une force navale bien redoutable. La nôtre surtout, avec son équipage nouveau, son organisation à peine ébauchée, l'entraînement tout à fait insuffisant de son personnel, n'a point la mine conquérante. Nous ne pouvons nous empêcher de rire en songeant à la fable *Le Lièvre et les Grenouilles*. Sommes-nous donc un foudre de guerre ?

11 avril. — Vers une heure du matin, le pilote arrive enfin ; nous franchissons la barre à trois heures ; une heure et demie après, nous sommes mouillés à Paknam. A la lueur d'un pâle croissant de lune, on distingue deux rives plates, couvertes d'une végétation épaisse d'où vient, avec le vent de la nuit, une odeur fade de marécage.

Au lever du soleil le décor change et s'anime. De nombreuses maisons sont éparpillées dans la verdure des grands arbres, autour d'une petite gare de chemin de fer. Sur le fleuve se détachent, blancs comme des cygnes, le yacht royal, deux avisos et un magnifique croiseur siamois. Devant nous, sur un îlot, est un beau fort à l'européenne tout neuf, armé de huit gros calibres Armstrong; à son centre se dresse un mât militaire en fer, évidemment destiné à des guetteurs et dont la hune a vue sur tout l'estuaire du Ménam.

Le Roi, qui s'est arrêté à Paknam hier soir, profite de son passage pour inspecter les défenses de la rivière. On le voit nettement à la longue-vue pendant qu'il visite le fort de l'Ilot. Il est à pied, au milieu d'un groupe de soldats formant cercle à distance respectueuse, suivi d'un porte-parasol qui l'abrite du soleil. Il paraît de taille moyenne; son costume se compose d'un pantalon court, d'un veston blanc et d'un bonnet de forme singulière. Son allure respire la dignité; sa démarche énergique, jeune, contraste avec l'idée qu'on se fait des monarques orientaux, trop souvent énervés avant l'âge par l'abus des plaisirs. Au moment où Sa Majesté rejoint son canot, les armstrongs s'allument et tirent vingt et un coups. A chaque détonation la *Comète* vibre sourdement, tant la secousse est forte et part de près. On dirait que la petite canonnière sent qu'il y a là pour elle une menace déguisée, qu'elle s'ébranle pour y répondre.

Le croiseur *le Maha-Chakkri* portant le guidon de chef de division, une visite officielle s'impose, et je me rends à son bord. Chacun y est en grande tenue, pantalon et veston blancs, casque blanc timbré d'un éléphant doré. Le commodore ne m'offre pas de me présenter au Roi; je lui en sais gré, m'attendant à un accueil plutôt froid dans les circonstances actuelles; mais il me fait jeter un coup d'œil sur son navire qui est superbe.

Luxueusement aménagé, long de quatre-vingt-onze mètres, jaugeant deux mille quatre cents tonneaux, doté d'une machine de trois mille chevaux qui lui imprime une vitesse de quinze nœuds, le *Maha-Chakkri* est un yacht vraiment royal. D'ailleurs là ne se borne pas son rôle : ses mâts militaires garnis de canons-revolvers, ses quatre armstrongs de douze centimètres à tir rapide, ses seize hotchkiss de soixante-cinq millimètres constituent un armement très sérieux, et près de lui la *Comète* paraît singulièrement petite, laide, démodée.

Le *Makut-Rajahkumar* lui-même, l'un des avisos qui accompagnent le Roi, serait pour nous un adversaire de force supérieure. Il est tout à fait moderne, puisqu'il a été construit à Hong-Kong pour le compte du gouvernement des Philippines, au moment où la question des Carolines faillit mettre aux prises l'Espagne et l'Allemagne. Le navire n'était pas encore livré quand les difficultés s'apaisèrent, et le chanoine X..., envoyé de Manille pour le recevoir, le refusa comme n'étant pas conforme au cahier des charges. Battu par ce singulier émissaire chez qui la subtilité de l'esprit dépassait assurément la compétence, le constructeur se tourna vers le Siam, qui cherchait à se créer une marine et qui accepta l'aviso les yeux fermés.

Il est évident que la cour de Bangkok s'arme. Ce fort de l'îlot de Paknam, la batterie plus redoutable encore qu'on élève à la pointe « Phra-Chula-Cham-Kao », ces bâtiments de guerre ne sont point des quantités négligeables. Notre voyage ici sera fécond en observations utiles.

Le commodore est venu me rendre ma visite à un moment où j'étais absent; il a laissé sa carte, où on lit en magnifiques caractères :

ARMAND DU PLESSIS DE RICHELIEU
Commodore
Commandant la marine siamoise.

Ce morceau de bristol nous plonge dans un étonnement que partage sûrement l'ombre du grand cardinal. Qui donc lui connaissait cet étrange descendant? Chacun, au contraire, sait en France que le nom de Richelieu a été transmis en ligne féminine d'abord aux Vignerot de Pontcourlay, puis aux de Chapelle de Jumilhac, qui en sont les seuls possesseurs actuels. Quel motif a eu le brave commodore de choisir ce nom pour se l'approprier, alors que l'*Histoire de France* lui en offrait tant d'autres plus illustres encore? C'est un mystère que notre chanoine de Manille lui-même aurait peine à expliquer, malgré tout son esprit; mais il lui serait facile de deviner que le pseudo-Richelieu est un usurpateur.

Le départ du commandant de la marine étant fixé à demain soir, il faut nous hâter si nous voulons voir Bangkok; une chaloupe à vapeur, survenue à point, emporte vers la capitale tous ceux d'entre nous que le service ne retient pas.

Le fleuve est large et beau ; ses berges sont couvertes d'une végétation admirable. Un peu au-dessus de Paknam, une pagode attire le regard par sa blancheur. Avec ses tourelles, ses clochetons, ses « pnoms », sortes de grandes aiguilles qui caractérisent l'architecture indo-chinoise, elle est charmante, un peu trop jolie peut-être, car elle évoque l'idée de ces pièces montées qui ornent les tables de banquets populaires.

De distance en distance un groupe de petites cases en bois s'élève au bord des eaux, construit sur pilotis, entouré de palétuviers et de palmiers.

Des enfants jouent devant les portes ; des femmes se montrent, vêtues de longues tuniques flottantes échancrées sur la poitrine et garnies d'une étoffe de couleur vive qui couvre les seins ; des hommes interrompent leur travail pour venir nous voir passer. Beaucoup d'entre eux portent les cheveux longs, tandis que leurs compagnes les ont presque ras, et nos yeux d'Europe sont tout à fait déconcertés par une telle interversion des usages. Cette population, qui vit là comme des grenouilles dans la vase, semble pourtant heureuse et même riche. A mesure que nous approchons de Bangkok, les rives sont de plus en plus peuplées ; bientôt même elles ne suffisent plus à loger tant de monde : des radeaux amarrés le long des berges apparaissent, d'abord espacés, puis formant une véritable rue de maisons flottantes, comme si toute la vie venait ici se concentrer sur le fleuve.

BANGKOK — TEMPLE DE LA RIVE DROITE DU MÉNAM

Vers cinq heures nous accostons l'appontement de la Légation de France, et nous trouvons près du ministre résident, M. Pavie, cet accueil simple et cordial dont nous lui serons toujours si reconnaissants. Autant l'hospitalité de notre représentant est large et gracieuse, autant son impression sur les événements actuels est pessimiste. Il estime que ce conflit de frontières est gros de menaces pour l'avenir et ne doute pas que l'amiral Humann n'ait bientôt à le dénouer par la force.

L'Angleterre pousse le Siam à la résistance; son agent le plus puissant est un jurisconsulte belge, M. Rollin-Jacquemyns, intrigant qui a couru le monde entier à la recherche d'une position sociale et que la cour de Bangkok a eu la singulière idée de s'attacher comme conseiller de sa politique étrangère. Avec leurs deux noms de consonnance française, le pseudo-Richelieu et lui sont deux gallophobes déterminés. Au mépris de tout sens commun, ils poussent dans une voie fatale le monarque qui a la faiblesse de les écouter; ce sont bien là ces courtisans avides et besogneux, ces

> Détestables flatteurs, présent le plus funeste
> Que puisse faire aux rois la vengeance céleste.

12 avril. — Nous n'avons jeté qu'un bien rapide coup d'œil sur Bangkok; mais c'est assez pour regretter de ne pas disposer de plusieurs jours, pour déplorer de ne pouvoir le visiter à fond. Ses magnifiques pagodes sont la merveille de la capitale, et nous ne connaissons rien de comparable en Extrême-Orient.

CHAPITRE IX.

Notre chaloupe à vapeur nous dépose d'abord au pied d'une tour colossale revêtue tout entière de mosaïques de faïence bleues, vertes, rouges, qui se dresse sur la rive droite du Ménam. Des escaliers extérieurs, des balcons aux galeries ornées de monstres de pierre permettent d'en gravir la base, et nous ne savons ce qu'il faut le plus admirer, de la grande ville que nos regards dominent de toutes parts, ou de ce monument étrange, si achevé dans ses détails, si majestueux dans son ensemble, qu'on dirait sorti d'une page des *Mille et une Nuits*.

Les temples de la rive gauche, sous des proportions moindres, sont peut-être plus beaux et plus curieux encore, avec leurs cours pavées de marbre, leurs portes incrustées de nacre, leurs immenses statues de grès, leurs idoles de bois doré, leurs « pnoms » de couleurs éclatantes.

Nous sommes littéralement éblouis devant les manifestations grandioses de la richesse et de la ferveur religieuse de ce peuple. Plusieurs de ces édifices, quoique récents, semblent déjà abandonnés. C'est qu'on ne les répare jamais. Quand une pagode menace ruine, la tradition veut qu'on en bâtisse une nouvelle à ses côtés, et ainsi s'explique le nombre incalculable des temples de la capitale.

Nous voudrions visiter ensuite le palais du Roi, voir surtout les fameux éléphants blancs, animaux sacrés dont l'image figure dans le pavillon national, sur les monnaies, sur les insignes de l'ordre royal, et qui sont au Siam ce qu'est au Japon le chrysanthème, ce

UN ESCALIER DE LA GRANDE PAGODE A BANGKOK

que furent jadis à la France les fleurs de lis. Une permission spéciale a été demandée pour nous ce matin ; mais, ayant été obligés de nous mettre en route avant de l'avoir reçue, nous parlementons pour entrer sans elle. Vains efforts !... la consigne est inflexible ; les grilles restent fermées pour nous ; les éléphants blancs refusent de donner audience à des gens qu'on soupçonne de mauvais desseins contre les propriétés de leur maître.

Avant de regagner le Consulat, notre guide insiste pour nous faire voir la grande curiosité de la ville, le charnier où l'on donne des cadavres à manger aux vautours. Ce mode de sépulture est obligatoire pour les criminels ; les pauvres gens qui ne peuvent se payer un tombeau, les moribonds qui ont une grande faute à expier le réclament quelquefois de l'autorité. La vue et l'odeur de ce lieu sinistre, le spectacle de ces oiseaux hideux qui attendent leur proie, perchés sur le toit d'une pagode en ruine, les explications que nous donnent quelques bonzes d'un aspect repoussant, nous oppressent comme un cauchemar. Au sortir de cette succursale de l'enfer, l'air des rues et la brise du fleuve sont singulièrement doux à respirer, même quand il fait, comme aujourd'hui, 35° au-dessus de zéro.

Voilà prise sur le vif la physionomie de Bangkok, avec son mélange de civilisation avancée et de sauvagerie incurable. Des tramways électriques sillonnent les rues ; des navires perfectionnés garnissent l'arsenal ; l'armée est logée dans des casernes à l'européenne, armée de fusils de petit calibre dernier modèle ; le télégraphe, le téléphone tendent leurs fils d'un travers à l'autre de la cité ; des chemins de fer sont en construction de différents côtés. En regard de ce progrès d'importation subsistent les idées, les coutumes, les mœurs du vieux Siam ; on rend un culte grotesque à des éléphants albinos ; on jette aux vautours des cadavres de créatures humaines. C'est la barbarie éclairée à l'électricité ; mais c'est aussi un pays dont l'étude doit être passionnante, et l'on comprend que M. Pavie cherche, avec une ardeur obstinée, à le rapprocher de la France, à y développer nos intérêts et notre influence.

A deux heures, nous nous dirigeons vers la gare, d'où le train nous emporte vers Paknam. Cette ligne est de création toute récente ; le Roi l'a inaugurée hier. Au départ, Sa Majesté est tombée en voulant gravir le marchepied de son wagon-salon ; pendant le trajet, la machine a écrasé plusieurs buffles qu'attirait sans doute un spectacle si nouveau, et il paraît que les « talapoins » ou bonzes de Bangkok voient là de fâcheux présages. L'avenir dira si ces devins à robe jaune ont raison.

Pour nous, les voies ferrées ont moins de mystères, et nous songeons surtout à ne rien perdre du spectacle qui se déroule à la portière. La campagne est plate, riche, fraîche à l'œil, mais infiniment moins animée et moins populeuse que les rives du fleuve. Aux rizières succèdent des champs de cannes à sucre ou des bois de cocotiers et d'arbres à bétel ; puis viennent des jar-

BANGKOK — TEMPLES DE LA RIVE GAUCHE DU MÉNAM

dins d'orangers, de citronniers, de manguiers. De loin en loin nous côtoyons le Ménam ou nous franchissons quelque arroyo à peine visible sous l'épaisseur des feuillages.

Enfin, Paknam apparaît... Voici la gare ; voici, en face d'elle, la *Comète* portant le pavillon tricolore à la corne. C'est toujours avec une joie pleine de douceur que nous regagnons notre petit bâtiment, et, vraiment, ce voyage d'un jour semble avoir duré des semaines, tant nous avons contemplé de choses nouvelles, magnifiques, dans ce Bangkok où, sans doute, nous ne reviendrons jamais.

CHAPITRE X

De Paknam au cap Saint-Jacques. — « Ouvre l'œil au bossoir ! »
— Départ pour Hong-Kong. — Au pic Victoria. — Le seul filou.
— Swatow. — Souvenirs de Formose.

13 avril. — Le commandant de la marine est arrivé dans la nuit; nous sommes partis à trois heures du matin. Un télégramme de l'amiral nous réclame avec insistance et nous ordonne de faire notre charbon au bas de la rivière de Saïgon afin de ne pas perdre de temps. La hâte du commandant en chef n'est certes pas plus grande que la nôtre; aussi la *Comète* file-t-elle lestement vers la Cochinchine.

Nous sommes trois dans un logement qui suffit tout juste à une personne. Le chef de division couche dans mon lit, son officier d'ordonnance sur un canapé, moi dans un cadre suspendu aux barrots. Les moustiques, qui nous ont envahis à Paknam, pullulent dans ce dortoir et partagent impartialement leurs soins entre nos trois personnes. La chaleur est étouffante, les claires-voies restent ouvertes jour et nuit. Quand un grain nous surprend, la pluie éclabousse nos couchettes; cela rafraîchit, et mieux encore vaut se mouiller un peu que de suffoquer complètement. Pour surcroît de malheur, le « panka » ne s'agite plus que faiblement durant les repas. Hélas! Toui (dit Banane) ne supporte pas mieux le roulis et le tangage que Zeng-Fô (le Bonheur parfait). Le mal de mer lui donne des poses languissantes; la corde qu'il tient à la main a parfois même des saccades convulsives d'une nature inquiétante. Aussitôt sa tâche terminée, l'infortuné « boy » disparaît, et on le retrouve couché dans les endroits les plus invraisemblables. Il allègue assez justement que le navire a des mouvements désordonnés; tout en partageant cette opinion, je sens qu'il faut prendre encore un grand parti et renvoyer ce pauvre Banane sous l'ombrage de ses bananiers qu'il n'aurait jamais dû quitter.

15 avril. — Nous venons de sortir du golfe de Siam sans encombre, mais non sans émotion. Hier matin, aux premières heures de l'aube, l'aspect singulier de l'horizon du côté de l'est nous ayant fait concevoir des doutes sur notre position, nous avons stoppé pour attendre le grand jour. C'était une heureuse inspiration, car le soleil levant nous a montré que nous nous engagions en dedans du rocher Kusrovie, au milieu de dangers mal définis et dont la route tracée sur la carte eût dû nous tenir fort éloignés.

Cette déviation était-elle imputable au courant, à des erreurs commises à bord, aux défauts de l'hydrographie de ces parages? Nous penchons vers ce dernier avis, et des faits nombreux semblent nous donner raison (1);

(1) En outre des naufrages anciens dont cette côte a été le théâ-

mais le temps nous manque malheureusement pour une vérification rigoureuse. Les ordres sont pressants, et, dès que nous y voyons clair, nous reprenons la route, nous félicitant chaudement d'avoir « ouvert l'œil au bossoir ».

« Ouvre l'œil au bossoir! » C'est le cri réglementaire des hommes de veille pendant la nuit quand un navire est en marche. Chaque fois que la cloche « pique » l'heure, on l'entend s'élever du gaillard d'avant, dominant le bruit de la mer. C'est le « Sentinelles, prenez garde à vous! » des marins au milieu des périls invisibles dans l'ombre, et cette consigne a décidément beaucoup de bon. Faute de l'observer, nous eussions pu accrocher au passage quelque roche qui eût arrêté à jamais la carrière de la *Comète,* en fournissant, il est vrai, par compensation, un déjeuner succulent à nos requins de l'autre jour.

16 avril. — A trois heures du matin, au milieu de la pluie tiède d'un orage de Cochinchine, nous avons aperçu le feu du cap Saint-Jacques; au lever du soleil nous avons donné dans la rivière de Saïgon.

Le chef de division, après s'être transbordé sur la *Caronade,* qui l'attendait à la baie des Cocotiers, a regagné aussitôt son bel hôtel du quai de la Marine. La *Comète,* poursuivant sa route, est venue mouiller à quelques milles en amont de Cangiou, pour s'abriter

tre, l'accident récent du paquebot des Messageries Maritimes *le Ménam,* qui vient de se perdre en 1895 sur le rocher Kusrovie, montre que ces parages sont dangereux et imparfaitement connus.

du ressac et faire son charbon sans trop rouler. Bien que le 16 soit un dimanche, l'urgence de notre mission ne nous permet pas le repos dominical; l'équipage a travaillé sans trêve toute la journée. Ce soir, chacun est éreinté... Les moustiques du Donnaï auront beau se joindre à leurs congénères venus du Ménam avec nous, ils ne pourront pas nous empêcher de dormir.

17 avril. — Au jour nous avons appareillé pour Hong-Kong, et nous disons volontiers adieu à cette Cochinchine si chaude, si malsaine.

Les Européens qui l'habitent y mènent une vie nonchalante et douce, jouissent d'un bien-être matériel qui adoucit pour eux ce qu'un tel climat a d'accablant. Chargés de besogne, privés de tout confort, ayant vraiment souffert, nous saluons le départ comme une délivrance. Il n'y a pas eu à bord de maladie grave; mais tous sont surmenés. Cela se voit sur les visages, et, chaque jour, un véritable défilé assiège la porte du médecin. Un bon bain d'air pur, le souffle frais et vivifiant de la grande mer, voilà le meilleur remède, celui qui nous guérira.

19 avril. — La côte d'Annam a disparu sous l'horizon; nous ne pensons plus maintenant qu'à gagner Hong-Kong le plus rapidement possible. La route directe passe au milieu des Paracels, parages autrefois mal connus, fort redoutés, véritable cimetière de navires où l'on ne s'engageait qu'en tremblant et seulement sous l'empire d'une nécessité absolue. Aujourd'hui encore, malgré les travaux très complets des hydrographes allemands, l'endroit ayant gardé sa mauvaise réputation, la plupart des bâtiments contournent les Paracels à distance respectueuse. Le temps est si beau, si clair, que nous voulons nous épargner un détour inutile et que nous nous décidons à suivre la ligne droite, au milieu des îles.

Nous les distinguons nettement dès que nous en sommes à moins de quatre milles. Elles sont basses, juste à fleur d'eau, entourées de récifs de corail s'élevant à pic d'une énorme profondeur, de sorte que, la sonde n'indiquant en rien leur approche, ce serait folie d'y naviguer la nuit. Vers trois heures nous longeons la chaîne du Croissant, dont les îlots Money et Pattle portent des broussailles et des cocotiers très visibles. Plus loin, on aperçoit l'arrière d'un navire en fer muni encore de son hélice, triste épave de quelque drame ancien, couverte de rouille, de varechs et de coquillages.

C'est sans doute pendant une nuit d'horreur, au milieu des épouvantes de quelque typhon, que ce malheureux bâtiment est venu s'éventrer là. Ce soir, au contraire, la nature est en fête, le soleil brillant, le ciel splendide, la brise légère, et la vague vient baigner doucement, sans bruit, sans écume, les coraux de cet archipel tant de fois maudit.

20 avril. — Le calme ne sera pas de longue durée, car la mer est singulièrement tourmentée au nord des Paracels. De grands remous de courants se dessinent de tous côtés, sortes de fleuves d'eau verte qui descendent du nord chargés de bancs de goémons, remplis de légions de poissons, suivis de vols d'oiseaux pêcheurs. Une grosse houle s'est faite, et, bien qu'il n'y ait pas un souffle, le vent n'est pas loin. La *Comète* tangue violemment ; tous les hublots sont fermés ; il fait à l'intérieur une chaleur épouvantable. Il faut se cramponner à sa table pour écrire ou manger, à sa chaise pour rester assis, au bois de son lit pour dormir, se livrer pour marcher à une gymnastique désespérée. Les moustiques de Cangiou et de Paknam font rage dans tous les coins, et l'on ne peut goûter un moment de repos sans entendre s'approcher leur bourdonnement énervant, sans que la trompe de ces affreux insectes ne vienne vous fouiller la chair. « Bienheureux ceux qui plantent choux ! » disait Panurge. Il y a des moments où les marins eux-mêmes sont de cet avis.

21 avril. — Dès minuit on m'éveille, et il faut monter sur le pont. Il pleut ; la nuit est sombre ; un vent frais du nord souffle par rafales, accompagné de grains épais. Devant nous passent de grandes ombres ; une ligne de feux traverse l'horizon, ondulant au gré des lames. Ce sont des jonques qui vont par flottes à Palawan, à Singapore, des pêcheurs de requins ou d'holothuries qui profitent des derniers souffles de la mousson pour descendre de conserve vers les îles de la Sonde. Vaguement entrevues dans les ténèbres, leurs voiles en ciseaux semblent des ailes. Elles glissent silencieusement de vague en vague, et l'on dirait des troupes d'oiseaux nocturnes ou de grosses phalènes prenant leur vol vers le midi.

A trois heures nous distinguons les éclats du phare de Gap Rock ; à l'aube la côte de Chine apparaît. Elle a son aspect des mauvais jours. De lourds nuages gris couronnent les montagnes, flottent d'une cime à l'autre, envahissent les cols, puis, comme accablés sous le poids des orages, tombent dans les vallées en larges nappes, en cascades d'ouate couleur d'ardoise. Il est temps d'arriver, et c'est avec un sentiment de soulagement que nous entrons à Hong-Kong un peu avant midi.

A terre chacun se plaint de la chaleur ; il fait doux, au contraire, pour des gens qui arrivent de Saïgon ; les rues sont pleines de toutes les fleurs du printemps, et les jardins ont des senteurs capiteuses.

23 avril. — Un télégramme de l'amiral nous attendait ; il nous prescrit de gagner Nagasaki en visitant Swatow au passage. Cet ordre est accueilli avec enthousiasme, et une véritable exaltation règne au carré devant la perspective d'un séjour au Japon pendant le plus beau mois de l'année. Nous voudrions partir tout de suite ; mais, si vaillante que soit la *Comète*, les 2,300 milles marins qu'elle vient de parcourir l'ont fatiguée, et il est urgent de faire quelques démontages de machines avant de continuer notre route. Nous prendrons patience en visitant Hong-Kong... Pour commencer, nous avons fait aujourd'hui, avec M. Gueyraud, le très aimable consul de France, l'ascension du pic Victoria. Il y a dix ans, on y montait à pied, le bâton à la main, comme un éco-

HONG-KONG, VU DU FUNICULAIRE

lier des *Voyages en zigzags*, et je me souviens d'avoir gagné quelques crampes des mollets à gravir ces rudes pentes en 1884. Aujourd'hui, les sportsmen les plus fanatiques ont abandonné cet exercice; ils prennent simplement le funiculaire, qui les dépose au bout de quelques minutes à quatre cents mètres de hauteur.

Pendant le trajet, la vue plonge sur la rade peuplée de navires battant tous les pavillons du monde entier, sur les montagnes du continent chinois qui, vers le nord, font face à l'île anglaise. Du pic lui-même, le regard découvre au loin un immense horizon peuplé de hautes cimes, d'archipels nus et tristes. A nos pieds, de jolis bungalows à l'indienne, entourés de jardins et de terrasses, occupent les plateaux, s'éparpillent le long des pentes du côté d'Aberdeen, et mirent leurs vérandas jusque dans la mer. C'est là que fonctionnaires, officiers, négociants viennent chercher la fraîcheur dans la saison chaude, quand la mousson tourne au sud-ouest et que la rade, la ville, masquées de ce côté par la montagne, ne recevant plus un souffle, baignent dans une atmosphère torride. Il a fallu la richesse et la ténacité anglaises pour tirer un tel parti de ces rochers stériles où l'eau, l'humus, tout manquait à la fois. Ces arbres, ces fleurs, ces pelouses en disent long à ce sujet, quand on compare leur verdure, leurs fraîches couleurs aux paysages de pierres qui les entourent, aux grands sommets aigus et décharnés des chaînes et des îles lointaines.

Tandis que nous descendons, le conducteur du train est assis près de nous sur le levier du frein de sûreté que son poids seul tient desserré; s'il le quittait un instant, le funiculaire stopperait. Ce détail est bien digne de l'esprit pratique des Anglais. En cas d'avarie, il n'y a aucune manœuvre compliquée à faire, nulle mesure à prendre qui exige de l'adresse et de la présence d'esprit. Bien au contraire, toute distraction de cet homme, sa chute, son manque de sang-froid, arrêteraient immédiatement notre mouvement; ce qui pourrait être une cause d'accident devient, par un ingénieux artifice, un gage de sécurité.

Il est donc certain que nous ne tomberons pas sur la *Comète* que nous voyons là sous nos pieds, tout au fond de la rade, semblable à quelque mouette posée sur l'eau.

24 avril. — Shanghaï est une ville cosmopolite. Notre concession de là-bas semble un morceau détaché du vieux pays gaulois; on y parle notre cher langage; les noms des rues, les enseignes des magasins, sont français; tout parle à nos yeux et à nos cœurs de la patrie absente. Hong-Kong, colonie de la Couronne, est une ville exclusivement anglaise où, trônant au-dessus de la population chinoise, John Bull règne en maître. Langue, usages, modes, sports, tout vient de Londres, avec les « red coats », les « blue jackets », le « tennis » et le « cricket ». Il ne manque rien à Victoria, ni le « City Hall » obligatoire, qui est d'ailleurs l'œuvre d'un Français, ni le « Masonic Hall », qui en est le complément indispensable, ni les vastes hôtels, ni les « General Stores », ni les banques monumentales. La ville possède tout ce qui fait la force et la richesse ; c'est la métropole commerçante, l'emporium de l'Extrême-Orient, comme dit le jargon de la nouvelle école. De méchantes langues vont bien répétant tout bas que la colonie a voulu faire trop grand, qu'elle s'endette de plus en plus, et que sa prospérité apparente cache une situation obérée. Ce sont là, sans doute, propos de gens malintentionnés, et il y a encore de beaux jours pour les marchands d'opium.

En dehors du Comptoir d'escompte et des Messageries Maritimes, notre commerce fait ici modeste figure ; aussi quelle surprise de voir un Français directeur de la Hong-Kong Shanghaï Bank, le principal établissement de crédit de la place ! Le choix des financiers anglais est un témoignage singulièrement flatteur de la confiance qu'a su leur inspirer notre compatriote, et leur amour-propre national doit souffrir d'une pareille situation.

Les marchands chinois qui venaient à bord, il y a quelques années, ont tous disparu et sont remplacés par des figures nouvelles. Pipi-Afa, le fournisseur de vivres, s'est retiré à Canton, et Filou, le tailleur, a liquidé son fonds de commerce. La perte de ce dernier nous est particulièrement sensible ; elle laisse un vide difficile à combler.

Filou, dont le vrai nom était depuis longtemps oublié, avait autrefois fourni des vêtements d'une qualité déplorable à un officier de la station de Chine, et avait poussé l'impudence jusqu'à réclamer un certificat. Notre camarade n'avait pas hésité et lui avait libellé une attestation, revêtue de tous les cachets du bord, déclarant que le Chinois X... était le plus grand filou de Hong-Kong. Peu familier avec l'usage du dictionnaire de Littré, le brave Fils du Ciel prit cette épithète pour un éloge des plus flatteurs ; depuis lors, il ne manqua jamais de se présenter sur tous les navires arrivant de France et d'exhiber fièrement son précieux papier. Quand un concurrent se présentait en même temps que lui, l'excellent garçon s'approchait mystérieusement et murmurait en confidence : « Li pas filou ! moi seul filou ! moi seul vrai filou ! » On riait, on était désarmé ! Quelques officiers, amis du paradoxe et de la gaieté, lui donnèrent leur clientèle, et, en 1884, nous allions souvent, au bout de Queens Road, dans sa belle boutique qu'annonçait une enseigne rouge portant en lettres noires : « Filou, fournisseur de la marine. » Hélas ! contrairement à l'usage, l'enseigne ne disait que trop vrai ; nous en pûmes juger par certaines peaux de chèvre du Thibet achetées là qui, au bout de quelques jours à peine, traînaient au carré, pelées, décousues, lamentables, tombant en loques, et que nous avions payées les yeux de la tête. Filou a dû se retirer sans craindre la misère pour ses vieux jours.

25 avril. — Sauf quelques grandes artères, les rues de Victoria sont de véritables échelles où les piétons seuls et les chaises à porteurs peuvent circuler. C'est dans un de ces derniers véhicules, moins élégant, mais aussi incommode que ceux des marquises Louis XV, que nous gravissons les escaliers de la haute ville pour aller dîner au Consulat de France. La nuit tombe, claire et tiède ; les terrasses, les fenêtres sont fleuries et parfumées de géraniums, de jasmins, de roses du Bengale. Nous nous arrêtons un instant pour laisser souffler les porteurs, et la vue est si belle que nos braves coolies sont les premiers à parler de se remettre en route.

A nos pieds la rade se dessine à travers une brume légère qu'argentent des reflets de lune, sans une ride à son eau pâle, sans un murmure le long de ses grèves. C'est bien là le calme profond qu'il faut pour bercer tous ces navires dont les feux s'allument l'un après l'autre, pour leur faire oublier les fatigues des grandes mers, pour endormir dans l'ombre ces Léviathans aux corps de fer qui sont venus de si loin et qui ont tant besoin de repos. Près de nous une croisée ouverte laisse échapper la ritournelle d'une valse ; au-dessus de nos têtes les hauts pics se voient à peine dans le crépuscule, les arbres des jardins se dressent immobiles, tout embaumés d'odeurs violentes. La nature entière respire la paix et la douceur.

27 avril. — L'officier anglais chargé de nous indiquer le mouillage avait mal pris ses dimensions, car la corvette *Caroline* se trouvait évitée juste au-dessus de l'une des ancres de la *Comète,* et il a fallu attendre pour appareiller le changement de marée. Au large le temps est noir, bouché, le ciel chargé de nuages d'un aspect sinistre ; le vent souffle par lourdes rafales du sud-ouest ; l'air est saturé d'une humidité pénétrante. Si le baromètre n'était pas aussi haut, on pourrait croire à l'approche d'un typhon et prendre pour l'indice d'un sérieux danger ce qui est seulement le pronostic du changement de mousson.

28 avril. — Nous nous sommes réveillés dans le calme et dans le brouillard. Il a fallu siffler de minute en minute, sonder toutes les demi-heures, ralentir la marche, doubler les vigies, multiplier les précautions. A dix heures le voile épais qui nous environnait a commencé à s'éclaircir ; bientôt les hautes terres des îles Namoa, du cap Good-Hope se sont montrées, à mesure que le vent d'ouest dissipait la brume. Par un soleil éclatant nous donnons vers midi dans le fleuve Han. La carte est heureusement récente, détaillée, très complète, car aucun pilote ne se montre, et c'est seulement à Swatow, alors que nous n'avons plus besoin de lui, qu'un de ces messieurs vient nous offrir ses services.

Sur la rive gauche la ville chinoise montre son fouillis de maisons malpropres, agrémenté par-ci par-là de quelques constructions européennes, bureaux ou entrepôts de maisons de commerce.

Sur la rive droite, loin du bruit et du contact parfois dangereux de la foule indigène, les consuls, les fonctionnaires des douanes habitent de gracieux bungalows, dominés par des rochers pittoresques, entourés de fleurs et de verdure.

Ici encore la France n'a guère d'autres intérêts que la protection des chrétientés éparses dans la riche vallée du Han ; nous laissons aux Anglais le monopole de l'exportation du thé, du riz, du sucre, que chargent sous nos yeux de grands vapeurs battant le pavillon britannique.

Les consuls, les commissaires des douanes ont des maisons luxueuses, abritées du soleil par de larges vérandas, au milieu de jardins admirables. Comme il n'y a point de bonheur parfait, ils se plaignent de la chaleur, qui est, à la vérité, particulièrement lourde ce soir, et plus encore des moustiques, qui pullulent en cette saison. Aussi les lits, les fauteuils même sont-ils enveloppés de moustiquaires de gaze sans lesquelles il serait impossible de goûter un moment de repos. Nos aimables hôtes ont littéralement rempli de fleurs la baleinière de la *Comète*, et c'est les mains pleines de roses, de lilas, d'héliotropes, que nous regagnons le bord pour aller ensuite, sur la rive gauche, visiter la Mission.

De ce côté la scène change, et Swatow ne diffère pas sensiblement des autres villes chinoises. C'est toujours le même dédale de rues sordides et puantes, le même défilé de portefaix à demi nus, de chiens errants, de cochons pataugeant dans l'égout qui occupe le milieu de la chaussée. Le Père Gérardin nous reçoit à merveille et nous montre le chantier de construction d'où va sortir une église neuve. En attendant la fin des travaux, l'excellent homme habite un affreux taudis dont il paraît très satisfait. Avec ses grandes moustaches, sa figure énergique et souriante, il a l'air d'un zouave plus encore que d'un prêtre des Missions étrangères; c'est bien un type de vrai Français. Tout en buvant un verre de vin de messe, rafraîchissement très appréciable par cette chaleur, nous causons de l'état du pays, où règne un calme complet. A Swatow comme ailleurs, les mandarins font à la propagande européenne une opposition sourde; quand ils s'en tiennent là, il faut s'estimer heureux et se dire que c'est dans la nature des choses.

29 avril. — Le vent a tourné au nord-est, forcé très rapidement; la mer est grosse même dans la rivière. De violents grains de pluie tombent par intervalles; le thermomètre a baissé subitement de dix degrés, et c'est là le seul changement dont nous ne songions pas à nous plaindre. Comme le départ est fixé à demain, les préparatifs vont leur train; le charbon remplit les soutes, s'entasse dans des parcs de fortune construits sur le pont; on fait le plein des réservoirs d'huile de machine. Tout cela est fortement mélangé d'eau du ciel; mais on en voit bien d'autres à Brest, où les bâtiments prennent quelquefois la mer sans que la pluie ait cessé de tomber depuis le jour de leur armement!

30 avril. — Le temps est toujours mauvais, avec ciel gris, mer houleuse, horizon couleur de plomb, semblable à celui des coups de vent de sud-ouest dans le golfe de Gascogne. N'importe! L'amiral nous attend à Nagasaki; il n'y a pas une minute à perdre pour rallier son pavillon. Nous appareillons donc, et faisons route en serrant la côte. Si le temps devenait trop menaçant, nous serions ainsi toujours à même de gagner un abri. La *Comète* continue d'ailleurs à remonter si vaillamment contre vent et marée que, vers trois heures du soir, nous sommes aux îles Lamock, à l'entrée sud du canal de Formose. Le ciel commence à s'éclaircir, la houle mollit, la brise tombe graduellement, et nous reprenons peu à peu notre vitesse ordinaire. La pluie a cessé ; il reste seulement un peu de brume qui empêche de voir la terre. Mais on distingue nettement les phares qui viennent de s'allumer ; nous n'avons qu'à suivre la route qui conduit de l'un à l'autre.

1er mai. — Quoique nous doublions en ce moment à courte distance le nord de Formose, rien ne révèle aux yeux la présence de cette grande île, presque toujours enveloppée dans les brouillards du Kouro-Siwo.

En 1884, nous passâmes tout l'hiver du blocus sans voir autre chose que les falaises de la côte, et notre surprise fut vive quand, dans l'aube d'un beau jour de printemps, nous aperçûmes tout à coup, très haut par-dessus la brume, les montagnes de la chaîne centrale, cimes grandioses de quatre mille mètres, couronnées de neiges immaculées.

Formose... ce nom charmant rend bien l'impression du voyageur en face de ce pays d'une incomparable beauté, de cette terre riche, pittoresque, comblée des dons de la nature ; mais il ne réveille guère que de pénibles impressions, des souvenirs douloureux dans l'âme de ceux qui ont fait partie de l'escadre de l'Extrême-Orient.

C'est là que s'est joué le dernier acte d'un drame de trois années.

Depuis 1882 nous vivions en état d'hostilité avec la Chine ; le roi d'Annam avait imploré contre nous l'appui de son suzerain, et le Fils du Ciel, venant, suivant l'expression de ses proclamations, au secours de son enfant blessé, ne cessait de diriger sur le Tonkin un flot de réguliers qui menaçait de nous submerger. J'étais alors à Haïphong, et je me souviens des inquiétudes, malheureusement trop justifiées plus tard par la mort tragique du commandant Rivière, que nous causait une telle situation. Nous maudissions l'inaction à laquelle nous condamnaient des ordres formels, et, pendant ce temps, le péril grandissait ; de nouvelles bandes sortaient du Quang-Si, du Quang-Tong, pénétraient jusque dans le Delta. Indice suggestif, la plupart de ces soldats à face jaune portaient, brodé sur le devant de leur tunique, le caractère qui signifie : « Avant-garde. » Cela promettait ! Tout en souriant de ce procédé naïf d'intimidation, nous sentions que la crise était proche, qu'elle serait grave.

Le nœud de la question était à Péking ; la France en connaît le chemin, qu'elle a jonché de souvenirs glorieux. Ce n'était qu'en agissant vigoureusement de ce côté qu'on pouvait espérer obtenir des résultats prompts et décisifs, dicter une paix immédiate, avantageuse et durable. La guerre, déguisée sous le nom d'état de représailles, parut seule possible à ceux qui dirigeaient les conseils du gouvernement. A Thua-Nan, à Sontay, à Bac-Ninh, on fit de grandes choses ; mais la Chine ne venait pas à composition ; il fallut l'attaquer chez elle. La destruction de sa flotte, commencée à Foutchéou, aurait dû être complétée à Port-Arthur, pour nous assurer avant tout la liberté absolue de la mer. On préféra s'en tenir à la politique des gages, et l'occupation du nord de Formose fut décidée. Ce choix était une faute que rien n'a justifiée.

On ne put même pas utiliser le charbon des mines de cette région, dont des observateurs superficiels avaient fait état, et qui fut reconnu impropre à la chauffe de nos chaudières.

Piétinant sur place, décimé par la fièvre algide, trop peu nombreux pour étendre au loin son action, le corps expéditionnaire se dépensa inutilement dans des combats héroïques où les troupes engagées perdaient quelquefois un cinquième de leur effectif. En croisières incessantes sur des côtes sans abris, au milieu d'une mousson furieuse, l'escadre entretint un blocus de six mois pleins de périls.

Par un merveilleux bonheur, nos navires s'en tirèrent sains et saufs; mais la colonie de Hong-Kong en fut bien surprise, car des paris se faisaient publiquement au club sur le chiffre probable de nos pertes.

Le rendez-vous des officiers était trop souvent, hélas ! ce cimetière de Kélong, maintenant peuplé de tombes françaises. On se serrait la main, on causait un instant, et nos camarades de l'armée se montraient du doigt les mâtures perpétuellement ballottées par d'immenses roulis. « Mieux vaut encore, disaient parfois ces vaillants troupiers, être à terre avec les Chinois qu'à la mer avec les Français. »

Ce paradoxe peignait d'un mot la situation. Tant

d'efforts, de sacrifices n'amenèrent aucun résultat. La prise des Pescadores elle-même fut trop tardive, et, sans la croisière du riz, la Chine n'eût pas capitulé.

Pourquoi s'attaquer à Formose, île sans ports, hérissée de montagnes colossales, couverte de jungles inextricables? N'avions-nous pas des gages mille fois préférables dans l'île d'Haïnan, qui possède des rades superbes et qui semble une dépendance naturelle du Tonkin, dans les Chusan, qui fourmillent d'abris excellents et commandent toute la côte de Chine, dans les îles de Tchéfou, où le Tsung-li-Yamen eût reconnu le premier pas de l'expédition de 1860? Péking ne ressent que ce qui se passe à ses portes; le reste est l'affaire des vice-rois. C'est seulement quand son ravitaillement fut menacé que le gouvernement impérial s'émut, et cela, malgré l'échec que ses armes venaient de nous infliger à Langson. « Frappe au visage », disaient à Pharsale les vétérans de César en chargeant les jeunes chevaliers romains fiers de leur beauté. C'était surtout à l'estomac qu'il fallait frapper les hauts mandarins, et la tactique de l'amiral Courbet fut couronnée d'un plein succès.

Cette lutte, tour à tour ouverte ou déguisée, commencée en avril 1882 et terminée en juin 1885, a duré plus de trois ans. Une marche sur la capitale l'eût terminée en trois mois, sans exiger probablement de plus grands sacrifices ni au point de vue militaire, ni au point de vue financier.

2 mai. — Les marins anglais ont baptisé du nom de « Père des tempêtes » le Gulf Stream, ce grand courant d'eau tiède qui, parti du golfe du Mexique, vient, à travers l'Atlantique Nord, apporter aux côtes de la Bretagne, de l'Angleterre, de l'Islande même, sa chaleur, ses pluies, ses coups de vent. On pourrait sans injustice donner ce titre de mauvais augure au Kouro-Siwo, qui, prenant sa source aux Philippines, remonte vers le nord, longe Formose, enveloppe le Japon, et va se perdre dans le Pacifique septentrional. Si tant d'îles merveilleuses lui doivent leurs richesses, leur beauté, la douceur de leur climat, il enfante parfois de terribles ouragans, et qui l'approche doit s'en défier.

Le temps est devenu mauvais au moment même où nous commencions à côtoyer le bord occidental du courant. Le vent a sauté brusquement de l'est au sud, puis à l'ouest et au nord, faisant presque ainsi le tour complet du compas. Il souffle maintenant grand frais du nord-nord-est, et, si l'immobilité du baromètre n'était un gage de sécurité, nous aurions tout lieu de craindre un typhon. La mer est grosse et tourmentée par les changements rapides de la brise ; le ciel est livide, l'horizon voilé d'une brume qu'on dirait teintée de plombagine. C'est à cet aspect sinistre, tout à fait caractéristique, de ses bourrasques que le Kouro-Siwo doit son nom, qui signifie « courant noir ». Nous avons mis à la cape, et, bien qu'elle tangue violemment, que les embruns franchissent parfois ses bastingages dans les grands coups de roulis, qu'elle fasse un peu cuiller, la *Comète* se comporte vaillamment ; c'est un vrai goéland. Comme, d'ailleurs, toutes les précautions sont prises, nous pouvons être tranquilles. Des tourterelles, des passereaux viennent s'abattre à bord. Surpris au large par le mauvais temps, ils ont renoncé à lutter contre les rafales, et leur lassitude est telle que les gabiers du bord les attrapent sans peine. Ce matin, sentant à Formose le vent du sud, une bande d'oiseaux sauvages avait pris son vol ; nous les avions vus passer au-dessus de nous, cherchant vers le nord quelque île solitaire pour y faire leur nid. Ils ont rebroussé chemin, et les voilà qui retournent à la grande île, ramenés par la fatigue et la faim. Pendant ce temps, d'infatigables pétrels, au plumage couleur de suie, s'attachent à notre sillage ; de grands albatros nous accompagnent malgré la tempête. Nous essayons d'en prendre quelques-uns à l'aide d'une ligne flottante ; mais ils ne sont pas assez affamés pour mordre ; leur défiance naturelle les défend, et il faut nous contenter de les admirer de loin. Quel vol superbe quand ils remontent cette brise carabinée à coups puissants de leurs ailes grises tachetées de blanc, ou quand ils se laissent emporter par elle, flottant nonchalamment sur l'appui de leurs grandes pennes étendues ! Que de grâce, que de force réunies dans ces rois de la mer qui se jouent des orages et dorment posés dans l'écume des vagues !

4 mai. — Le mauvais temps commence à se calmer. Nous avons une nuit belle et fraîche, une nuit de printemps de France avec un ciel profond, transparent, une brise du nord vivifiante. La *Comète* a repris sa vitesse, et demain nous verrons ce Japon qu'on dit si beau. Cette pensée donne un joyeux frisson aux plus blasés, à ceux de nous qui ont vu déjà le monde entier.

Quant aux jeunes, voilà longtemps qu'ils rêvent samouraïs, mousmés, voyage au Fousiyama, délices de toutes sortes, qu'ils compulsent les guides, qu'ils apprennent le japonais dans les vocabulaires les plus variés.

CHAPITRE XI

Nagasaki. — Les Missions. — Cheval de bronze et Crapaud volant.
— Mœurs japonaises. — Dépêches chiffrées. — Fête champêtre.
— Complications au Siam. — Départ pour Hong-Kong.

5 mai. — Tout le monde est sur pied dès la pointe du jour, et c'est vraiment l'heure qui convient pour faire connaissance avec l'empire du Soleil Levant. A l'aube, nous voyons s'élever au-dessus de l'horizon des groupes épars de hauteurs violettes. A mesure que nous avançons, d'autres terres surgissent, et la côte sud-ouest de Kiou-Siou se dessine bientôt tout entière, baignée d'aurore, entre un ciel et une mer d'azur. C'est un enchantement, et notre attente n'est point trompée.

Vers trois heures, nous entrons dans un archipel d'îles charmantes, puis, à un brusque détour, nous apercevons, au fond d'un golfe étroit, une petite ville coquette, moitié japonaise, moitié européenne : c'est Nagasaki... Point de monuments, de grands édifices, mais toute une ruche d'habitations étagées sur le penchant des hautes collines; au-dessus d'elles des champs escaladant les pentes abruptes, des arbres ombrageant les crêtes, encadrant la baie de leur verdure. Dans ce fiord japonais, paré de sa fraîcheur

RADE DE NAGASAKI

printanière, il semble qu'on doive trouver l'abri plus délicieux encore quand on sort des vases de la Cochinchine, qu'on a été ballotté par la houle et les bourrasques de Formose.

L'amiral est sur rade avec la *Triomphante,* le *Forfait,* l'*Inconstant;* toute cette famille maritime nous fait bon accueil. La sollicitude de notre chef nous promet ici un séjour prolongé pour y oublier les fatigues récentes, et, dès ce soir, le repos est singulièrement doux. Il fait calme; à chaque demi-heure les cloches des bâtiments de guerre sonnent toutes ensemble ; les échos vibrent au loin; puis le silence renaît, troublé seulement par un appel de navire ou le son d'un gong qui annonce une fête nocturne dans quelque temple de la ville.

7 mai. — Le ciel nous favorise depuis que nous sommes dans ce gracieux pays, fleuri, tranquille, dont le charme éclipse tout ce que nous avons vu jusqu'ici. Il fait des journées de mai, douces, tièdes, des nuits fraîches qui ramènent déjà sur les joues de nos convalescents les couleurs de la santé. Chacun se sent revivre et s'efforce, par de longues promenades à terre, de retrouver son élasticité physique et morale, de rejeter bien loin tous les miasmes paludéens dont la *Comète* était imprégnée depuis six semaines. Visiter la ville, les magasins de photographies, fureter dans les boutiques des marchands de bibelots, courir dans la montagne, respirer l'air pur des champs, faire en « djinns » de longues excursions, voilà autant d'occupations où nous trouvons un plaisir infini et qui se disputent nos heures de liberté.

Ce qui frappe tout d'abord, c'est l'affabilité de la population, la politesse souriante avec laquelle on est reçu partout, un peu trop empressée, trop démonstrative peut-être à des yeux européens, mais qui n'a rien de servile. Quel contraste avec le peuple chinois, concentré, affairé, haineux, toujours prêt à nous jeter des pierres ou des injures! On nous dit bien que les hautes classes professent, ici comme là-bas, un profond mépris pour l'étranger maudit, et que leur cri de guerre est : « Le Japon aux Japonais » ; mais les sentiments, l'attitude de la foule ne sont point à ce diapason, et nous sommes charmés de l'accueil qui nous est fait.

Symptôme bien significatif, les missionnaires, qui font en Chine des progrès si lents, obtiennent autour de Nagasaki des résultats surprenants. Ces pêcheurs d'hommes n'ont qu'à jeter leurs filets pour les retirer remplis. L'âme japonaise est si accessible à nos idées, si fidèle à les garder, que les persécutions, l'expulsion complète des Européens n'avaient pu réussir à faire disparaître la semence laissée en elle par saint François Xavier. Lorsqu'en 1872 le Japon voulut entrer en relations régulières avec le monde chrétien, et que la liberté des cultes devint la conséquence des nouveaux traités, on retrouva dans certains villages de Kiou-Siou des cérémonies, des traditions du culte catholique, défigurées, mais vivantes encore après trois cents ans de proscription.

JARDIN FLEURI AU JAPON

8 mai. — Pour la première fois depuis longtemps, l'équipage chante ce soir après le branle-bas, et ce retour de la gaieté est d'un bon augure. La nuit est si belle, d'ailleurs, qu'elle invite à la joie. Le ciel, la terre, la rade fourmillent de lumières; il semble que nous soyons enveloppés d'une brume d'étoiles. A Nagasaki, l'on chante aussi; on entend des voix et des rires d'enfants au milieu des vibrations étranges des gongs qui font ici l'office de nos cloches.

Toute médaille a son revers; deux de nos permissionnaires viennent de rentrer clopin-clopant, tant soit peu meurtris d'une rixe avec des compatriotes du *Forfait*. Ils sont naturellement blancs comme neige et jurent qu'ils ont été contraints de se défendre. Les beaux yeux des mousmés et les liqueurs des cabaretiers du quai n'en font jamais d'autres! Quelques jours de fers, impartialement distribués aux battants et aux battus, apaiseront cette petite querelle de famille.

10 mai. — L'amiral est parti pour Kagosima, emmenant avec lui le *Forfait* et l'*Inconstant*; la *Comète* reste pour quinze jours encore dans ce petit paradis terrestre de Nagasaki; puis elle retournera dans le Yang-Tsé, à la garde des Missions. Afin de nous reposer des exercices militaires de la journée, nous prenons un djinn et flânons à l'aventure, laissant notre guide nous traîner à sa guise.

Les maisons sont toutes petites, uniformément composées d'un rez-de-chaussée et d'un étage minuscule, avec des vitres en papier, des cloisons glissant dans des rainures, des murailles de bois, des toitures en tuiles grises, ornées de fleurs, de lanternes multicolores. Proprettes, gentilles, ces maisonnettes ont vaguement l'air de bahuts destinés à loger un peuple de poupées. Les rues de la ville basse sont larges et bien entretenues ; une foule active s'y presse sans désordre ; on ne rencontre pas une voiture, mais des djinns par centaines et de longues files de chevaux qui portent, au lieu de fers, quatre sandales de paille. Partout des cerfs-volants planent au vent, rouges, blancs, jaunes, en figures d'oiseaux ou de papillons, munis de bambous formant harpe éolienne, tenus souvent par des vieillards qui, pour ce jeu national, rivalisent d'ardeur avec leurs petits-enfants.

Après bien des détours, voici Osuwa, où notre pousse-pousse s'arrête devant le grand escalier du temple du « Cheval de bronze ». Nous gravissons les degrés de pierre ; nous traversons la cour pavée, pleine de fidèles en contemplation devant le quadrupède de métal qui a donné son nom à ce sanctuaire, et nous montons jusqu'au jardin public situé un peu plus haut, sorte de bois sacré où des allées pittoresques serpentent à flanc de coteau. Le parc est étroit ; dix minutes suffisent pour en faire le tour ; mais ses ombrages sont grandioses, et la vue qu'on a de ses terrasses sur la rade et sur la ville est merveilleusement belle. Bien peu de nos arbres de France pourraient se comparer aux camphriers qui nous entourent, vrais colosses dont les branches abritent sans les étouffer d'épais massifs de roses, de jasmins, d'arbustes aux

LE TEMPLE DU CHEVAL DE BRONZE A OSUWA, NAGASAKI (JAPON)

feuilles écarlates. Quelques marches nous conduisent au « Cabaret du Crapaud volant », mignonne « tchaïa » ou maison de thé où les gens du pays aiment à venir se rafraîchir et contempler la belle nature. De jeunes servantes nipponnes accourent souriantes; on s'empresse autour des seigneurs étrangers; on leur sert de la limonade; on leur joue de la guitare; on exécute pour eux des danses de caractère... Nous sommes bien loin de la Chine!

En redescendant, nous croisons un « yakounin » tout fraîchement revenu d'Europe. Il a un paletot gris perle, un pantalon noisette, un melon noir sur la tête, un étui à jumelles en bandoulière, et la curiosité de la foule paraît flatter énormément son amour-propre. Plus loin, une jolie mousmé, fraîche comme un camélia, se tient debout à la porte d'un magasin. Un jeune Japonais, en costume national, passe près d'elle en saluant, et ce sont alors mille petites courbettes, des minauderies charmantes d'amoureux. Cela repose du masque de tout à l'heure avec son complet d' « Old England » ou de la « Belle Jardinière ».

11 mai. — C'est aujourd'hui l'Ascension; une foule bigarrée et pittoresque se dirige vers la chapelle des Missions étrangères. L'escalier qui conduit au parvis est une longue suite de marches menues qu'un Européen gravirait en quelques enjambées. Du portail, on voit à ses pieds le jardin fleuri des Pères, au loin le golfe bleu semé de navires.

A droite et à gauche de l'entrée, les chaussures des

fidèles sont alignées dans le plus bel ordre, toutes semblables, composées d'une planchette soutenue par deux tasseaux et munie d'une bride de couleur vive qu'on tient entre l'orteil et le premier doigt. Des nattes garnissent ici les planchers de chaque maison, et l'usage veut que, pour éviter de les salir, on laisse ses souliers à la porte, comme font les Arabes au seuil de leurs mosquées; c'est un cérémonial obligé.

A l'église, il n'y a pas de nattes; mais on agit de même par respect, et le silence du saint lieu n'est pas troublé par le concert assourdissant que produirait sur le pavé le défilé de toutes ces sandales de bois. S'il y a des Princes Charmants dans cet aimable Nippon qui semble toujours une évocation du pays des fées, ils n'ont qu'à se baisser pour collectionner les pantoufles de milliers de Cendrillons. Une telle coutume, transportée sous la colonnade de la Madeleine, ferait assurément la joie des pickpockets et la fortune des grands artistes qui chaussent les pieds mignons des Parisiennes. Soit que les Japonais rivalisent d'honnêteté avec les Normands légendaires du temps de Rollon, soit que les socquettes des mousmés ne soient pas signées d'un nom célèbre et viennent tout droit du « décrochez-moi ça », à Nagasaki chacun retrouve son bien où il l'a déposé.

A la porte de la Mission, trois traîneurs de djinns déjeunent joyeusement, mangeant de grand appétit leurs écuellées de riz, riant, bavardant, assis devant leurs petites voitures. Nous nous arrêtons près d'eux, frappés de leur air de belle humeur. Aussitôt tous se lèvent avec de grands saluts, le sourire aux lèvres, répétant à n'en plus finir : « Dana San! Dana San! » (Seigneur! Seigneur!) Je ne conseillerais pas à un Japonais de faire une station analogue devant un restaurant de cochers de fiacre de la « place Maub' » ou du « boul' Mich' »; on lui souhaiterait très probablement la bienvenue en le saluant de toutes les épithètes de la langue verte...

Le consul de France M. Steenackers, qui est déjà pour nous un ami bien cher, nous a conduits visiter les tombes des marins français enterrés à Nagasaki. Les humbles qui sont morts ici pour la grandeur de la patrie, qui reposent si loin d'elle, ont été moins seuls, moins oubliés ce soir. On a prié pour eux; on a prononcé leurs noms, évoqué leur souvenir dans cette langue qu'ils avaient apprise sur les genoux de leurs mères et que parlaient ceux qui les ont attendus en vain...

Au sortir du cimetière, la femme du gardien veut absolument nous faire asseoir devant sa porte et nous offrir un rafraîchissement. Tandis que nous buvons du thé dans des tasses de dînette, nos yeux se reposent sur un cercle de collines ombragées de chênes et de sapins centenaires. A deux pas s'ouvre le jardin de notre hôte, grand comme un mouchoir de poche, avec trois poiriers, un prunier, un étang en miniature ombragé d'arbustes nains. Le possesseur de ce joujou nous le montre avec un bon rire; il en paraît aussi fier, il en jouit peut-être plus vivement qu'un grand seigneur anglais d'un parc de cinq cents hectares.

9.

Ce n'est point des agriculteurs japonais qu'on peut dire :

O fortunatos nimium sua si bona norint.

Ce peuple d'artistes respire la joie et l'amour de vivre; il a autour de lui une admirable nature et il en sent la beauté. Le goût des fleurs est la passion nationale que chacun partage, depuis le Mikado qui frappe son blason d'un chrysanthème, jusqu'aux plus humbles lavandières qu'on rencontre allant à la fontaine, leur paquet de linge sur la hanche, un bouquet dans leurs cheveux noirs.

Tous les temples sont construits dans des endroits charmants; il n'est point de beau site où l'on ne trouve, cachée sous les feuillages, une « tchaïa » qui permet au voyageur de se reposer et de boire une tasse de thé en contemplant le paysage.

Nous rentrons en suivant à mi-hauteur les collines qui dominent Nagasaki et lui font un horizon de champs en terrasses, de verdure, d'ombrages. Dans les sentiers en échelles, coupés de marches de pierres disjointes, on croise des groupes de jeunes femmes qui descendent en faisant claquer leurs socquettes de bois, abritées d'ombrelles noires cerclées de rouge, vêtues de robes grises agrémentées par derrière d'une sorte de giberne en étoffe de couleur; des enfants dégringolent avec des cris d'oisillons effarouchés; le soleil baisse, et ses rayons, tamisés par les feuilles, sèment la route de plaques de lumière rose.

Nous trouvons au Consulat une dépêche chiffrée de

JARDIN PUBLIC AU JAPON

Saïgon pour l'amiral. En transit ici, elle va repartir immédiatement pour Kagosima. C'est là un son de cloche bizarre, et nous avons le pressentiment que ce papier mystérieux apporte une grosse nouvelle.

13 mai. — Encore une dépêche chiffrée ; mais celle-là est pour nous et vient de Kagosima... L'amiral sera ici demain matin... Il y a au Siam de graves complications... ordre d'être prêt à tout événement...

Voilà les surprises coloniales ! La cour de Bangkok, nous sachant occupés au Dahomey, aura sans doute pris le parti de la résistance ; il va falloir lui montrer les dents. On ne peut croire qu'elle en vienne à une lutte ouverte qui se terminerait par son écrasement complet ; mais il est facile de prévoir que la division navale de l'Extrême-Orient va entrer en ligne ; l'avenir nous réserve sans doute des croisières ingrates, quelque blocus fatigant et peu efficace. Les souvenirs de Formose nous reviennent en foule ; ils ne sont pas encourageants !

Puisque nous avons encore devant nous une journée de liberté, nous voulons, du moins, employer celle-là gaiement, et nous sautons dans un djinn pour aller voir une fête champêtre, à une lieue d'ici sur la route de Mogi.

En quittant Nagasaki, le chemin tourne à l'est et gravit des collines couvertes de cultures ; notre cheval humain est bientôt en nage, tant la côte est raide, caillouteuse. Mieux vaut nous dégourdir les jambes, pendant que lui, montant à vide, nous indique par où passer.

Il n'y a d'ailleurs qu'à suivre la foule joyeuse, pittoresque, qui sort des sentiers de tous côtés et se dirige vers un piton verdoyant où flottent d'innombrables pavillons. Les tuniques sombres des hommes, lourdes et disgracieuses, forment un frappant contraste avec les jupes claires des mousmés. Les petites filles surtout sont charmantes dans leurs robes semées d'oiseaux ou de grandes fleurs.

A la porte d'une maisonnette devant laquelle nous passons, une femme prend tranquillement son bain dans une cuve de bois. Quoique simplement vêtue d'un rayon de soleil, elle ne paraît nullement partager notre surprise et continue sa toilette avec la tranquillité la plus parfaite. Un tel spectacle semble tout naturel dans l'empire du Soleil Levant; la morale indigène n'y trouve rien à dire. Le Japonais aime à se laver; les établissements de bains font fortune ici, tandis qu'ils périclitent dans beaucoup de sous-préfectures de France; la même piscine sert à tous; on s'y plonge en chœur, en famille, sans l'ombre de costume et de scrupules : tel est l'usage universel. « Le jaune habille d'une façon étonnante », disait la femme d'un consul en voyant la foule demi-nue qui remplissait les rues d'Haïphong. Les sujets du Mikado ont adopté entièrement cette manière de voir, et l'Anglaise qui voulait habiller les statues des Tuileries ne ferait pas dix minutes de promenade parmi eux sans avoir l'occasion de s'évanouir d'horreur.

Au sommet du col d'où l'on descend sur Mogi, il faut prendre à travers champs. La campagne est délicieusement verte et fraîche; nous côtoyons des seigles magnifiques, des haies de bambous qui ont dix mètres de hauteur; nous franchissons des ruisseaux qui s'écoulent en cascades de cristal. Voici la fête enfin, étagée au penchant de la colline, montant vers des plateaux d'où l'œil plane sur la mer, sur la baie de Nagasaki, sur un horizon de hautes cimes vertes, de volcans éteints que les vapeurs chaudes du Kouro-Siwo couvrent d'une végétation éblouissante. Le Japon aime les beaux sites pour encadrer ses réjouissances.

Des milliers de cerfs-volants se balancent en l'air; c'est le plaisir qui semble le plus populaire, et le vent ne manque pas à pareille hauteur. Un hippodrome entouré de planches indique l'endroit où des courses se donneront avant peu; mais il est vide encore, et la foule se presse ailleurs, du côté des tentes où l'on vend du thé, de la limonade, vers les étalages des marchands d'images, des chanteurs de complaintes, devant les boutiques improvisées où se vendent les jouets, les menus bibelots, vers les tréteaux des bateleurs et des marchands d'orviétan. On rit, on s'amuse de tout son cœur; mon traîneur de djinn me demande la permission de me quitter un instant, et le voilà aussitôt assis sur l'herbe au milieu d'un groupe de camarades, à l'ombre de son pousse-pousse, buvant un verre de soda, fumant sa pipe, jacassant avec un entrain étourdissant. Par-ci par-là des mendiants implorent la pitié des passants; mais on ne rencontre pas un ivrogne; il n'y a ni désordre, ni querelles; nous ne surprenons pas un regard malveillant, pas un mot désobligeant à notre adresse.

Quiconque a vu les « romérages » du Midi, les « assemblées » de la Normandie, les « pardons » de la Bretagne, ne peut s'empêcher de faire des réflexions troublantes, et de se dire que si la bête humaine ivre d'alcool que nous y coudoyons trop souvent paraissait ici tout à coup, la comparaison ne serait pas à notre avantage...

Nous retrouvons Nagasaki plein de lumières. Magasins, maisons de thé, balcons, sont parés de lanternes de toutes les nuances et de toutes les tailles. Chaque djinn en porte une suspendue à l'un de ses brancards ; chaque passant a la sienne qu'il balance à l'extrémité d'un léger bambou. C'est un spectacle charmant que le gaz, l'électricité, l'acétylène vont bientôt faire disparaître à jamais, et que regretteront amèrement les artistes du vieux Japon.

14 mai. — Au petit jour, l'arrivée de l'amiral met tout le monde sur pied : je me rends immédiatement à bord pour prendre les ordres. Personne ne sait au juste ce qui se passe en Indo-Chine ; mais cela va mal assurément, et toute la division part pour le Sud. Le *Forfait* et le *Lion*, qui sont sur la côte de Chine, rallient Saïgon directement ; la *Triomphante*, l'*Inconstant* et la *Comète* vont à Hong-Kong, où le ministre enverra de nouveaux ordres. Le sort en est jeté ! Nous voilà faisant en chœur le plongeon dans ces pays de la chaleur, de la torpeur physique et morale, dont nous sortions il y a quinze jours à peine avec un soupir de soulagement. Puisque les plaideurs malheureux ont

MAGASIN DE FRUITS AU JAPON

vingt-quatre heures pour maudire leurs juges, nous avons sûrement le même délai pour maudire les Siamois, et nous le mettons largement à profit. Les oreilles des gens de Bangkok doivent leur tinter sans discontinuer depuis ce matin, car nos préparatifs de départ se font au milieu d'un concert d'invectives à leur adresse.

CHAPITRE XII

Retour à Hong-Kong. — Piraterie mutuelle. — Conseils d'un bon patriote. — Prise du capitaine Thoreux par les Siamois. — Marine chinoise. — En attendant les événements.

15 mai. — La *Comète* vient d'appareiller la première ; les deux autres bâtiments partiront quelques heures plus tard, afin que nos mouvements n'attirent pas trop l'attention des étrangers. Nagasaki est déjà loin derrière nous, plus loin encore de nos pensées, car le souvenir de la gracieuse cité japonaise, où nous avons passé des jours trop courts, disparaît en ce moment devant des préoccupations plus sérieuses. L'avenir est gros d'imprévu ; la *Comète* doit se mettre en état de faire honneur au pavillon. Récemment armée, n'ayant plus qu'un noyau de l'ancien équipage de la *Vipère* au milieu d'un personnel inexpérimenté, elle est bien loin de posséder encore toute sa valeur militaire. Il faut qu'elle l'acquière au plus vite ; dès aujourd'hui nous allons multiplier les exercices, les théories, les branle-bas de combat; si le baptême du feu est prochain, il sera le bienvenu.

C'est là une éventualité à prévoir ; mais il est bien peu probable que nous ayons à prendre une offensive vigoureuse. Au Tonkin, à Madagascar, au Dahomey, le début de notre action a toujours été marqué par une longue période de tâtonnements, de tergiversations, de demi-mesures ; il est à craindre qu'il n'en soit de même au Siam.

Cette politique hésitante n'est point, d'ailleurs, l'apanage exclusif de la France ; ses voisins ne font pas mieux. Armés jusqu'aux dents, succombant sous le fardeau des charges militaires, les peuples de l'Europe n'osent cependant point s'attaquer, et il leur a fallu chercher dans l'expansion coloniale un aliment à leur activité, une satisfaction anodine de leurs rêves d'agrandissements, une soupape de sûreté pour leurs instincts belliqueux. Moins périlleux assurément que les champs de bataille du vieux continent, ce terrain a pourtant lui-même ses dangers ; les rivaux finissent par s'y rencontrer ; une querelle futile au bout du monde peut dégénérer en duel à mort sur les frontières de la métropole. Aussi chacun s'observe, n'avance que timidement et cherche volontiers, à la première alerte, une porte de sortie.

Le gouvernement siamois avait sûrement en avril une attitude ambiguë ; toutefois ce n'est pas avec quinze ou vingt mille hommes bien armés, mais sans cohésion, avec quelques navires montés par des équipages ignorants et d'une fidélité problématique, qu'il peut espérer tenir tête à la France. On venait, il y a six semaines, de lui reprendre sans coup férir les postes de Kong et de Stung-Treng. Quel revirement s'est donc produit tout à coup dans sa politique ? Les conseillers funestes que nous avons vus là-bas à l'œuvre veulent-ils le lancer dans une aventure où il risque sa perte, où la France et l'Angleterre peuvent être amenées à un conflit? La division d'Extrême-Orient possède heureusement un chef en qui elle a confiance, qui saura lui tracer son devoir, agir énergiquement, si besoin en est, et défendre son œuvre contre les désaveux qui menacent trop souvent les entreprises lointaines.

16 mai. — Le vent, d'abord contraire, nous est devenu favorable, et nous filons rondement, voile et vapeur. Un « cargo-boat » était devant nous ce matin, nous venons de le dépasser; ni la *Triomphante* ni l'*Inconstant* ne sont en vue derrière nous; cette traversée s'annonce bien.

Vers midi, la vigie signale une petite jonque dans l'est, démâtée, paraissant en détresse. La route est modifiée pour passer à la ranger, et nous sommes bientôt à portée de voix d'une chaloupe chinoise qu'il est singulier, en effet, de rencontrer à cent lieues de terre. Le fidèle Aming la hèle du gaillard d'avant pour lui demander si elle a besoin de secours. Quatre ou cinq têtes jaunes se montrent à l'arrière; une voix nasillarde répond fort tranquillement... Nous en sommes pour nos frais d'imagination : ce sont des pêcheurs de homards qui promènent leurs casiers par ici et semblent fort satisfaits de leur sort. Une femme tient la barre pendant que les hommes travaillent; elle porte par derrière un marmot soutenu par une pièce d'étoffe qui lui sert de berceau et le suspend aux épaules de sa mère. Voilà un petit gaillard qui fera un rude matelot quand il aura quelques années de plus! Ces braves gens se montrent reconnaissants et surpris de notre sollicitude; elle les eût peut-être alarmés si nous avions été des compatriotes. Il n'y a pas encore longtemps, le cabotage était sur les côtes du Céleste-Empire une école de piraterie mutuelle où, suivant les circonstances, le volé du jour devenait le voleur du lendemain. En 1881, ces mœurs maritimes florissaient sous nos yeux dans le golfe du Tonkin; toutes les jonques avaient des canons qui leur servaient alternativement à défendre leur bien ou à prendre celui des autres, et nous eûmes beaucoup de peine à les obliger à se désarmer. Afin de ne pas être tourmentés par nous quand ils montaient à Haïphong, ces excellents Fils du Ciel venaient jeter à l'eau leur artillerie dans une crique écartée de la Cac-Ba; mais, à la sortie, ils s'empressaient d'aller la repêcher et de reprendre le cours de leurs fructueuses opérations.

C'était le bon temps du commerce de chair jaune où l'on enlevait dans les villages riverains du fleuve Rouge des cargaisons entières de femmes et d'enfants pour aller ensuite les vendre à Pakhoï ou à Canton!...

Je me souviendrai toute ma vie des cris affreux que poussait à notre vue une vieille Annamite abandonnée par les pirates sur un rocher de la baie d'Halong. Ne la trouvant pas assez jeune pour en tirer un bon prix, ils l'avaient déposée là — à la grâce de Dieu — sans lui laisser quoi que ce soit à se mettre sous la dent. La frayeur que nous lui inspirions était pourtant si grande qu'elle refusait énergiquement d'embarquer dans le canot qui était allé la recueillir et témoignait par des hurlements inhumains du peu de cas qu'elle faisait de nos avances. Elle ne se calma que lorsque le consul d'Haïphong l'eut fait ramener à son village. Il y avait vraiment de quoi froisser les sauveurs les moins susceptibles !

Maintenant la couleur locale s'en va ; les commerçants chinois n'ont plus de caronades ; ils ne se pillent plus entre eux à main armée ; ils s'unissent pour nous exploiter paisiblement, nous et nos colonies.

Un peu avant minuit la machine stoppe ; chacun est réveillé par l'arrêt subit des battements de l'hélice. C'est un collier d'excentrique qui vient de se fausser. Pendant qu'on travaille à le redresser, nous établissons toute la voilure ; mais la *Comète* n'arrive pas à dépasser quatre nœuds avec la petite brise de nord-est qui soulève à peine ses voiles carrées. Nos compagnons de route ont beau jeu pour nous devancer.

17 mai. — A onze heures du matin nous avons pu remettre en marche, et la vitesse est remontée à dix nœuds. Le ciel est noir, chargé d'orages dans l'ouest ; la mer se creuse ; le vent fraîchit, et parfois des embruns jaillissent jusque sur la passerelle. Tout dessus, y compris les bonnettes, nous descendons rapidement vers le détroit de Formose. Hélas ! rien ne sert de courir après qu'une avarie nous a fait perdre douze heures ! Nous arriverons les derniers à Hong-Kong.

Il faudrait, pour rejoindre la *Triomphante*, l'aile des grands albatros que nous retrouvons ici écumant la mer ou des hirondelles que leur humeur vagabonde a conduites au large et qui jouent autour de nos girouettes, comme elles font en France, par les beaux soirs d'été, autour des flèches des églises.

19 mai. — Après deux jours de pluie, de roulis, de grand vent, le ciel et la mer sont redevenus bleus ; le calme s'est fait ; la côte de Chine nous est apparue voilée d'une brume transparente. Il fait chaud déjà, malheureusement ; Aming lui-même, assis devant sa cuisine, se rafraîchit à coups pressés d'un grand éventail de papier, hommage gracieux de notre blanchisseur de Nagasaki. Si l'on étouffe ici, que sera-ce donc à Saïgon et dans le golfe de Siam ? Tout à l'heure, en face d'Amoy, nous avons rencontré le paquebot des Messageries maritimes qui remontait vers Shanghaï. Vingt minutes ont suffi pour le voir surgir devant nous, grandir rapidement, nous croiser en amenant trois fois son pavillon, et s'enfoncer à l'horizon du nord dans un nuage de fumée noire. Cette apparition si courte a pourtant remué en nous bien des pensées... Il venait de France, chargé de lettres, de souvenirs ardemment désirés ; les voyageurs agitaient leurs mouchoirs pour nous saluer... Quelque chose de la patrie passait près de nous, semblait flotter derrière lui, tandis que les remous de son sillage battaient notre étrave, puis allaient s'élargissant, s'effaçant au loin dans la houle.

20 mai. — A la brune, la *Comète* fait son entrée sur rade de Hong-Kong, où se trouvent déjà l'*Inconstant*, la *Triomphante*, le *Lion* même, qui embarque du charbon pour continuer sa route sur Saïgon. Il n'y a aucune nouvelle du Siam, aucun ordre formel du ministre ; la consigne est de rester ici pour y attendre les événements. Beaucoup de gens, après tout, sont plus à plaindre que nous. En 1885, Hong-Kong était, à nos yeux, un séjour de délices ; les croiseurs qui venaient s'y ravitailler après les six mois du blocus de Formose le considéraient comme une sorte de paradis. Le sampan de Pipi-Afa, le fournisseur chinois, arrivait regorgeant de victuailles, et cette manne disparaissait en un clin d'œil dans des estomacs voués depuis trop longtemps aux douceurs austères de l' « endaubage » et du lard de la cambuse. Les déjeuners rappelaient vaguement les repas de carnassiers ; les naufragés de la *Méduse* devaient manger ainsi les côtelettes et les poulets rôtis à leur débarquement du célèbre radeau.

Pipi-Afa ne se contentait pas de nous approvisionner largement ; il nous donnait des conseils. « Vous brûler vite Canton, tout fini », disait cet excellent patriote qui, à juste titre, considérait le vice-roi des « Quangs » comme notre ennemi avéré. A coup sûr, cela valait mieux que de débarquer à Kélong ; beaucoup de réguliers seraient rentrés en Chine pour défendre leurs foyers menacés, et cette manœuvre aurait soulagé d'autant nos troupes du Tonkin. A vrai dire, Pipi-Afa songeait plus encore au commerce qu'à la stratégie ; il voyait déjà l'escadre d'Extrême-Orient rassemblée, au voisinage de Hong-Kong, à l'embouchure de la rivière des Perles, et ce fleuve, où les perles sont un mythe, devenu pour lui un vrai Pactole où il aurait pêché dans nos poches des dollars sonnants, trébuchants, du meilleur aloi.

21 mai. — Décidément, le blocus de 1885 nous rendait indulgents ; le séjour de Hong-Kong, tout au moins en été, est entièrement dépourvu de charmes. Le pic Victoria semble attirer les nuages ; des averses torrentielles tombent sans discontinuer ; le temps est noir, orageux, suffocant ; nous vivons dans une obscurité chaude, malsaine, qui donne le spleen. Assurément le Siam ne se doute pas de la corvée qu'il nous impose et des projets de vengeance que nous ruminons tout en nous épongeant avec frénésie. Il n'a, d'ailleurs, qu'une chose à faire : c'est de temporiser jusqu'à ce que nous ayons complètement fondu en eau. L'inertie, la politique expectante sont tout indiquées par une semblable température.

26 mai. — C'est aujourd'hui la fête de la reine Victoria ; aussi le soleil, voulant sans doute faire preuve de « loyalism », brille-t-il d'un éclat radieux, au plus haut d'un ciel sans nuages. La colonie de Victoria, filleule de la souveraine, tient à célébrer dignement l'anniversaire royal, et, par courtoisie internationale, la division française s'associe aux réjouissances. Tous les navires présents sur rade sont pavoisés ; la *Triomphante* a tiré, à midi, une salve de vingt et un coups de canon ; à cinq heures, il y a eu, sur le « cricket ground », revue générale de la garnison. Les décharges d'artillerie, de mousqueterie, les hourras, les « God save the queen » éveillaient tous les échos de la montagne ; c'était vraiment très beau.

Les Anglais, qui embrassent le monde entier dans leur étreinte, ne peuvent assurer par des troupes métropolitaines la garde de leurs immenses possessions ; mais, appliquant la maxime « *Divide ut imperes* », ils ont l'art d'opposer une race à l'autre et d'utiliser chacune de leurs troupes coloniales dans un pays différent de celui qui fournit à son recrutement. La défense de Hong-Kong est confiée à des Indiens qui sont vraiment de superbes soldats. Grands, vigoureux, coiffés de turbans rouges, vêtus d'étoffes claires, impassibles dans les rangs, ils semblent d'admirables statues de bronze.

N'en doutons pas, le côté décoratif est leur fort, la parade est leur triomphe, sans quoi ils ne se fussent point laissé conquérir ainsi par une poignée d'Européens. L'habit ne fait point le moine, et quelques compagnies de « vitriers » ou de « marsouins » feraient vite tourner les talons à ces beaux régiments de l'impératrice des Indes.

27 mai. — Nous connaissons maintenant la cause de notre déplacement subit. Le capitaine d'infanterie de marine Thoreux, au cours d'une mission sur le Mékong, a été saisi par les Siamois et retenu prisonnier avec les trois hommes qui l'accompagnaient. Saïgon, qui n'a point encore de défenses sérieuses, a été pris d'une panique; on voyait déjà le Donnaï forcé, les croiseurs ennemis bombardant la ville, et les craintes n'ont été calmées qu'à la vue du *Forfait* venant, escorté du *Lion*, mouiller devant la rue Catinat. Cette émotion était, assurément, irréfléchie; la cour de Bangkok désavoue toute pensée d'hostilité, mais elle détient encore nos compatriotes, et la situation s'aggrave de plus en plus. Les prévisions pessimistes de M. Pavie nous avaient mis depuis longtemps sur nos gardes; cet événement leur apporte une confirmation nouvelle. L'amiral envisage désormais comme probable une rupture avec le Siam, le blocus de ses côtes, et une action contre sa capitale. La canonnière *le Styx* est demandée à Paris pour réduire au besoin les forts du Ménam; l'*Inconstant* et la *Comète* reçoivent l'ordre de pousser autant que possible l'instruction militaire des équipages, de rechercher les moyens de se blinder avec les chaînes de leurs ancres; notre chef ne veut pas être surpris et tient son monde en haleine par des exercices de toute sorte.

28 mai. — Au milieu de ces longues semaines de pluie, de chaleur, d'orages énervants, il y a parfois des jours de fraîcheur, de détente d'autant plus exquis qu'on les sait fugitifs. C'est alors qu'on sent vraiment tout le charme des jardins publics de Hong-Kong, des merveilleuses promenades de Kennedy-Road, de cette végétation que les Anglais ont fait jaillir d'un chaos de pierres, où ils aiment à retrouver quelque chose des parcs, des gazons, des arbres majestueux de la vieille

Albion. On monte, au milieu de fougères géantes, au bord d'un torrent qui tombe du pic Victoria; on suit les balustrades de longues terrasses taillées en plein roc sur le flanc vertical de la montagne, et le repos est délicieux quand, au bout d'une pareille course, on trouve quelque banc hospitalier. D'où nous sommes ce soir, nous voyons s'élever presque à nos pieds la flèche de la cathédrale catholique; les vitraux ouverts laissent échapper une harmonie lointaine d'orgues, de voix de femmes chantant les cantiques du mois de Marie; sous les grands feuillages tropicaux, les oiseaux gazouillent accompagnés par la chute des cascades. A travers une éclaircie des massifs on voit la rade bleue et les navires éclairés par le couchant. Ce calme de la nature, ce concert religieux, ces cloches qui tintent reportent invinciblement la pensée vers la France, vers les soirs de mai de la Bretagne, vers ses campagnes fleuries d'ajoncs, parfumées d'aubépines, ses forêts de chênes où les jeunes verdures tremblent au vent de la nuit tombante.

30 mai. — Pour couronner la série des exercices militaires, la *Comète* vient de faire ses tirs au large. Aussitôt le but mouillé, chacun a couru à son poste de combat, et, pendant toute la journée, nous avons vécu au milieu d'un affreux concert. Mousqueterie, canons-revolvers, grosse artillerie ont tiré sans relâche sur cet ennemi figuré; nous avons passé, repassé vingt fois devant lui, le couvrant d'une pluie de fonte et de plomb, tandis qu'il se laissait paisiblement bercer par la houle des Lemma. Enfin, nos grappins l'ont ramené à bord déchiqueté, pantelant, et nous avons regagné le mouillage. Assurément ce n'est là qu'une image affaiblie de la guerre ; en face d'un véritable adversaire, le sang-froid, l'adresse de nos tireurs n'eussent point été les mêmes, et notre coque aurait eu sa part des coups. Mais ce branle-bas à feu nous a montré que le matériel fonctionnait bien, que nos hommes savaient se servir de leurs armes, connaissaient leurs postes respectifs. C'est là un résultat qui doit nous donner confiance ; le reste ne dépend pas de nous. La *Comète* est un peu notre enfant ; chacun, dans sa sphère et suivant ses forces, contribue à son éducation ; à bord toutes les bonnes volontés sont groupées vers ce but unique, et cet accord parfait est un grand facteur du succès, une source de vive et généreuse satisfaction pour les ouvriers de l'œuvre commune. Néanmoins nul n'est sûr de l'avenir. Notre enfant nous fera-t-il honneur ? C'est le secret de la Providence.

31 mai. — Une division chinoise, composée d'un croiseur battant pavillon de contre-amiral et de deux cuirassés, vient de mouiller sur rade. Il y a quelques années à peine, la marine du Céleste-Empire ne sortait guère de ses arsenaux, ne se mêlait point aux navires étrangers, affectait de les ignorer, et l'on n'avait point avec elle de relations internationales. Elle est entrée maintenant dans le droit commun, échange des visites, des saluts, fait tout à l'instar de l'Europe. L'amiral, avec sa robe de mandarin, ses longues moustaches grises, est encore un débris de l'ancien état de choses. Il ignore absolument ce dont il est chargé et serait réduit, en cas de guerre, à se faire conduire par d'autres à la victoire. Son état-major, composé d'anciens élèves de M. Giquel, a déjà un costume plus approprié à la vie du bord, une allure plus martiale, un léger bagage de savoir technique; mais les sous-officiers, les pointeurs, les mécaniciens, tout ce personnel indispensable manque ou est composé de mercenaires empruntés à toutes les parties du monde. Une marine est peut-être, des organes des nations modernes, le plus long, le plus difficile, le plus dispendieux à créer ; celle de la Chine est encore dans l'œuf, couvée par des cosmopolites. Bien des années passeront avant qu'elle vole de ses propres ailes; en ce moment elle est surtout volée, et l'élément indigène est, dit-on, le plus âpre à la curée. Il faudrait, pour mettre fin à ce désordre, une main ferme, un homme intelligent, honnête et loyal, un organisateur comme le regretté M. Giquel, ou comme M. Hart, le fondateur des douanes chinoises.

4 juin. — Quand il pleut en Normandie, le paysan déclare que la récolte va pourrir sur pied; quand huit jours se passent sans pluie, il gémit qu'il n'y aura pas de foin et que les pommes seront perdues. Les descendants de Guillaume le Conquérant exportés à Hong-Kong sont aussi difficiles à satisfaire. Il y a quinze jours, on se plaignait d'être inondé; cette semaine, on prévoyait une affreuse sécheresse et on réclamait contre le départ de quelques bâtiments, affirmant que toutes les machines distillatoires de la rade ne seraient pas de trop pour fournir l'eau nécessaire à la colonie. Ce matin, le ciel a mis fin fort heureusement à la discussion par un déluge providentiel; toutes les citernes se sont remplies; tous les ruisseaux de la montagne se sont mis à babiller et les cascades à bruire joyeusement. Le temps vient de s'éclaircir, il fait bon marcher, respirer la senteur des fleurs et des feuilles mouillées. Cela nous change agréablement de la *Comète,* dont on refait la toilette à fond après les tirs de ces jours derniers et qui empoisonne la potasse, la térébenthine ou autres parfums du magasin général.

7 juin. — Un mystère absolu continue à régner sur tout ce qui se passe au Siam. L'amiral n'en sait guère plus que nous, et Paris lui-même semble assez vaguement renseigné. Les nouvelles que le télégraphe transmet en quelques minutes mettent une semaine à suivre la filière des bureaux, quinze jours pour aller d'un ministère à l'autre, et, pendant ce temps, ceux qui peuvent être appelés à intervenir dans le jeu ignorent complètement de quoi il retourne. Il nous faudrait la correspondance directe avec Bangkok pour être au courant des événements qui se préparent; aussi est-il question d'envoyer la *Comète,* soit au Siam, soit à Singapore, la colonie anglaise la plus voisine, celle où on a le plus de chance de recueillir des informations exactes. Toute mission sera la bienvenue; elle nous sortira de cette atmosphère d'inaction et d'incertitude qui devient agaçante.

Par bonheur, l'hivernage est moins rude que de coutume ; la chaleur si lourde du cœur du jour disparaît aussitôt le soleil couché ; les soirées sont délicieuses et invitent à la promenade. Les bords du joli ruisseau de Happy Valley, les routes de la montagne, les plateaux du pic Victoria, les falaises d'Aberdeen, les cimetières où les différentes confessions religieuses ont créé des parterres admirables, appellent de tous côtés ceux qui aiment la marche et la nature. En cheminant ainsi par monts et par vaux on rencontre des bandes d'officiers, de soldats de la garnison, des groupes d'Anglaises qui font de l'exercice et l'aiment comme de véritables sportsmen. Pour tout le monde, c'est le bon moment de la journée.

A l'extrémité orientale de Kennedy Road, nous longeons parfois les murs d'une poudrière où les passants, les sentinelles ont charbonné d'innombrables inscriptions. Ce sont des noms, des dates et surtout des versets de la Bible. De savants révérends pourraient reconstituer ici une partie des prophéties et se réjouir de voir leur enseignement divulgué par ce moyen ingénieux. Les murailles de nos casernes ne leur réserveraient pas assurément les mêmes satisfactions !

Quel pays triste au fond ! Anglais ou Chinois, tous ces marchands sont d'humeur lugubre, concentrés dans les pensées d'argent. Au Japon, les belles soirées étaient pleines de vie, de rires et de chansons ; ici, on compte son argent ; on calcule les gains futurs ; on boit et on s'endort.

10 juin. — La saison des typhons est proche; nous redoublons maintenant de précautions chaque fois que le temps a mauvaise apparence. Si bien abritée que soit la rade de Hong-Kong, ces redoutables tempêtes y soulèvent une mer énorme, s'y engouffrent par rafales furieuses et sont la cause d'affreux sinistres. Aussi a-t-on établi un système spécial d'informations pour avertir les bâtiments de se tenir sur leurs gardes. De tous les points de la mer de Chine, le télégraphe annonce la marche des ouragans; quand le tourbillon menace Hong-Kong, un signal hissé aux sémaphores prévient les navires, et c'est alors un branle-bas général. Chacun allume ses feux, cale sa mâture pour donner moins de prise au vent, dispose ses ancres de veille; les jonques vont se réfugier dans les coins les mieux abrités du port. On attend avec un certain battement de cœur les premiers souffles de la tempête, et, parmi tant de préoccupations personnelles, on a une pensée pour les marins qui sont au large, luttant contre le cyclone, au milieu de ce déchaînement de torrents de pluie, de lames démontées, de grains terribles où, suivant l'expression de certains capitaines, on ne distingue plus la mer du ciel.

A côté des exercices de guerre, l'amiral veut une place pour la prise rapide des précautions contre les typhons. Hier, la *Triomphante,* l'*Inconstant,* la *Comète* ont amené leur mâture haute et toutes leurs vergues. Nous avions l'air d'une division de pontons rasés par un combat. Ce matin, tout a repris sa place et les gabiers courent le gréement pour rajuster soigneusement chaque manœuvre. Ceux de la *Comète* jubilent d'avoir été parés chaque fois les premiers. Le triomphe leur était facile, car tout à bord est léger comme une plume, tandis que les espars et les filins de nos deux camarades sont loin d'être aussi maniables.

En rentrant dans mon logement, je trouve la table ornée d'un bouquet superbe. Fleurs rares, orchidées, jasmins gigantesques, roses, camélias, y mêlent leurs couleurs, y marient leurs parfums. Chaque tige est montée sur un brin de bambou, et cette gerbe magnifique, disposée avec art, mesure plus de soixante centimètres de diamètre. Sur le boulevard, elle vaudrait quarante francs ; ici, elle coûte cinquante centimes.

13 juin. — Le courrier anglais de la « Peninsular and Oriental Company » (*vulgo* la « P and O ») vient d'arriver ; celui des Messageries maritimes, parti huit jours avant, n'est pas encore en vue. Pareil fait se renouvelle trop fréquemment pour que notre amour-propre national n'en souffre pas un peu. On objecte bien que nos paquebots, forcés de relâcher à Saïgon, ont un parcours plus long et perdent trente-six heures à ce détour. L'excuse est insuffisante ; mieux vaut avouer franchement que leurs rivaux l'emportent par la vitesse. En cas de besoin, les Messageries accéléreraient facilement leur marche, car leurs bâtiments sont capables de plus grands efforts, et la concurrence aurait vite fait de les aiguillonner si la clientèle diminuait. Elle augmente, au contraire ; les Anglais de l'Extrême-Orient sont les premiers à déserter leurs lignes pour venir sur les nôtres. C'est que les cuisiniers marseillais sont de grands séducteurs et que les vins de France ont toujours leurs charmes, même quand ils vont en Chine au lieu de revenir des Indes ! Un ou deux nœuds de plus ne font pas le bonheur ; le confortable, la délicatesse de la table y contribuent au contraire énormément. Voilà ce que pensent les administrateurs de notre compagnie. Ce raisonnement a du bon ; et pourtant, afin de s'éviter des mécomptes, les Messageries feront bien de pousser un peu leurs machines. Nous vivons dans un temps fiévreux, où la rapidité des voyages, des transports, des communications de toute sorte est devenue un besoin primordial, à une époque où l'on mange vite et mal. Le nombre des gourmets, de ces hommes d'esprit que prônait Brillat-Savarin, est en décroissance visible, tandis que celui des gens pressés augmente d'une façon formidable.

CHAPITRE XIII

Voyage à Canton. — Monts-de-piété. — Bateaux de fleurs. — Fête du Dragon. — A travers Canton. — Retour à Hong-Kong. — L'affaire Grosgurin. — Départ précipité pour Saïgon. — En croisière dans le golfe de Siam. — La baie Saracen. — Hatien.

15 juin. — Bien loin de songer à brûler Canton, comme nous le conseillait autrefois Pipi-Afa, nous venons de partir pour y passer les fêtes du « Dragon », période d'effervescence pendant laquelle des troubles paraissent à craindre. Notre consul, celui d'Angleterre ont demandé l'envoi d'un bâtiment de leur nation et pensent que la vue de nos canons exercera sur l'esprit public une influence sédative.

L'archipel des Ladrones, les premières îles que l'on rencontre ensuite à l'ouvert de l'estuaire du Choukiang, est triste et nu. Puis, à mesure qu'on se rapproche du « Bocca Tigris », la rivière se rétrécit, de hautes collines vertes viennent baigner leurs pieds dans l'eau et montrent une foule de batteries à l'européenne formant plusieurs étages de feux, des forts armés de gros calibres, des casemates cuirassées qui constituent un ensemble de défenses très sérieuses.

A partir de Whampoa le spectacle change; ce sont

maintenant des pagodes, des tours à sept étages qui couronnent les coteaux. Il fait une chaleur torride ; mais la campagne est pittoresque, la vue superbe et la fourmilière de jonques où nous pénétrons si curieuse que personne ne songe à se plaindre. Nous passons devant une série de constructions massives, d'aspect militaire ; on en voit bientôt partout, une au moins près de chaque village. Le pilote nous explique que ce sont simplement des monts-de-piété. Cette institution philanthropique, très populaire ici et dont l'origine s'y perd dans la nuit des temps, semble avoir besoin de magasins énormes. Une telle prospérité de l'industrie des prêts sur gages a quelque chose d'inquiétant. Si nous comparons ces gigantesques bâtisses aux modestes bureaux où se pratique chez nous l'usure officielle, nous tremblons à l'idée des frais qu'elles doivent entraîner. Là où le Français est tondu, le Fils du Ciel est sûrement écorché vif.

Voici enfin, au-dessus des arbres et des mâtures, les flèches de la cathédrale catholique, puis Canton et là-bas Shamien, l'île des concessions européennes. La rivière est si peuplée que nous manœuvrons sans cesse pour nous frayer un passage au milieu de cette cohue flottante, et, quand nos ancres tombent devant le consulat de France, nous avons à peine l'espace indispensable à notre évitage.

16 juin. — A l'époque où le Japon était complètement fermé aux Européens, les Hollandais exceptés, ceux-ci vivaient parqués dans l'îlot de Désima, au fond de la baie de Nagasaki, avec défense absolue d'en sortir, sauf une fois par an pour porter le tribut au Mikado. En 1875, Haïphong ne nous fut cédé que parce que les mandarins le jugeaient comme l'endroit le plus malsain du Tonkin. A Canton, c'est sur une île artificielle, créée spécialement dans ce but en remblayant les bancs de Shamien, que le Fils du Ciel a relégué les étrangers, lorsque ces vainqueurs accommodants ont exigé un emplacement pour leurs comptoirs. On ne saurait croire à quel point nous est fermé le cœur de ces peuples de l'Extrême-Orient. Ici particulièrement les résidents sont toujours sur le qui-vive, et, sans la présence des bâtiments de guerre, leur situation serait intenable. La concession a cela de bon qu'on y est isolé du contact de la populace cantonaise et que les bras du Choukiang qui l'enserrent lui servent de fossés. Derrière ses ponts de bois, faciles à couper, on jouit au moins d'une sécurité relative; on se console d'habiter une sorte de lazaret en songeant qu'on y dort tranquille.

. L'arrivée de la *Comète* ne peut qu'accroître ce sentiment; tous, sans distinction de nationalité, nous font grand accueil; mais la colonie française est en véritable liesse; nos compatriotes accourent à bord, guidés par consul de France, M. Huart, et nous perdons pied littéralement sous une avalanche d'invitations.

17 juin. — Qui n'a pas vu Canton n'a rien vu en Chine; ni Hankow, ni Shanghaï n'en peuvent donner l'idée. La rivière est aussi habitée que la terre ferme; l'activité de la batellerie y est étourdissante; une innombrable population, vraiment flottante, vit, s'agite près de nous, passe d'une rive à l'autre sur des barques de toutes les tailles, de toutes les formes, de toutes les couleurs. Certains sampans, couverts à l'avant d'une légère toiture, ressemblent à d'énormes pantoufles, et nos timoniers, frappés de leur vitesse, n'en parlent qu'en les appelant les torpilleurs. Des bacs défilent à nos côtés, mus, au moyen d'aubes, par une escouade de coolies; le passage y est gratuit pour les gens qui consentent à pousser à la roue.

Des milliers de jonques, de chalands, sont accostés aux berges, et, parmi eux, on nous montre les fameux Bateaux de Fleurs, sortes de restaurants de nuit assez luxueux, mais très inférieurs assurément à leur réputation universelle. C'est là que les riches Chinois viennent souper, faire des parties fines, fumer l'opium, au son des guitares indigènes, parmi des essaims de femmes peintes comme des idoles, vêtues d'éclatants costumes de soie brodée, portant des chignons démesurés piqués d'épingles précieuses, de fleurs de jasmin et de gardénia. Depuis que les affaires déclinent, Canton est devenu surtout une ville de plaisirs, une Corinthe orientale dont la gaieté, la physionomie joyeuse contrastent avec l'aspect à la fois revêche et florissant habituel aux cités commerçantes du Céleste-Empire.

Hier soir un télégramme du commandant en chef, ce matin une lettre explicative du chef d'état-major nous prescrivent de rentrer à Hong-Kong après-demain. Paris nous rend notre liberté; la division va remonter dans le Nord, et la *Comète* sera envoyée à

CHAPITRE XIII.

Ichang, point terminus de la navigation du Yang-Tsé.

18 juin. — Dès l'aube la fête du Dragon a commencé, emplissant le fleuve d'un affreux tapage. D'immenses pirogues pavoisées circulant en tous sens, poussées par soixante ou quatre-vingts rameurs, semblent fouiller tous les coins des berges. A l'avant un homme agite un drapeau rouge; au centre, des gongs, des cymbales, des tambours marquent la cadence des avirons; l'équipage entier contribue à ce concert assourdissant en poussant des cris de bêtes fauves. Cette cérémonie a un sens symbolique assez nébuleux; elle figure, dit-on, la recherche du corps d'un prince illustre noyé autrefois dans la rivière des Perles. Qui ne déplorerait amèrement ce pénible accident, cause lointaine du charivari qui nous perce le tympan ? Qui ne déplorerait surtout la fidélité bruyante avec laquelle les Cantonais en commémorent le douloureux souvenir ? Les consuls y voient de plus un danger pour la sécurité de leurs concitoyens, et trop souvent l'événement leur a donné raison. Les centaines d'hommes demi-nus qui rament ainsi furieusement du matin au soir, les spectateurs qui les suivent sur les rives et qui les acclament sans relâche entretiennent leur énergie avec d'abondantes rasades d'alcool de riz. Cette orgie de mouvement, de clameurs, finit par des scènes de frénésie analogues à celles des mosquées d'Aïssaouas de Tunisie ou d'Algérie, et, le fanatisme antieuropéen s'en mêlant, des troubles graves sont toujours à craindre.

Est-ce la présence du *Linnet* et de la *Comète* qui gêne l'expansion populaire? est-ce le violent orage de la nuit dernière qui a rafraîchi l'ardeur des masses? En tout cas, la fête de cette année se passe le plus tranquillement du monde, et nous partons, sans appréhension aucune, pour la Mission, où Mgr Chausse nous a invités à déjeuner.

Une bonne chaise à porteurs, enlevée par quatre vigoureux Chinois, nous fait parcourir au pas accéléré la moitié de Canton. Les rues sont étroites, pavées de larges dalles, ombragées de nattes, bordées de boutiques aux enseignes dorées. La voie publique est assez propre; les passants, fort tranquilles, paraissent médiocrement occupés du fameux Dragon; seuls nos coolies ne cessent de vociférer pour se faire jour dans la cohue.

L'évêque nous reçoit à merveille. C'est un homme de soixante ans environ, à la figure fine et jeune encore, très au courant des choses de la Chine. La situation de son vicariat est satisfaisante; les missionnaires, violemment inquiétés, expulsés même en partie lors des hostilités de 1884-1885, ont retrouvé le calme d'autrefois.

Au sortir de table nous visitons la cathédrale, dont les hautes flèches ombragent littéralement la Mission. Copie neuve et un peu réduite de Sainte-Clotilde, c'est le plus bel édifice du culte catholique de la côte de Chine. Sur ce terrain d'alluvions la pose des fondations a exigé un énorme travail; à six mètres au-dessous du sol, les fouilles ont rencontré la carcasse d'une jonque enterrée dans les apports du Choukiang, vestige de l'époque récente encore où la rivière passait ici. Toutes les difficultés ont été vaincues; la construction est élégante et solide; les vitraux sont magnifiques, et les missionnaires, qui nous montrent leur œuvre avec quelque fierté, ont vraiment le droit de s'y complaire.

Les chaises à porteurs nous attendent derrière l'abside; il faut profiter de ce dernier après-midi pour parcourir Canton à la hâte. Notre première halte est au yamen français, vaste terrain situé au milieu de la ville, que le gouvernement impérial a cédé jadis à la France pour y construire son consulat. Shamien étant moins exposé aux insultes de la populace, c'est là que le ministère des affaires étrangères a fait élever la maison fort modeste où habite notre représentant, et le yamen est complètement abandonné. Les vieilles bâtisses qui s'y trouvaient tombent en ruine; les allées sont pleines de toutes les herbes de la Saint-Jean; une forêt vierge a pris possession de cette solitude. Quel beau cadre seigneurial ces arbres séculaires feraient au pavillon tricolore s'il flottait encore fièrement ici, près du palais du vice-roi, aux lieux mêmes où l'apporta l'expédition victorieuse de 1857!

Le souvenir de l'occupation anglo-française nous suit à travers les rues populeuses au fort des Matelots, point culminant qui doit son nom aux marins des escadres combinées, à la pagode à Cinq Étages, d'où l'on a sur Canton une vue analogue à celle de Montmartre sur Paris, de Fourvières sur Lyon, de Notre-Dame de la Garde sur Marseille. Tandis que nous contemplons le panorama de l'immense ville, ses remparts, ses temples, cette rivière des Perles d'où montent les bruits de la fête du Dragon, un gardien s'approche pour nous offrir du thé, des arachides et des graines de pastèques. La saveur indigène de ce goûter d'Extrême-Orient complète le tableau; mais le registre des visiteurs qu'on nous présente ensuite jette une note discordante au milieu de nos impressions. Ce cahier crasseux où se coudoient dans toutes les langues des réflexions saugrenues suggère des pensées misanthropiques sur la petitesse du monde et sur la grandeur de la bêtise humaine.

En rentrant à bord nous trouvons le pilote Speechly envoyé par l'amiral pour nous ramener en toute hâte à Hong-Kong. Il ne sait rien; mais il est évident que des événements imprévus se sont produits. La nuit tombe, le temps est trop sombre pour faire route ce soir; nous partirons demain dès que le jour paraîtra.

19 juin. — Le soleil nous trouve levés avant lui et descendant à toute vitesse vers Hong-Kong. Les paysages du Choukiang sont charmants dans la fraîcheur du matin, avec leurs pagodes lumineuses, étranges, se détachant au milieu des banians, leurs vallons ombragés, leurs rizières vertes où paissent de gros buffles enfouis dans la vase et dans les herbes jusqu'à la racine de leurs cornes en croissant. Nous repassons au milieu des collines qui resserrent le lit du fleuve; nous revoyons les batteries, les barrages, les lignes de torpilles, les postes photo-électriques que le vice-roi des Kouangs a multipliés pour la protection de sa capitale.

Tout cela est formidable, bien compris, très cher assurément; si Krüpp, Armstrong et autres ont trouvé là un bon débouché, on ne peut nier qu'ils en aient donné aux Chinois pour leur argent. Le matériel est excellent, trop compliqué seulement pour le personnel inexpérimenté qui le maniera au jour du danger. Il faudrait des hommes exercés, instruits, entraînés par des prises d'armes régulières, une organisation qui manquera longtemps à la Chine. Avec des moyens appropriés nous viendrions aisément à bout de ces défenses; elles donneront peut-être plus de mal à nos enfants.

A deux heures nous mouillons à Hong-Kong, où notre surprise est vive de ne plus trouver un seul bâtiment français... Un mot laissé par l'amiral nous met tout de suite au courant de ce qui se passe. Les Siamois ont encore fait des leurs au Laos; un résident, M. Grosgurin, a été attiré dans un guet-apens et massacré avec les dix-huit hommes de son escorte. La *Triomphante* et l'*Inconstant* sont partis ce matin pour Saïgon, où la division d'Extrême-Orient se concentre; la *Comète* doit les rejoindre au plus vite.

Cela devient sérieux et vaut la peine que nous nous dérangions. Il n'est pas douteux que le gouvernement va ordonner une démonstration contre Bangkok; tout fait supposer que le Siam réfléchira devant notre attitude énergique, mettra les pouces, et que ce régime d'hostilités déguisées prendra fin. Mais il faut agir de suite et parler haut; les Orientaux ne connaissent que la force; en diplomatie ils sont nos maîtres.

Sur notre canonnière, c'est une véritable fièvre; on fait tous les préparatifs et toutes les provisions à la fois. Le consul de France, le représentant du Comptoir d'escompte, les fournisseurs restent à bord en permanence prêts à régler, séance tenante, les questions pendantes; à six heures du soir nous sommes parés... la *Comète* fait route pour Saïgon, brûlant de regagner le temps que le hasard lui a fait perdre.

Engouffrons-nous une fois encore dans cette Cochinchine, dans ce Siam auxquels nous semblons voués; finissons-en d'un coup, et qu'au moins ce voyage serve à quelque chose !

La France ne peut se laisser traiter ainsi; elle doit exiger des excuses, des garanties; les familles des victimes doivent recevoir de larges indemnités. C'est là un minimum de satisfactions au-dessous duquel nous ne descendrions pas sans compromettre notre dignité.

23 juin. — Nous ne sommes plus à l'heureuse époque où la mousson de nord-est aidait si puissamment nos traversées. Hier, en atterrissant sur la côte d'Annam, nous avons constaté qu'un fort courant contraire nous avait fait perdre soixante milles, et aujourd'hui, près de Padaran, nous avons rencontré la mousson de sud-ouest. Elle est dans toute sa force; des grains de vent et de pluie se succèdent; à peine y a-t-il entre eux de courtes éclaircies. La mer est forte; il a fallu donner vigoureusement du nez dans la plume, comme disent les gabiers de beaupré en voyant, à chaque tangage, l'avant s'enfoncer dans l'écume de la mer.

Nous avons envié toute la journée le sort de nos camarades, qui sont déjà là-bas sans doute, et auxquels leur tonnage supérieur rend la lutte plus facile. A onze heures, par un temps de chien et une nuit noire comme l'enfer, nous avons aperçu, à la faveur d'une embellie, le feu du cap Saint-Jacques; à minuit nous étions à la baie des Cocotiers. Pour remonter plus haut il fallait l'aide d'un pilote; mais en dépit de nos fusées, des appels de notre sifflet à vapeur, aucun de ces messieurs ne s'est décidé à paraître. Ils tenaient le large autrefois quand l'aiguillon de la concurrence stimulait leur ardeur; depuis qu'ils se sont syndiqués, chacun en fait le moins possible, n'ayant rien à gagner ni à perdre : c'est dans la nature des choses.

La *Comète* s'est donc endormie là sur son ancre, en attendant le jour; nous avons fait comme elle, oubliant dans un sommeil réparateur les roulis du large, les emportements de l'hélice, le vent assourdissant qui n'arrive plus jusqu'à nous, maudissant les progrès du pilotage, qui aboutiront peut-être à faire d'abord payer les navires et à les inviter ensuite à se conduire tout seuls : ce serait le dernier mot de la perfection.

24 juin. — Nous voici sur pied avant le jour, dont les premières lueurs montrent, par-dessus les palétuviers de Cangiou, la haute mâture de la *Triomphante*. Le youyou d'un pilote apparaît à son tour, les feux sont poussés, la machine se met en marche... Quelques minutes après, nous passons à poupe de l'amiral. Mouillé ici sept heures seulement avant nous, notre chef est visiblement satisfait de la prompte arrivée de la *Comète*. Il l'invite à continuer sa route ; lui-même appareille aussitôt que la marée montante lui permet de franchir les bancs, et nous ne tardons pas à nous trouver réunis en rade de Saïgon.

Tandis que nous embarquons du charbon, pour être prêts à tout événement, les bruits les plus contradictoires circulent. Paris ne semble pas très pressé d'agir ; le ministère tergiverse. De son côté, le roi de Siam est inquiet de la tournure que prennent les choses et ne sait à quoi se résoudre. Les essais des nouveaux forts du Ménam n'ont pas été très satisfaisants ; l'Angleterre et les États-Unis, dont il avait escompté l'appui formel, refusent d'intervenir dans le conflit ; il commence à se rendre compte de sa faiblesse et de son isolement. Le découragement du monarque ne peut que s'accroître quand il saura que la division d'Extrême-Orient est à Saïgon, que d'autres navires se préparent à quitter la France et qu'on attend dans quelques semaines deux canonnières spécialement construites pour la navigation et la police du haut Mékong. Voilà ce que racontent les gens bien informés ; ces appréciations ont d'ailleurs un grand caractère de vraisemblance.

26 juin. — Vingt et un hommes de l'ancien équipage nous ont quittés hier pour rentrer en France, et des nouveaux venus les ont remplacés. Il y a parmi ces derniers bon nombre de pêcheurs de la dernière levée, tout à fait étrangers au service ; quelques-uns seulement savent ce qu'est un navire de guerre ; plusieurs ne parlent que le breton ; la plupart n'ont jamais vu un canon, jamais tiré un coup de fusil. Il n'y a pas de temps à perdre pour les dégrossir, et bien des mois s'écouleront assurément avant qu'ils soient à la hauteur de leur rôle. Au moment où des complications sont à craindre, on ne peut guère compter sur ce contingent de non-valeurs qui forme le quart de notre personnel total. On l'emploiera aux « passages ». Pour porter des obus et des gargousses, point n'est besoin de connaissances spéciales.

Un magnifique dîner de bienvenue a réuni ce soir, au palais du lieutenant-gouverneur, le dessus du panier des états-majors. L'amphitryon a été charmant, l'hospitalité fastueuse, le menu plantureux et bien au-dessus des forces de la plupart des convives, coloniaux infortunés dont les estomacs anémiques s'accommoderaient mieux d'une soupe au lait. Au dessert est apparu un « dourian », fruit fort estimé au Siam et dont M. Pavie a fait hommage à notre hôte.

L'assa fœtida, le fromage de Livarot combinant leurs parfums ne donneraient qu'une faible idée de l'odeur qui a rempli aussitôt la vaste salle à manger ; la saveur est à l'unisson, nous sommes obligés de le confesser. La sagesse des nations affirme qu'il ne faut pas discuter des goûts, et les gourmets de Bangkok ne se rangeraient sûrement pas à notre avis. Ils sont si fanatiques du dourian qu'un arbre en plein rapport est un trésor inestimable, plus précieux que les orangers légendaires du jardin des Hespérides. Son heureux possesseur est même obligé de le garder la nuit contre les entreprises réunies des amateurs et des larrons ; il en perd le sommeil, comme le savetier de la fable. En France, les effluves d'un pareil végétal seraient une garantie contre les voleurs et le désespoir de son propriétaire ; la police le classerait parmi les industries malsaines.

29 juin. — La *Comète* est en route pour le golfe de Siam, lestée d'un large approvisionnement de charbon, de soixante-quinze jours de vivres, de cent coups par pièce, au nombre desquels figurent quelques obus à la mélinite. Rien ne lui manque ; il faut tout prévoir ; mais sa mission est très pacifique. Appuyer par sa présence les postes qu'on vient d'installer sur la frontière ; veiller ceux des Siamois ; étudier les ressources qu'offrirait la côte d'Hatien en cas de complication sérieuse, voilà le but de son voyage. Dans trois semaines, après la fête du 14 juillet, l'*Inconstant* viendra nous remplacer, et nous rallierons Saïgon.

1ᵉʳ juillet. — Le temps a favorisé notre traversée ; la mousson du sud-ouest a fait place pour un moment à de jolies brises de nord-est ; les nuits ont été splendides, baignées d'un clair de lune féerique, les journées presque trop belles, car le soleil est d'une ardeur insupportable. Aussi notre navigation a-t-elle été facile, et nous avons gagné sans encombre la baie Saracen, où le *Lion* nous attendait. Heureux d'être relevé, celui-ci vient d'appareiller, et nous voici seuls pour longtemps dans ces parages à moitié inconnus, loin des nouvelles, livrés entièrement à nous-mêmes.

La besogne ne manque pas, heureusement; l'instruction militaire d'une fraction de l'équipage est nulle, celle du reste incomplète ; notre devoir impérieux est de la parfaire. En outre, l'hydrographie du mouillage est erronée; l'amiral désire qu'elle soit rectifiée, afin de pouvoir y amener au besoin ses grands bâtiments. Ce soir même on commence la pose de l'échelle de marée, celle des signaux de triangulation ; vingt jours seront à peine suffisants pour ces travaux de toute sorte.

2 juillet. — A terre, en face de la *Comète*, une demi-douzaine de miliciens cambodgiens campent sous une « cagna » dont les arbres voisins leur ont fourni les éléments ; un Annamite qui habite dans une anse plus au nord constitue avec eux toute la population de l'île. Robinson n'était guère plus isolé que nous, et on ne voit nulle trace de pas humains sur les plages qui nous entourent, vastes grèves formées de poussière de corail blanc, éclatantes à l'œil, brûlantes et douces aux pieds, où nous aimons déjà à nous baigner et à marcher. Il est d'ailleurs impossible d'en sortir, car il n'y a point de sentiers tracés, et, dès qu'on veut pénétrer dans l'intérieur, on se trouve arrêté par des fourrés impénétrables. Aucune description ne peut rendre la grandeur, l'exubérance de cette végétation, surtout à l'époque où nous sommes, saison des orages et de la chaleur. C'est des forêts vierges de ce pays, de cette colossale serre chaude que viennent les bois de construction les plus beaux, les plus précieux du monde entier. Tout est verdure sur les flancs de notre île tropicale ; les arbres, serrés à se toucher, sont unis encore par des plantes traçantes ou sarmenteuses qui vont d'un tronc à l'autre, les enlacent et forment des barrières infranchissables. Sous les épais feuillages montent de grandes lianes qui cherchent le soleil et jettent de branche en branche leurs fleurs étranges.

Nos amis les Cambodgiens, agiles comme des sapajous, aiment à grimper pour les cueillir, et nous apportent à bord des bouquets de jasmins, de bignonias, de liserons, de passiflores d'une beauté merveilleuse. A ces envois de pure décoration ils joignent de temps à autre des choses plus substantielles, des fruits sauvages, des choux palmistes dont on fait une salade exquise. Le chou qui provient de l'aréquier est particulièrement savoureux. L'arbre auquel on enlève ainsi son bourgeon terminal meurt aussitôt, et notre gourmandise pourrait paraître criminelle. Elle le serait ailleurs, mais les forêts de l'île Saracen ne sont que trop garnies ; toute l'huile d'Aix et tout le vinaigre d'Orléans suffiraient à peine aux salades qui s'y balancent de tous côtés à vingt mètres de hauteur.

3 juillet. — Le gibier ne manque pas dans notre domaine de Robinson. A l'orée des clairières on voit souvent des cerfs, des chevreuils qui viennent boire aux ruisseaux de la plage. Ils sont malheureusement fort méfiants, ont toujours l'œil et l'oreille au guet, le jarret tendu, et le moindre bruit les fait rentrer dans des halliers où il est impossible de les suivre. Les miliciens prétendent qu'il y a du tigre et du sanglier; les tourterelles, les vautours, les oiseaux de mer abondent, et les chasseurs du bord n'ont que l'embarras du choix. Les pêcheurs ne sont pas moins favorisés, car le poisson fourmille dans la baie. Pendant le jour on en voit frétiller des bancs où les aigles de mer font d'affreux ravages; la nuit, sa présence se trahit par des éclairs phosphorescents qui sillonnent l'eau de tous côtés. Mais le grand attrait de Saracen, c'est la cascade où l'équipage va laver son linge, où les officiers, après les exercices de la journée, aiment à prendre des douches d'une fraîcheur délicieuse. Venu d'une colline prochaine, à travers des bois inextricables, le ruisseau qui la forme descend de chute en chute, au milieu de rochers, sur des gradins couverts de mousse, ombragés d'une admirable verdure. Le coup d'œil est charmant, et quand on sort de l'eau tiède de la mer, il semble qu'on se plonge dans un bain de glace. Ce délassement fait grand bien après les travaux, les fatigues, la rude chaleur du jour.

La mousson du sud-ouest a repris son cours, ramenant les orages. Aux matinées fraîches succèdent des après-midi suffocants. On respire à peine; des nuages violacés emplissent le ciel; il fait calme; un silence de mort enveloppe toutes choses; pas une feuille ne remue sur les branches défaillantes... puis un éclair brille, un roulement de tonnerre éclate tout à coup, et c'est le signal d'une pluie diluvienne sous laquelle la nature semble se détendre, revivre, boire l'eau avidement par tous les pores.

4 juillet. — Suivant les instructions de l'amiral, la *Comète* doit surveiller la frontière et se rendre tous les trois jours à Hatien pour y prendre les ordres, les nouvelles, s'y ravitailler au besoin.

Afin de se conformer à ces prescriptions, elle a quitté Saracen aujourd'hui. Les postes de la pointe et de l'île Samit sont tranquilles; un peu plus au nord, le fortin siamois montre le pavillon rouge frappé de l'éléphant blanc; mais on ne voit autour de lui ni flâneurs, ni sentinelles; la caverne des Sept-Dormants du Coran n'était pas plus calme. On me dit qu'un aviso, venant de Bangkok, a fait plusieurs apparitions ici sans que ses manœuvres aient d'ailleurs rien de menaçant.

Notre présence n'étant donc point nécessaire, nous reprenons route vers le sud du Phuquoc, et le reste de la journée se passe en exercices de guerre. L'exécution du branle-bas de combat ne nous donne qu'à moitié satisfaction, il faut le reconnaître; il y a du vent, une mer assez forte; la canonnière roule violemment; les nouveaux embarqués se perdent un peu au milieu des appels et des sonneries; quelques-uns donnent des signes trop visibles de défaillance. Il y a là une revanche à prendre.

5 juillet. — Une côte basse d'où sortent, de-ci de-là, quelques hauteurs boisées semblables à des îles, un groupe de maisons au bord de l'estuaire étroit d'un arroyo, des mâtures de jonques, voilà tout ce que nos longues-vues nous permettent de distinguer au moment où la *Comète* mouille en face d'Hatien. Le fond est si plat, il y a si peu d'eau qu'il faut se tenir à trois milles de distance, et pourtant la vase qui tapisse les bancs de la rade n'est qu'à cinquante centimètres de notre quille. Si la houle augmentait, nous serions obligés de nous tenir encore plus au large ; les communications pourraient même devenir complètement impossibles.

Nous descendons à terre sans perdre une minute ; M. Bos, l'administrateur des affaires indigènes, nous attend au débarcadère, et les renseignements qu'il apporte prouvent que nous avons eu raison de nous hâter.

Le Siam est en pleine effervescence ; on mobilise, dit-on, tous les hommes âgés de moins de cinquante ans ; ces soldats improvisés préludent à la guerre en pillant effrontément leurs compatriotes ; la situation devient chaque jour plus critique.

Nous recevons en même temps trois dépêches chiffrées dont la dernière, annulant les autres, nous prescrit de rentrer à Saracen pour y attendre de nouveaux ordres. Jamais instructions ne furent mieux accueillies, car le temps se gâte, la mer grossit, et la rade d'Hatien, mal abritée de la mousson du sud-ouest, menace d'être intenable avant peu. Ce soir nous nous éloignerons de la côte ; demain, au petit jour, nous partirons.

6 juillet. — Contournant cette fois Phuquoc par le nord, nous avons traversé la belle rade de Kampot,

EXERCICES DE MANŒUVRE ET DE TIR A BORD DE LA « COMÈTE »

mal connue encore, mais dont la carte est facile à rectifier. Vaste, sûre, profonde, à proximité de centres de ravitaillement, de la poste, du télégraphe, elle paraît avoir, comme point de concentration, une supériorité marquée sur le petit mouillage de la baie Saracen, où l'on est au bout du monde.

En cas de guerre sérieuse, ni l'une ni l'autre de ces deux positions n'est, d'ailleurs, à choisir. La rade de Kohsichang, aux bouches mêmes du Ménam, est la base d'opérations qui commande la côte du Siam. Son occupation s'imposerait dès la première heure.

9 juillet. — En attendant les ordres annoncés par les télégrammes de l'amiral, nous avons repris les travaux d'hydrographie et le cours régulier des exercices. Aussitôt que nos hommes nouveaux ont su tenir un fusil et un revolver, les tirs ont commencé.

Ces paysans, ces pêcheurs mal dégrossis de la basse Bretagne sont d'une race guerrière ; ils ont du sang de marin dans les veines ; assurément on en fera quelque chose ; mais ils ont aussi la tête dure, et leur éducation est bien lente. En ce moment leur attitude est plutôt comique que militaire. A chaque coup de feu ils ferment les yeux, font des grimaces involontaires, impriment à leur arme les mouvements les plus inquiétants ; la vie de leurs voisins court autant de risques que la cible placée devant eux.

Un grain survient parfois, amenant une de ces pluies lourdes, torrentielles, comme il n'en peut tomber que du ciel tropical. On court se mettre à l'abri ; puis, quand le soleil reparaît, chacun regagne son poste, et le feu reprend sur toute la ligne.

Vers cinq heures, pour se reposer, on donne un coup de senne. La première tentative n'a pas été heureuse ; il n'y avait que sept poissons dans le filet. Sept poissons pour quatre-vingt-huit personnes ! C'était maigre et cela rappelait par trop les récits évangéliques. Hélas ! leur multiplication miraculeuse ne nous eût rendu aucun service, car leur chair était abominablement coriace ; les chats du bord eux-mêmes refusèrent d'en manger. D'autres pêches ont été plus fructueuses et plus intéressantes. Nous avons pris dans le trémail un jeune requin, parfaitement capable de blesser un homme grièvement.

Cette capture a sensiblement refroidi l'ardeur des baigneurs ; ils ont, d'ailleurs, la cascade, qui est pour eux une vraie fontaine de délices. L'équipage va y laver son linge, par fractions désignées à tour de rôle, et ces grands enfants s'amusent comme des fous. A genoux au bord du ruisseau, les manches de leurs tricots retroussées, les bras dans le savon jusqu'à l'épaule, ces rudes lavandières à moustaches font des orgies de lessive, prennent des douches, se roulent dans le sable, se jouent mille tours ; on dirait de vrais poulains échappés.

Un Arabe du désert, qui était venu à Marseille, avait été surtout frappé d'y voir l'eau courir les rues ; le marin partage un peu ce sentiment. Étroitement rationné à bord, il éprouve une jouissance instinctive à barboter dans une belle source, à gaspiller librement à terre le précieux liquide distribué avec tant de parcimonie lorsqu'il sort des caisses de tôle du maître de manœuvre. Le soir, après le branle-bas, les hommes de quart chantent en chœur, et nous nous réjouissons de les sentir gais, bien portants, heureux de leur sort.

Plus au courant de ce qui se passe, l'état-major ne peut partager entièrement cette belle et joyeuse insouciance. L'incertitude du lendemain, l'isolement complet où nous vivons lui pèsent davantage, et les yeux des officiers se tournent souvent du côté du large, guettant une fumée, scrutant l'horizon, cherchant si quelque navire ne vient pas nous apporter, avec des nouvelles précises, les ordres annoncés.

Sans doute, l'imprévu, l'inconnu exercent une séduction puissante sur ces jeunes esprits; la perspective d'avoir peut-être à défendre les droits de la patrie remue profondément ces cœurs de vingt-cinq ans et les fait battre de fierté. Une déclaration de guerre nette et franche soulèverait parmi eux un généreux enthousiasme. Mais ils souffrent vaguement sous ce ciel épuisant, dans cette atmosphère oppressante, d'attendre ainsi des événements auxquels ils sont mêlés sans en connaître les péripéties, de se sentir sur un terrain qui n'est pas le leur, où les chicanes diplomatiques, les embûches, les hostilités déguisées remplacent la lutte loyale à visage découvert.

Les heures que le service ne prend pas sont quelquefois longues à passer, et la lecture elle-même, cette consolation des marins, n'est pas d'un grand secours en pareil cas. Quels livres d'histoire ou de voyages, quelles joies ou quelles tristesses imaginaires pourraient intéresser des gens qui, depuis trois mois, vivent eux-mêmes en plein roman d'aventures?

11 juillet. — Nos provisions personnelles, que nous n'avons pu renouveler à Hatien, commencent à s'épuiser, et, suivant le terme consacré, nous sommes menacés de doubler le « cap Fayol ». Une jonque cambodgienne, venue ce matin pour apporter du riz au poste indigène, n'a pu nous céder même quelques poulets : c'est une intervention inattendue qui nous a sauvés. L'Annamite qui habite l'anse du Nord s'est présenté avec son sampan pour nous offrir une biche. La bête est superbe et pèse soixante-dix-huit kilogrammes. Débuchée par les chiens de notre ami à face jaune, elle s'est laissé prendre par eux sur la plage, et les braves animaux sont là près d'elle, au fond de l'embarcation, tirant la langue, tout fiers de leur exploit. Une bonne pâtée pour eux, quelques galettes de biscuit et une piastre pour leur maître comblent de satisfaction toutes les parties prenantes; la biche est portée à la cuisine; le marché est conclu et réglé en un clin d'œil. Mais notre compagnon d'exil réclame en outre l'honneur d'une visite; nous la lui promettons de grand cœur, et le soir même nous sommes chez lui. C'est un pionnier dans toute la force du terme que ce vieux patriarche cambodgien. Venu ici dans une petite jonque qui constituait toute sa fortune, il a d'abord vécu du produit de sa pêche; puis il s'est construit une maison sur pilotis pour pouvoir y accoster et pour y dormir à l'abri des bêtes fauves. Peu à peu il a abattu un coin de forêt vierge, défriché autour de sa case, semé du riz et du millet, transformé en cultures le fond de la vallée où il s'est établi. Sur ce domaine fait de ses mains il vit maintenant entouré d'une smalah de femmes et d'enfants qui l'aident dans son travail, de chiens qui lui prennent du gibier et veillent sur le logis, d'une basse-cour complète qui se promène sous les lits, sous les tabourets, tandis que notre hôte nous fait les honneurs de chez lui.

Au fond, une telle existence est plus utile, plus morale que celle de beaucoup d'Européens ; et les colons en chambre qu'attirent ici des rêves de fortune facile pourraient prendre à la baie Saracen une bonne leçon de colonisation. Ce spectacle les rappellerait à la réalité ; il les déterminerait même peut-être à reprendre le paquebot. Seuls les indigènes sont assez acclimatés pour travailler impunément la terre de ce pays. Tandis que la baleinière de la *Comète* longe le rivage de l'anse du Nord, on voit se dérouler une suite de lagunes fétides, de marais qui sentent la fièvre, de deltas minuscules où les ruisseaux des bois déversent sans trêve un amas de détritus en fermentation, et l'on sent mieux la difficulté de l'œuvre accomplie par notre vieux Robinson. Un blanc serait mort au bout de quelques semaines.

CHAPITRE XIV

Les affaires du Siam. — L'*Inconstant* et la *Comète* forcent les passes du Ménam. — Combat de Paknam. — En rade de Bangkok. — Le pavois du 14 juillet. — Forces et pertes comparées des deux flottilles. — Guet-apens avec préméditation.

12 juillet. — L'*Inconstant* vient d'arriver au moment où notre compagnie de débarquement rentrait d'une promenade militaire sur la plage... Il nous emmène à Bangkok... Il n'a pas une minute à perdre, car la marée de demain soir est une des seules qui permettent à un navire calant 4^m,20 de franchir la barre du Ménam... Il est même plus prudent pour lui de s'alléger un peu, et nous l'accostons avec la *Comète* pour lui prendre vingt tonneaux de charbon.

Tandis que ce travail s'accomplit, les deux commandants relisent ensemble les instructions de l'amiral... Le gouvernement veut exercer sur le Siam une pression morale pour obtenir satisfaction des incidents de frontière récents. Nous devons aller mouiller demain soir à Paknam, usant ainsi d'un droit incontestable formellement stipulé dans les traités; après entente avec M. Pavie, nous monterons la nuit même à Bangkok, et, le lendemain 14 juillet, nous serons aux côtés du *Lutin,* devant la légation de France, pavoisés pour la fête nationale. La présence de trois navires dans les eaux de la capitale, celle du *Forfait,* qui nous suit de près, mais que son tirant d'eau retiendra au large, feront sans doute réfléchir le roi Chulalongkorn ; la délivrance du capitaine Thoreux, le versement d'une indemnité pour le meurtre de M. Grosgurin et de ses miliciens, une convention pour la délimitation du Laos, de l'Annam et du Cambodge, termineront toutes les difficultés pendantes. Voilà visiblement ce qu'on espère en haut lieu.

Notre devoir à nous est de prévoir les complications possibles et d'arrêter la ligne de conduite à tenir. Si une sommation régulière de nous arrêter nous est faite, nous en référerons à M. Pavie et à l'amiral ; si aucune agression ne se produit, mais que l'*Inconstant* s'échoue sur la barre, la *Comète* continuera seule sa route et lui enverra des allèges ; si, dans un moment d'affolement, les forts tirent sur nous, nous répondrons. En aucun cas, sauf celui de force majeure, nous n'agirons sans nous être mis d'accord avec le Ministre de France à Bangkok, comme le prescrivent formellement les ordres du commandant en chef.

L'hypothèse la plus vraisemblable est que les Siamois ne chercheront point à entraver la mission de deux bâtiments qui ne peuvent leur porter un ombrage sérieux.

La position de notre escadrille n'en sera pas moins fort délicate. Enfermée dans le Ménam comme dans une souricière, elle verra sans doute accumuler autour d'elle tous les moyens de défense du Siam et, si la tension politique augmente, sera peut-être forcée, pour ne pas être compromise, de tirer elle-même le premier coup de canon. Le sort en est jeté ! A Dieu vat !

A deux heures de l'après-midi, M. le capitaine de frégate Bory, investi désormais du commandement supérieur, signale d'appareiller ; l'*Inconstant,* suivi de la *Comète,* quitte la baie Saracen. Au large, nous trouvons le *Jean-Baptiste Say,* navire des Messageries fluviales, qui fait un service régulier entre Saïgon et Bangkok. M. Jiquel, son capitaine, pratique émérite de la rivière, doit nous servir de guide si nous ne trouvons pas de pilote. Au mois d'avril, la *Comète* avait dû attendre le sien pendant quarante-deux heures. Dans l'état actuel des choses, il est à craindre que, loin de nous en envoyer un, les Siamois ne songent plutôt à éteindre les phares et à enlever les bouées. Il a donc été entendu que M. Jiquel passerait au besoin sur l'*Inconstant* pour le conduire. La *Comète* se tiendra dans les eaux de son chef de file ; le second du *Say* commandera par intérim en l'absence de son capitaine.

13 juillet. — La nuit dernière a été noire et pluvieuse ; les grains cachaient à chaque instant nos compagnons de route ; il fallait veiller continuellement leurs feux pour ne pas être exposés à nous séparer. Les machines donnaient toute la vitesse possible ; nous devons, coûte que coûte, arriver ce soir avant l'étale du flot. A l'aube le temps s'est éclairci et la journée a été superbe. L'équipage en a passé la plus grande partie aux postes de combat. Tour à tour les officiers ont expliqué longuement à chacun ce qu'il avait à faire, vérifié l'état de l'artillerie et des armes. On a pris toutes les dispositions intérieures ; mais rien ne les trahit au dehors ; il faut être prêts sans avoir l'air provocant. Si nos précautions sont inutiles, cette sorte de répétition générale n'en aura pas moins porté ses fruits.

Vers quatre heures la côte apparaît dans le nord ; une heure après nous sommes tous les trois sur les bancs du Ménam, près du croiseur anglais *Pallas*. Aucun de nos bâtiments ne mouille, car la mer est haute à six heures, et il n'y a pas de temps à perdre en manœuvres inutiles. Les pilotes sont absents, sauf un qui monte à bord du *Say*. C'est dans l'ordre ; il ne nous reste plus qu'à mettre à exécution le programme arrêté hier. Le capitaine Jiquel passe sur l'*Inconstant;* à sa demande, une vedette est amenée ; elle prend les devants pour aller jalonner dans les pêcheries la place où nous devons passer et s'assurer que le brassiage est suffisant.

L'aviso à roues siamois *l'Akaret* est mouillé non loin de nous. Un canot s'en détache et conduit à bord du commandant supérieur le « harbour master », sujet allemand au service du Siam. En même temps, une grande chaloupe à vapeur siamoise, descendue de Bangkok, accoste, amenant un enseigne de vaisseau du *Lutin*, porteur d'un volumineux courrier. Le « harbour master » nous engage à ne pas aller plus loin et refuse d'ailleurs de donner le moindre renseignement sur l'état de la marée... Un officier envoyé par la *Pallas* en visite croit avoir entendu dire que M. Pavie lui-même doit venir nous inviter à rester au large... L'officier du *Lutin* ne sait rien de pareil; on ne lui a confié aucun pli urgent... Il y a bien là quelque chose de louche, mais l'heure presse; la marée n'attend pas; les traités nous autorisent expressément à remonter jusqu'à Paknam; M. le capitaine de frégate Bory ordonne de faire route.

A six heures cinq, nous franchissons la barre... Le *Say* marche le premier; l'*Inconstant* et la *Comète*, en ligne de file, suivent à quatre cents mètres environ. Trois vapeurs anglais qui sortent passent près de nous et saluent. Depuis quelques minutes l'*Akaret* tient battant un signal du Code international d'une signification singulière : « Préparez-vous à recevoir un ouragan. » Que veut dire cet avis, et à qui peut-il s'adresser? Le temps n'a pas mauvaise apparence; quelques nuages gris rayent seuls l'horizon de l'ouest; une petite brise de nord-ouest soulève à peine sur les bancs de légers clapotis, et le soleil couchant baigne tout l'estuaire d'une belle lumière rouge.

A six heures trente, au moment où nous approchons de la Bouée Noire, une détonation sourde retentit, bientôt suivie de plusieurs autres : c'est le fort de la pointe ouest (Phra-Chula-Cham-Kao) qui tire. Une agression nous paraît encore si improbable que nous cherchons des yeux quelque cible dans le voisinage. Ne serait-ce pas un exercice, et, par fanfaronnade, les Siamois ne veulent-ils pas nous montrer qu'ils savent se servir de leurs canons? Ce doute est dissipé en

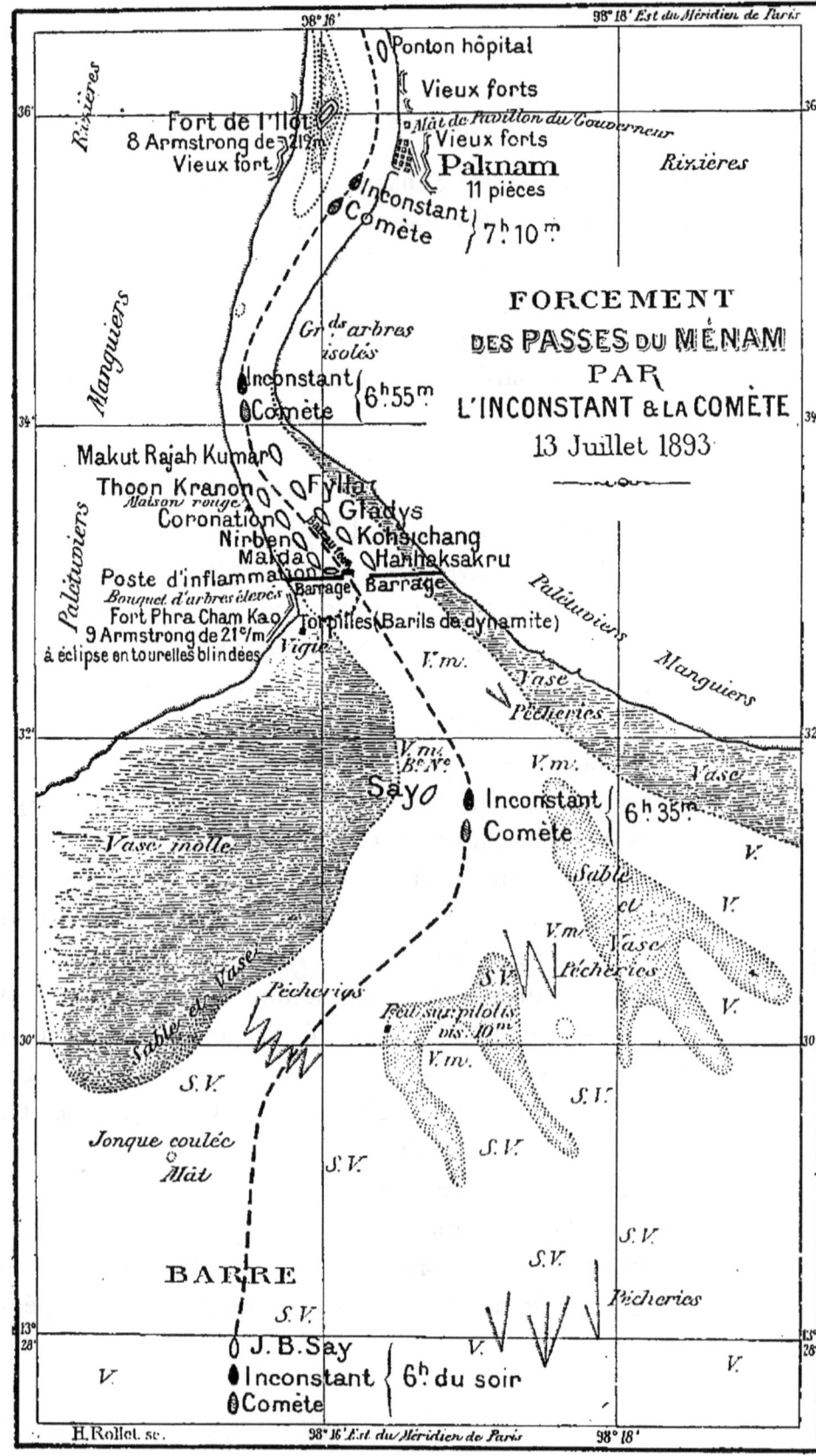

quelques secondes; les projectiles sifflent à nos oreilles; nous sommes dans un guet-apens!

« Branle-bas de combat! La générale! » Chacun se précipite à son poste; les bastingages mobiles tombent, démasquant l'artillerie; les flèches descendent, dégageant le champ de tir des canons-revolvers des hunes; le petit pavois monte et, comme aux jours de fête, le pavillon français flotte en tête de chaque mât.

Prêts à répondre, nous attendons que l'*Inconstant* commence pour imiter sa manœuvre. Tous les yeux sont fixés sur lui; au tumulte de la première minute a succédé un silence profond. Après le frisson de la surprise, après un flux rapide de pensées solennelles et chères qui sont le cri du sang, il semble qu'on entende battre son cœur, qu'on y sente monter une colère qui fait serrer les dents, un besoin irrésistible d'agir, de rendre coup pour coup à l'ennemi.

Le fort Phra-Chula se couvre d'éclairs et de fumée; son tir, évidemment repéré d'avance, est bien ajusté, quoique nous soyons à quatre mille mètres de lui. Ses pièces à éclipse n'apparaissent qu'au moment de faire feu, puis redescendent aussitôt dans leurs puits blindés. Tirer de plein fouet contre elles semble inutile; aussi avons-nous chargé nos canons avec des obus à mitraille dont les gerbes d'éclats sont seules efficaces pour aller, derrière de tels abris, démonter les servants ou désorganiser les mécanismes. Toujours muets, nous continuons notre route à dix nœuds... Les Siamois ne pourront pas dire que nous avons manqué de patience, et, d'ailleurs, plus nous serons près, mieux nous riposterons. Les gros obus de 21 $^c/_m$ labourent la mer autour de nous, ricochent avec un son mat, passent à travers la mâture, suivis de ce bruit d'ondulations stridentes qui semble un vol d'ailes de métal, soulèvent de tous côtés de grandes gerbes d'eau. Nous sentons par moments le souffle de ces projectiles dont un seul, frappant la flottaison ou les chaudières, suffirait pour mettre un de nos navires hors de combat. Sur la passerelle, M. Bazin, l'officier de manœuvre, compte les coups à haute voix...

Soudain le *Say* vient sur bâbord ; nous le dépassons. Son capitaine crie que le pilote refuse d'avancer et qu'il va mouiller. Il vient de recevoir un boulet ; pour ne pas couler, il lui faut s'échouer près de la Bouée Noire. Quelques instants après, un obus éclate à bord de l'*Inconstant,* coupant un des bossoirs de fer de la vedette, tuant le maître charpentier. Le commandant Bory vient sur bâbord, gouverne droit au milieu de l'estuaire et ouvre le feu. La *Comète* l'imite aussitôt ; il est six heures quarante-trois. La lutte est engagée... Ainsi offerte, nous ne pouvions la refuser.

Elle sera chaude, car le fort de Phra-Chula, celui de l'Ilot, que nous trouverons plus loin, ne sont pas nos seuls adversaires ; les Siamois ont accumulé des défenses que nous apercevons distinctement aux dernières lueurs du jour. A hauteur du bateau-feu des jonques, des coques en fer coulées, maintenues par une double rangée de pieux fichés dans la vase, reliées par des chaînes, forment une barrière solide, ne laissant libre qu'une ouverture d'environ quatre-vingts mètres. On croit sa-

12.

voir que cette passe étroite est garnie de torpilles. En amont du barrage, neuf bâtiments siamois sont embossés ; leurs canons de chasse joignent déjà leur feu à celui du fort Phra-Chula. Quatre à bâbord, cinq à tribord, ils encadrent le chenal où nous devons passer... En avant à toute vitesse ! nous chargeons l'obstacle comme des taureaux !

A six heures cinquante minutes, au moment où l'*Inconstant* approche du bateau-feu, une torpille éclate devant lui sans le toucher ; il franchit le barrage et s'engage entre les deux lignes ennemies. Il est superbe au milieu du feu... Sa coque blanche disparaît dans la fumée ; ses hunes jettent des flammes ; il marche dans une sorte de nuage, traversé de lueurs rouges que dominent fièrement ses mâts pavoisés de pavillons tricolores.

Le crépuscule si court des pays chauds touche à sa fin ; l'obscurité se fait rapidement. La *Comète*, suivant les eaux de son chef de file, traverse à son tour la flottille siamoise, ripostant de droite et de gauche, faisant feu à la fois de sa grosse artillerie, de ses hotchkiss, de sa mousqueterie des gaillards. L'ennemi a des mitrailleuses dont le crépitement s'entend même à travers le piaulement des balles et le fracas de la canonnade. Pendant quelques minutes, une averse de projectiles pleut sur nous, et, comme par miracle, personne encore n'est blessé ; mais, au moment où nous élongeons le dernier bâtiment de gauche, grand navire à voiles blanc que nous laissons à cent mètres par bâbord, une de ses salves tue à leur pièce les canonniers Jaouen et

Allongue. Notre canon de retraite répond par un obus en plein bois ; le feu cesse ; nous sommes hors du guêpier ; la route est libre pour un instant... il est six heures cinquante-huit minutes.

Tout n'est pas terminé ; reste le fort de l'Ilot. C'est une vieille connaissance de la *Comète*, qui est restée mouillée trois jours près de lui au mois d'avril et qui a vu le roi de Siam en passer l'inspection. Nos yeux le guettent dans les ténèbres qui s'épaississent, tandis qu'à son intention nous glissons dans nos pièces quatre obus à la mélinite. Le voici devant nous à sept heures dix minutes ; il se tait ; l'*Inconstant* passe sans le remarquer ; mais nous distinguons le mât de fer qui le surmonte et guide nos pointeurs. Nous le saluons d'un feu de file ; ses huit $21^c/_m$ s'allument à la fois et répondent sans nous atteindre. Quelques coups de fusil éclatent sur la rive ; c'est la fin. Nous laissons Paknam derrière nous ; l'ennemi ne tente aucune poursuite ; en route à toute vitesse pour Bangkok ! L'*Inconstant* vient de hisser ses feux de position à la corne ; nous n'avons qu'à suivre.

On saura demain seulement les forces exactes que nous avons eues devant nous, le nom des navires qui ont été mis en ligne, les pertes que nous leur avons infligées. Ces détails nous ont fatalement échappé dans la chaleur de l'action, au milieu de l'ombre naissante, et ne pourront être reconstitués qu'après coup. Nous avions, en tout cas, bien des chances d'être écrasés ou décimés, de sauter ou de nous échouer. Nous avons joué de bonheur : comme disait un vieux marin, la

Providence a tenu la barre. Si deux faibles navires, sans protection pour la coque ou les machines, sans abri pour le personnel, ont ainsi forcé victorieusement des passes sérieusement défendues, c'est évidemment que les adversaires auxquels ils ont passé sur le ventre manquaient de sang-froid et d'expérience ; c'est aussi que l'obscurité leur est venue en aide. Le tir des Siamois était incertain, mal dirigé ; ils ne tenaient pas compte de notre vitesse ; la plupart des coups passaient trop haut ou derrière nous ; leur torpille est partie prématurément et n'a produit aucun effet.

La *Comète* n'a pas de blessé. Ses deux morts ont été frappés d'une balle à la tête ; l'un a été tué raide ; l'autre a pu dire quelques paroles, murmurer : « Mon Dieu ! mon Dieu ! », puis il a expiré pendant qu'on le transportait dans le faux-pont. Les avaries matérielles sont peu importantes. La coque, les pavois, la mâture, la cheminée, les manches à vent portent de nombreuses traces de balles de mannlicher, une ou deux éraflures d'obus ; les vitres de la passerelle sont brisées ; la vedette a l'avant ouvert ; la baleinière 2 a pris feu et ne présente plus qu'une masse informe ; mais tout cela est insignifiant.

Tandis que nous remontons le Ménam, une lumière nous suit obstinément ; le chef de notre pièce de retraite ne la quitte pas des yeux, prêt à faire feu si besoin en est. Bien nous en prend de calmer son ardeur, car c'est la vedette de l'*Inconstant*. Laissée en arrière sur la barre, elle a assisté impuissante à toute l'affaire, traversé le champ de bataille au prix de grands dangers et cherche à nous rejoindre à toute vapeur. Les canonniers siamois l'ont manquée ; elle a failli se faire couler par les nôtres.

Il fait une nuit sans lune, noire comme de l'encre. A neuf heures le commandant supérieur signale de mouiller en même temps que lui ; quelques instants après, nous ne le voyons plus. Sûrs de ne l'avoir pas dépassé, nous continuons à faire route, et nous découvrons, au premier détour du fleuve, la rade de Bangkok. Le Ménam est étroit, encombré de vapeurs, de jonques, de trains de bois, plein de lumières innombrables ; un flot violent nous pousse. Sans pilote, nous avons mille peines à nous diriger dans ce casse-cou, à éviter une série d'abordages imminents. Pensant que le rendez-vous est devant le palais du Roi, la *Comète* traverse le port entier, puis, s'apercevant qu'elle est seule, revient sur ses pas, retrouve enfin, après une série de manœuvres hasardeuses, l'*Inconstant* mouillé non loin de la Légation de France et laisse tomber l'ancre à ses côtés.

Notre chef a été aussi heureux que hardi ; son équipage compte seulement un mort et deux blessés ; sa mâture, sa coque sont criblées de balles, d'éclats d'obus ; mais, à part son bossoir coupé, l'*Inconstant* n'a aucun dégât sérieux.

La nouvelle du combat et de notre arrivée ne s'est point encore répandue à Bangkok ; la grande ville de trois cent mille habitants dort dans un calme profond. Le commandant du *Lutin*, en station ici depuis quatre mois, n'a même pas entendu la canonnade ; Paknam est à vingt-deux kilomètres, et le vent ne portait pas au nord.

Avant de se présenter chez M. Pavie, M. le capitaine de frégate Bory arrête, dans une courte conférence avec les commandants du *Lutin* et de la *Comète*, les dispositions à prendre pour tirer une vengeance complète de l'inqualifiable agression des Siamois. Demain, au petit jour, nos trois navires appareilleront, couleront le croiseur *le Maha-Chakkri* qui se trouve mouillé vis-à-vis de l'arsenal, s'embosseront devant le palais du Roi et ouvriront le feu sur lui si une satisfaction immédiate ne leur est pas accordée. La reddition de la flotte, l'évacuation et le démantèlement des forts seront exigés d'abord, puis les marins passeront la parole aux diplomates. Chacun rallie son bord pour régler les détails d'exécution ; on met les morts dans des cercueils fabriqués à la hâte, et deux canots les portent à la Légation, dont le jardin leur servira de sépulture. Le quart est organisé comme à la mer, afin que chacun puisse à tour de rôle prendre un peu de repos. Mais nos hommes sont encore grisés de la fièvre du combat ; couchés par groupes autour des pièces, ils jasent sans trêve, échangeant leurs impressions sur la lutte de ce soir, parlant de celle de demain matin. Ni les conseils ni la fatigue ne peuvent calmer leur surexcitation ; tous passent la nuit sous les armes.

Vers deux heures, le commandant supérieur accoste pour contremander ses derniers ordres. M. Pavie lui a exposé que le premier coup de canon tiré par nous en rade de Bangkok serait le signal d'une effroyable révolution, que les quartiers chinois, travaillés par de puissantes sociétés secrètes, saisiraient cette occasion de se soulever, de brûler, de piller les maisons européennes aussi bien que les palais du Roi et des princes, que nous déchaînerions la populace sans pouvoir la maîtriser, et qu'il nous était impossible d'assumer une telle responsabilité. En présence de ces considérations, un armistice a été décidé ; les négociations vont commencer ; le succès de Paknam et la présence de nos trois bâtiments donneront une grande force aux arguments de notre ministre.

14 juillet. — Dès le jour les bastingages mobiles ont été relevés, la mâture a été remise en ordre, la *Comète* lavée de pied en cap ; toute trace du combat de la veille a disparu ; à huit heures l'escadrille française hisse le grand pavois en l'honneur de la Fête nationale. Obéissant aux règles de courtoisie traditionnelles, les navires étrangers ont imité la manœuvre ; une grande chaloupe siamoise est venue mouiller près de nous, chamarrée de superbes pavillons tricolores. La renommée aux cent bouches ne tarde pas à nous apprendre que nos adversaires d'hier soir, dont plusieurs, gravement atteints, sont encore échoués au bas de la rivière, ont également pavoisé en notre honneur ! On n'est pas plus aimable !

Pour être complet, le cérémonial devrait comporter trois salves de vingt et un coups de canon. Vu l'état actuel des esprits, on a omis cette partie du programme : tout Bangkok croirait que nos pièces sont chargées d'obus à la mélinite !

Au milieu de ces réjouissances officielles, les commandants travaillent d'arrache-pied à leurs rapports sur les événements, aux états de propositions de récompenses, qui sont la partie la plus douce de leur tâche. Sur la *Comète* les officiers ont rivalisé d'énergie et de sang-froid ; le même hommage leur est dû indistinctement à tous. Dirigés par eux, les gradés, les chefs de pièce, les pointeurs de hotchkiss ont montré ce qu'on peut attendre de leur adresse et de leur discipline. Ce sont des hommes admirables qu'on est fier de commander.

L'équipage a fait vaillamment son devoir, bien que quarante-cinq hommes soient embarqués récemment et plusieurs entièrement nouveaux au service. La vérité oblige à reconnaître qu'il y a eu parmi ces derniers quelques défaillances ; le contraire eût été fort surprenant... On n'improvise point un marin.

Aming, qui a commencé son éducation militaire en tirant sur nous à Foutchéou, et qui l'a perfectionnée depuis en assistant, de gré ou de force, à tous nos branle-bas de combat, a tenu à honneur de prouver qu'il avait profité de ces leçons répétées. Il a fait merveille au passage des projectiles, dirigeant les « boys » chinois ou annamites qui s'y trouvaient avec lui, leur montrant à choisir les différentes espèces de munitions suivant les demandes des pourvoyeurs, gourmandant chacun tour à tour dans sa langue natale. Le cuisinier débrouillard, le « vieux pirate » carottier, est aussi un vrai matelot, gai, fidèle, intrépide. Nous le proposerons pour une récompense pécuniaire ; on ne peut faire autre chose pour lui. Cette nouvelle, accompagnée d'une tape amicale sur l'épaule, le remplit de joie et de fierté; sa dent unique paraît plus longue encore, tant il ouvre largement la bouche pour sourire et remercier. Vite, il retourne à sa cuisine, pressé de raconter la chose aux camarades et de déplorer sans doute avec eux qu'un père tel que lui ait un fils « si bête », incapable de continuer ses glorieuses traditions.

Si le sentiment de la famille est un peu affaibli par le raisonnement dans le cœur sceptique d'Aming, l'instinct maternel a fait de la chatte de l'*Inconstant* un des héros de la journée. La pauvre bête venait d'avoir toute une nichée de petits chats. Dès le premier coup de canon elle prit peur, non pour elle, mais pour eux. Les portant un par un dans sa gueule, elle alla les cacher dans le coin le plus obscur qu'elle put trouver. Dix fois dérangée, elle renouvela dix fois la même manœuvre, montant et descendant les échelles avec son cher fardeau, au risque d'être écrasée à chaque pas. Son inquiétude ne se calma que le soir en rade de Bangkok, quand le silence se fit et qu'elle se vit tranquille sur un coussin du carré, avec tous ses chatons au museau rose blottis contre sa poitrine.

Nous connaissons maintenant le plan de défense des Siamois; nous pouvons nous rendre compte des origines de la lutte, des préparatifs faits contre nous, des résultats de notre feu. Par un euphémisme familier à la diplomatie orientale, le roi déclare qu'il y a eu simplement malentendu. Nous avons, au contraire, très bien entendu; voici, d'après le bruit public, comment les choses se sont passées. Prévenue le 8 juillet de l'envoi de nos deux bâtiments dans les eaux de sa capitale, la cour de Bangkok protesta au quai d'Orsay et obtint contre-ordre. Le 13 juillet, une dépêche de son agent à Paris lui annonçait que le cabinet français ajournait son projet. Quelques heures après, l'*Inconstant* et la *Comète* se présentaient devant la barre, sans qu'il eût été possible ni au commandant en chef ni au ministre de la marine de modifier les instructions, très pacifiques d'ailleurs, qui leur prescrivaient d'entrer dans le Ménam.

Depuis son départ de Saïgon, M. le commandant Bory était à la mer, loin de toute communication. Le télégramme officiel lui enjoignant de rester au bas de la rivière ne lui fut remis par le télégraphe siamois que le 14 juillet, lendemain de l'action; les dépêches de l'amiral arrivèrent également trop tard. M. Pavie seul pouvait mettre le commandant supérieur en garde contre les complications nouvelles; mais sa lettre passa inaperçue au milieu d'un courrier très volumineux dont le triage ne put être fait à temps le 13 au soir.

Nos deux bâtiments franchissaient donc la barre sur la foi des traités, sans aucune arrière-pensée d'hostilité. Officieusement avisé par le quai d'Orsay que leur mouvement était contremandé, le Siam pouvait, soit les laiser passer librement, quitte à réclamer leur départ immédiat, soit leur envoyer une sommation régulière de s'arrêter. Il ne pouvait y avoir de doute sur leurs intentions : un grand pays comme la France n'a qu'une parole, et ce n'est pas, en outre, avec deux petits navires montés par cent quatre-vingt-seize hommes qu'il ferait l'attaque d'une ville de trois cent mille âmes, capitale d'un royaume de six millions d'habitants. Si l'affaire de Paknam fut conduite de la sorte, si on laissa l'*Inconstant* et la *Comète* s'engager dans un véritable guet-apens, c'est que, poussé par les conseils funestes des Rollin Jacquemyns, des Richelieu et consorts, le gouvernement siamois voulait frapper un grand coup ; c'est qu'il croyait tenir un succès assuré.

Ses deux forts de Phra-Chula-Cham-Kao et de l'Ilot armés, l'un de neuf, l'autre de huit pièces Armstrong de 21 $^c/_m$ à éclipse, sous le feu desquels il fallait passer à bout portant, constituaient déjà une défense redoutable ; le barrage du bateau-feu, complété par une ligne de barils de dynamite disposés en torpilles, était un obstacle où une attaque non préparée devait échouer presque à coup sûr. Cependant tout cela n'avait pas suffi... Pour achever de rendre le passage impossible, le commodore de Richelieu avait disposé sa flotte en amont, rangée sur deux lignes, bordant à cent mètres les deux côtés du chenal et comprenant : à l'ouest les avisos *Maïda, Nirben, Coronation*, la vieille frégate-école *Thoon-Kranon*, à l'est la canonnière *Han-Hak-Sakru*, les chaloupes à vapeur *Kohsichang, Fylla, Gladys*, chargées de tirailleurs, puis le grand aviso *Makut-Rajahkumar*. Des troupes armées de fusils Mannlicher de 8 $^m/_m$ du modèle le plus récent, renforçaient la garnison des forts ou se trouvaient postées sur les rives.

La carte de la page 207 indique les dispositions prises ; les forces en présence se trouvent résumées dans le tableau suivant :

DÉFENSES SIAMOISES

	GROS CALIBRES	MOYENS ET PETITS CALIBRES	CANONS-REVOLVERS OU MITRAILLEUSES	OBSERVATIONS
Fort Phra-Chula-Cham-Kao, commandé par un Européen : M. Von Holck.	9 21 cm. à éclipse en tourelles blindées.			
Fort de l'Ilot........	8 21 cm.			
Vieux forts de Paknam		11 divers.		
Canonnière *Han-Hak-Sakru*, commandée par un Danois : M. Smeigloff.	1 24 cm. en chasse.	1 12 cm. en retraite.		
Chaloupes *Kohsichang, Gladys, Fylla*.		nombreux.	tirailleurs.	
Canonnière *Makut-Rajahkumar*, en acier, 2 hélices, 2 projecteurs, commandée par un Danois : M. Guldberg.	1 15 cm. en chasse.	4 12 cm.	3 mitrailleuses, 2 C. R. de 47 mm.	hune blindée au grand mât; équip. : 80 hommes.
Canonnière *Maïda*...	1 15 cm.	6 8 cm.		
Canonnière *Nirben*.		8 10 cm.		
Canonnière *Coronation*, commandée par M. Christmas, lieutenant de vaisseau de la marine danoise.	1 15 cm.	4 10 cm.	1 mitrailleuse Nordenfelt de 47 mm.	
Thoon-Kranon, trois-mâts, école d'application.		8 10 cm.	forte mousqueterie.	
Ponton hôpital, chalands sur les rives.		nombreux.	tirailleurs.	
TOTAL......	21	42	6	environ 1,500 ou 2,000 hommes.

FORCES FRANÇAISES

	GROS CALIBRES	MOYENS CALIBRES	CANONS-REVOLVERS	OBSERVATIONS
Aviso *l'Inconstant*...	»	3 14 cm. 1 10 cm.	5 C. R. de 37 mm.	Équipage : 116 hommes.
Canonnière *la Comète*.	»	2 14 cm. 2 10 cm.	2 C. R. de 37 mm.	Équipage : 80 hommes.
Total......	»	8	7	196

COMPARAISON

Siamois.............	21	42	6	1,500 à 2,000 hommes (chiffre incertain, mais probable).
		63		
Français............		8	7	196 hommes.

Le commodore danois de Richelieu dirigeait la défense; le Danois Westenholz, « manager » des tramways électriques de Bangkok, était chargé des torpilles, dont le poste d'inflammation se trouvait à bord d'un petit navire, à roue derrière, mouillé sur la rive droite, en amont et près du barrage. La ligne de torpilles, composée de barils de dynamite, disposée en demi-cercle, fermait entièrement l'ouverture de quatre-vingts mètres laissée libre dans le barrage.

Ainsi, deux petits navires montés par cent quatre-vingt-seize Français, armés de huit canons et sept hotchkiss, auraient à lutter contre deux forts et neuf bâtiments, défendus par quinze cents ou deux mille Siamois, comptant soixante-trois canons et six mitrailleuses. Dans de pareilles conditions le triomphe paraissait certain. Tout était préparé de longue main; l'heure de la marée permettait de calculer celle du passage de l'*Inconstant* et de la *Comète;* on était venu de Bangkok à Paknam en pique-nique pour les voir couler. Un mot d'un prince du sang au ministre d'Allemagne peint l'état d'esprit et l'aveuglement des Siamois. « La Prusse, disait ce grand personnage, a battu la France en 1871; vous verrez le Siam faire de même en 1893. » Le commodore de Richelieu, chef de la défense, nous a donc laissés entrer pour nous mieux égorger; il a tiré sans crier gare; nous avons trouvé le procédé vif et incorrect; nous avons riposté; on sait le reste.

Si nos pertes sont douloureuses, elles n'atteignent qu'un chiffre minime, 2,6 pour 100. La moindre escarmouche navale, le plus obscur combat d'avant-garde dans les mers d'Europe serait plus meurtrier. La nuit tombante, qui a rendu si peu efficace le tir de l'ennemi, a gêné nos propres pointeurs; toutefois, un certain nombre de leurs coups ont bien porté.

Le *Makŭt-Rajahkumar* a été touché plusieurs fois par les hotchkiss et par des obus de $10^c/_m$; un projectile a enlevé son treuil à vapeur; sur quatre-vingts hommes il a perdu douze tués et vingt blessés, soit 40 pour 100 de son effectif. Il s'est échoué à Bangkolem pour se réparer.

Le *Coronation,* auquel l'*Inconstant* a brisé son mât de pavillon en rangeant son arrière, a reçu un obus qui a percé de part en part le compartiment de sa machine;

un coup de 10 $^c/_m$ sur l'avant de la passerelle ; il porte de nombreuses marques de projectiles de hotchkiss ; lui aussi a été obligé de s'échouer pour ne pas couler.

Le *Thoon-Kranon* a reçu en plein bois un obus de 10 $^c/_m$ de la *Comète*.

Le *Han-Hak-Sakru* a ses bastingages arrière troués.

Le *Maïda* a des avaries importantes. Le fort de l'Ilot a souffert visiblement des obus à la mélinite de la *Comète*. La toiture de tôle qui abritait ses quatre pièces de l'est s'est écroulée sur elles et paralyse complètement leurs mouvements.

La garnison du fort Phra-Chula-Cham-Kao a été sensiblement éprouvée par le tir des obus à mitraille.

Les Siamois accusent vingt-cinq tués et trente-neuf blessés ; mais ce chiffre, aussi incertain que celui de leurs troupes, semble très au-dessous de la vérité. On peut estimer qu'au moins 5 pour 100 de leur effectif a été mis hors de combat.

Les nombreux Européens au service du Siam, qui figuraient dans les forts ou sur les navires, ont fait de leur mieux ; l'incorrection de leur situation au point de vue du droit des belligérants ne doit pas empêcher de leur rendre cet hommage ; mais l'élément indigène a médiocrement secondé leurs efforts. Les équipages surtout, en partie composés de Cambodgiens d'une fidélité douteuse, étaient littéralement affolés. Au moment critique les officiers, tous Danois ou Allemands, ont plusieurs fois été obligés de pointer eux-mêmes les canons ou de prêter main-forte aux hommes chargés de gouverner. Certains de leurs matelots étaient convaincus qu'on les avait menés à Paknam pour y saluer l'archiduc d'Autriche, dont la visite était annoncée comme imminente ; ces pauvres hères ne s'attendaient pas à voir le programme changer si complètement. L'un d'eux, grièvement blessé, a été transporté ce matin à l'hôpital de Bangkok et, répondant aux questions du médecin, résumait ainsi ses impressions : « Les balles tombaient comme de la grêle ; les Français semblaient des diables. »

De cette affaire de Paknam, de ce coup d'audace du commandant Bory qui déconcerta pleinement les prévisions de l'ennemi, un enseignement se dégage tout d'abord : c'est que le meilleur matériel est à peu près sans effet quand le personnel n'est pas instruit. Des jonques armées de pierriers eussent valu autant, aux mains des Siamois, que ces forts blindés, ces navires perfectionnés, cette artillerie Armstrong, ces canons à tir rapide, ces fusils de petit calibre, ces torpilles, dont le maniement exige des hommes exercés. Si l'on ajoute que la mélinite a fait ses preuves, que le tir plongeant des hunes a été l'un des facteurs du succès, que la hardiesse d'un chef entreprenant, la discipline de ses hommes ont une fois de plus triomphé du nombre, on aura tiré toutes ses conclusions d'une action maritime si en dehors des règles et des conditions habituelles.

Les berges du fleuve ne désemplissent pas de curieux, de photographes, d'une foule bigarrée où dominent les robes jaunes des « Talapoins », les prêtres de Bouddha. La petite taille des bâtiments français, leur

L' « INCONSTANT », LA « COMÈTE » ET LE « LUTIN » DEVANT BANGKOK

bon état au sortir d'une affaire où l'on croyait les écraser, sont l'objet de tous les commentaires.

Pendant ce temps, on échange avec Paris de longs télégrammes, M. Pavie négocie pour occuper le tapis. La cession de Luang-Prabang, la reconnaissance de nos droits sur la rive gauche et les îles du Mékong s'agitent au cours de conférences continuelles avec la cour de Bangkok. Le prince Devavongse, ministre des affaires étrangères, est littéralement sur les dents.

Enfin, pour terminer dignement la journée, un grand dîner a réuni à la Légation toute la colonie française, négociants, missionnaires, officiers, un coiffeur même accompagné de sa jeune femme... il n'y a pas de sot métier !

CHAPITRE XV

Dix jours en branle-bas de combat. — Affaire du *Say*. — Alertes de nuit. — L'*ultimatum*. — Préparatifs de guerre. — Au jardin de la Légation. — Expiration de l'*ultimatum*. — Rupture des relations diplomatiques. — Départ de Bangkok.

15 juillet. — Le *Coronation* vient de passer, remontant à l'arsenal pour se faire réparer. Il a, au ras de la flottaison, à bâbord derrière, un trou béant qui l'eût fait couler à pic, s'il avait été au large et n'avait pu s'échouer à temps. Le capitaine Christmas nous a gratifiés du salut militaire le plus courtois. Voilà un homme sans rancune, car il l'a échappé belle.

Nous vivons désormais en branle-bas de combat, ayant toujours les feux allumés, prêts à les pousser le jour, parés à marcher la nuit, dans une de ces situations ambiguës qui sont le fruit naturel de la politique d'expansion coloniale et de la multiplication des lignes télégraphiques.

La France a des difficultés partout ; « qui terre a guerre a ». Le Tonkin, le Dahomey, Madagascar, le Siam, le Soudan, s'unissent pour lui donner du souci ; chaque jour apporte à Paris l'écho d'une complication. Jadis les officiers présents dans les pays lointains, livrés à leur propre initiative, sans communication avec la métropole, coupaient dans le vif, tranchaient eux-mêmes bien des questions. C'était la division du travail. Aujourd'hui qu'un réseau de câbles couvre le monde entier, que le temps et la distance ont en quelque sorte disparu, les gouvernements européens en sont venus, par une tendance invincible, à exiger qu'on leur en réfère pour toutes choses, à diriger eux-mêmes, à limiter étroitement l'action de leurs commandants en chef. Si grandes que soient la compétence, l'activité, l'intelligence du pouvoir central, si acharné que soit le travail des bureaux, cette intervention doit produire nécessairement des retards, déplacer les responsabilités, entraver la marche d'événements qu'il eût fallu précipiter. Le maréchal Pélissier, coupant le câble qui unissait Paris à Sébastopol, montrait, il y a quarante ans, ce qu'était déjà l'abus du télégraphe. Cet acte de vivacité serait inutile à présent ; les dépêches afflueraient immédiatement par une voie de rechange ; on rétablirait la ligne et on la doublerait d'un téléphone. Si l'Espagne du seizième siècle eût été dotée de tous ces instruments de progrès, elle n'aurait fait assurément aucune de ses grandes conquêtes américaines. Celle de nos jours est comme la France, comme l'Italie, comme l'Angleterre ; le haut commandement y a perdu son indépendance. On évite certainement ainsi de périlleuses aventures ; mais, par contre, on laisse échapper de précieuses occasions d'agir.

Nous savons ce qu'il faut penser de la bonne foi des Siamois et nous couchons en armes. Le 14 juillet au matin, nous eussions été les maîtres de Bangkok démoralisé par notre apparition soudaine. Dès maintenant, l'effet moral du combat de Paknam va s'atténuant ; le roi reprend courage ; ses proclamations font appel au calme de ses sujets, déclarent que nous ne sommes pas deux cents et que nos intentions sont pacifiques. Le peuple raconte que la mansuétude de ses princes nous a seule sauvés d'un désastre complet ; avant peu on dira que nous sommes prisonniers. Après la « tempeste passée », Panurge faisait le bon compagnon... Que de Panurges ici, parmi ces Orientaux souples, astucieux, aveuglés à la fois par l'ignorance et par l'orgueil !

Notre infortuné camarade, le *J.-B. Say*, a fait la triste expérience de ce qu'il faut attendre d'un peuple bassement vindicatif, lâche devant qui résiste, féroce à l'égard des faibles. Atteint d'un obus, le vapeur des Messageries fluviales avait été obligé de s'échouer près de la Bouée Noire. Les Siamois, feignant de croire qu'il avait pris part à l'action, se précipitèrent à bord dès qu'ils furent certains qu'ils n'avaient rien à craindre de lui et que l'*Inconstant* et la *Comète* étaient loin. Le navire fut pillé, la cargaison bouleversée, les sacs de lettres furent emportés à terre, les effets des officiers et de l'équipage volés, nos compatriotes embarqués dans une chaloupe et conduits au fort Phra-Chula-Cham-Kao.

Après une nuit d'internement, troublée par les cris des malheureux blessés du combat qu'on avait amenés là, on se décida à transporter à l'arsenal de Bangkok ces prétendus prisonniers de guerre. La canaille du pays les insulta ; des gardiens ingénieux se livrèrent vis-à-vis d'eux à des plaisanteries de « haulte gresse », telles que de leur apporter de l'urine quand ils demandaient à boire ; le commodore de Richelieu intervint enfin et donna l'ordre de les élargir.

Ils sont aujourd'hui confortablement installés à l'hôtel... Le Siam payera cette note-là et quelques autres par surcroît !

16 juillet. — A qui se fier, grands dieux, dans ce pays semé d'embuscades ?... La *Comète* n'ayant point de barbier et le moment paraissant mal choisi pour offrir à un Figaro siamois l'occasion d'une vengeance patriotique, plusieurs officiers sont allés réclamer les services du coiffeur français, notre convive du 14 juillet. Il les a traités en amis... trois francs cinquante par coupe de cheveux simple !... S'ils avaient eu besoin d'un shampooing, toute leur solde y passait !

Un par un les bâtiments siamois remontent de Paknam pour aller se faire réparer à l'arsenal. Afin d'éviter toute surprise, il a été stipulé que ces mouvements auraient lieu seulement de jour et que nous en serions prévenus d'avance. Le *Makut-Rajahkumar*, qui vient de passer, porte des traces nombreuses de projectiles. Ayant appareillé pour essayer de nous couper la route, il a été plus exposé et plus maltraité que ses compagnons d'armes. On cherche maintenant ici à tromper l'opinion sur la gravité de ses avaries : « Ce n'est point cependant pour faire du charbon qu'il s'est mis à la côte à Bangkolem », observe fort judicieusement le *Siam Free Press,* la seule feuille locale qui ait gardé son bon sens.

Pendant ce temps, son confrère le *Bangkok Times* écume de rage contre les Français, affirme sans rire qu'un geste des navires anglais présents sur rade suffirait pour les foudroyer; l'entourage du consul général de Sa Majesté Britannique traite l'*Inconstant* et la *Comète* de pirates. Ces menaces de journal, ces commérages forment un contraste frappant avec l'attitude réservée et irréprochable des commandants du *Swift* et du *Linnet*.

Le télégraphe travaille sans relâche à échanger avec Saïgon et Paris des dépêches chiffrées qui sont le secret des dieux. Le *vulgum pecus* est obligé de se contenter des nouvelles les plus fantastiques... Les Siamois ont relevé leurs torpilles qui faisaient de l'eau, mais ils en auraient mouillé deux lignes nouvelles, l'une au fort de l'Ilot, l'autre au barrage... les levées continuent; trente mille hommes viennent renforcer la garnison de la capitale... on prépare des brûlots et des bambous explosifs qui, abandonnés au fil du courant, nous détruiront en un clin d'œil... de grands navires chargés de troupes sont disposés pour nous prendre à l'abordage... on hérisse de batteries toutes les rives du fleuve, etc.

Il n'y a pas de fumée sans feu, et, avec les Orientaux, il faut s'attendre à tout. Le *Lutin,* l'*Inconstant,* la *Comète* se sont rapprochés, ne laissant entre eux que l'espace nécessaire à l'évitage; chaque nuit un youyou est placé en grand'garde sur l'avant du groupe; comme le gendarme légendaire, nous ne dormons que d'un œil. A partir de la tombée du jour les embarcations suspectes sont hélées et invitées à se tenir au large. Des curieux incorrigibles viennent pourtant rôder autour de nous dans de jolis sampans vitrés ou dans quelqu'une de ces chaloupes à vapeur qui fourmillent ici. Bien que nos armes soient toujours chargées, nous répugnons à en faire usage; mais chaque factionnaire de la *Comète* est muni d'un seau plein de cailloux. Cette mitraille inoffensive produit un excellent effet; au bout de deux ou trois volées, on entend un grand bruit de carreaux cassés, et les promeneurs s'éloignent rondement. Nos hommes rient de tout leur cœur; les vitriers du pays doivent leur tresser des couronnes.

19 juillet. — La situation est chaque jour plus tendue; mais la crise définitive approche. Ce matin, M. Pavie a reçu du ministre des affaires étrangères la dépêche suivante : « La Chambre, après mes déclarations qui ont été très favorablement accueillies, a voté à l'unanimité l'ordre du jour suivant : « La Chambre, « comptant que le gouvernement prendra les mesures « nécessaires pour faire respecter les droits de la « France en Indo-Chine et assurer les garanties aux- « quelles elle a droit, passe à l'ordre du jour. »

Un *ultimatum* résumant les conditions à imposer au cabinet siamois accompagnait ce télégramme. La reconnaissance de nos droits sur la rive gauche et les îles du Mékong, le payement d'une indemnité pour l'ensemble des dommages causés par les affaires Thoreux,

Grosgurin, celle de Paknam et diverses autres de moindre importance, l'occupation de Chentaboum comme gage jusqu'à parfaite exécution du traité à intervenir, en forment les articles principaux. Le délai fixé expire le 22 à six heures du soir.

Le *Forfait* et le *Lion* sont à la barre; à Saïgon, on arme l'*Aspic* et la *Vipère;* le *Papin,* en route pour Madagascar, a reçu l'ordre de rallier les eaux du Siam; l'amiral Humann est attendu de jour en jour avec la *Triomphante,* l'*Alouette* et deux torpilleurs. Si l'*ultimatum* est repoussé et que toute latitude nous soit laissée, voici notre programme : détruire la flotte siamoise, descendre le Ménam, attaquer à revers les forts de Paknam tandis que les bâtiments légers de la division entreront en les canonnant de front, revenir enfin sur rade de Bangkok avec toutes nos forces pour parler en maîtres. Cela est facile à réaliser sans grandes pertes et parfaitement correct, puisque nous sommes ici par la force des armes et non point en hôtes enchaînés par les traités.

La flottille ennemie est sous vapeur, concentrée devant le Palais du roi. Tout porte à croire qu'elle ne songera pas à nous attendre, moins encore à nous offrir le combat, mais qu'à notre approche elle ira se réfugier du côté d'Ayuthia, où nous ne pourrons la suivre faute de pilotes. On prétend que les trésors royaux sont déjà sur le *Maha Chakkri,* et que Sa Majesté Chulalongkorn est prête à s'enfuir avec eux vers le haut Ménam.

Le télégraphe annonce la prochaine arrivée de M. Le

Myre de Vilers, le plénipotentiaire chargé de traiter au nom de la France. A coup sûr, la situation est belle pour lui. Si on ne propose pas au Siam un suicide évident ; si les négociations sont conduites avec fermeté et souplesse, nous pouvons en retirer des avantages sérieux.

20 juillet. — Dans le cas où le canon parlerait, nous aurions affaire aux nombreuses batteries qu'on élève en amont de la Douane et à des troupes postées dans les maisons des berges ; aussi faut-il s'abriter de son mieux pour éviter des pertes trop cruelles. La passerelle, les hunes sont matelassées avec des sacs ou des hamacs ; des pavois, des tôles sont placés autour des panneaux des passages, devant les emplacements de la mousqueterie des gaillards ; enfin nous nous blindons avec les chaînes de nos ancres par le travers des chaudières et de la machine. Illusoire contre les $21^{c}/_{m}$ des forts de Paknam, cette protection est très efficace contre les obus de campagne, dont elle déterminerait l'explosion prématurée ; et c'est précisément de petits calibres que l'ennemi est le plus abondamment pourvu aux abords du Palais.

Chacun de nos trois navires se trouve ainsi revêtu au centre d'une véritable cotte de mailles protégeant ses organes vitaux, armure improvisée d'excellent fer forgé qui pèse plusieurs milliers de kilogrammes, mais qui semble légère et d'une blancheur de neige sous le badigeon à la chaux qui la couvre.

Nous redoublons de précautions contre les surprises,

tandis qu'à cinq cents mètres en amont les Siamois font, en même temps que leur toilette de combat, une foule de préparatifs au sujet desquels leur moral ébranlé ne doit pas se payer d'illusions.

Malheureusement la chaleur est accablante; après le soleil dévorant de la journée viennent des soirées sans fraîcheur, de violents orages, des pluies lourdes dont les hommes de quart ne peuvent s'abriter. Vivant sur un qui-vive perpétuel, fatigués par les veilles, le climat, l'énervement de l'attente, les officiers et les hommes sont sur les dents; la fièvre commence ses ravages parmi eux; paix ou guerre, il est temps qu'une solution intervienne.

C'est la première que doivent assurément désirer les nombreux Danois attachés au service du Siam. Leur gouvernement vient d'exprimer au nôtre ses regrets de leur participation au combat de Paknam; ces messieurs sont invités, sous peine de perdre leur nationalité, à se tenir désormais à l'écart du conflit.

21 juillet. — Les états-majors au grand complet, une délégation des équipages, la colonie française tout entière viennent d'assister à une grand'messe célébrée à l'église catholique pour le repos de l'âme des trois braves que nous avons perdus.

Après la cérémonie, le cortège a pris la route des tramways, au milieu d'une double haie de policemen dirigés par le chef de la police de Bangkok lui-même, garde d'honneur placée là pour éviter tout incident, mais en qui les patriotes indigènes n'ont pas manqué de voir des gardiens chargés de nous mettre à la raison. Au bout de quelques minutes, un léger détour nous a conduits au jardin de la Légation de France, près des tombes où reposent nos glorieux morts et que le clergé venait bénir.

Les trois croix ont été placées côte à côte, portant le nom, le grade, l'âge de nos compagnons d'armes tombés au champ d'honneur, dignes fils de cette France qui enfante tant de dévouements, tant de cœurs généreux, de cette patrie pour laquelle ils ont donné leur sang. Malade, exempt de service, Allongue avait voulu monter à son poste, et c'est là qu'il est tombé. Jaouen était le meilleur homme du bord; aussi doux, aussi discipliné que brave, soutien de sa famille, il cachait, dans une âme qui ne se connaissait pas elle-même, les plus fières et les plus touchantes vertus.

Nos yeux étaient humides tandis que nous défilions en silence devant ces fosses fraîchement creusées. Autour de nous, sous le soleil grandissant, tout respirait la vie; les beaux feuillages des bambous, des tamariniers étaient brillants encore de la rosée de la nuit; un oiseau, loin de s'effrayer des chants liturgiques, de la présence de tant d'hommes, gazouillait éperdument, et cette joie contrastait cruellement avec nos pensées, avec l'image, qui nous hantait, de femmes agenouillées, pleurant leurs fils au fond d'une église bretonne.

22 juillet. — Nos préparatifs de guerre sont terminés... Avec leurs mâtures calées, leurs canons-revolvers dans les hunes, leurs passerelles et leurs bastingages matelassés, le *Lutin,* l'*Inconstant* et la *Comète* forment un groupe de mine tout à fait martiale.

Le fleuve, où se passeront demain peut-être de terribles choses, a l'aspect riant et calme. Les sampans circulent paisiblement ; les bateliers rythment en chantant le battement des avirons ; sur la berge on entend des voix joyeuses de femmes, d'enfants qui se baignent ; les toits dorés des palais, des temples, reflètent un ruissellement de soleil... Que ce roi est aveugle, imprudent de jouer ainsi avec le feu ! que ces aventuriers européens qui l'entourent et le poussent à la guerre sont coupables ! Après tout, les Siamois défendent leur pays ; leurs illusions sont naturelles et respectables. Mais ces cosmopolites n'ont point d'excuses ; l'issue d'une lutte ne peut être douteuse à leurs yeux ; ils voient clairement l'abîme ; leur obstination est un crime contre leur pays d'adoption !

Le délai fixé pour l'acceptation de l'*ultimatum* expire à six heures ce soir, et, dès cinq heures, la cour de la Légation est remplie d'officiers venus aux nouvelles, de résidents qui colportent les bruits les plus contradictoires. A cinq heures et quart, la réponse du gouvernement siamois arrive... Elle n'est catégorique sur aucun point : ni sur la question d'indemnité, dont elle repousse le chiffre, tout en promettant une indemnité à débattre pour chaque dommage pris séparément, ni sur la cession de territoire, qu'elle admet seulement jusqu'au dix-huitième parallèle. Visi-

blement le roi est ébranlé, veut se montrer conciliant ; mais la France, qui a posé ses dernières conditions, ne peut pas se payer de faux-fuyants. Le télégraphe de Bangkok arrête nos dépêches, tandis que le prince Devavongse fait passer les siennes afin d'égarer l'opinion à Paris. Il faut en finir et rompre des négociations inutiles ; les fusils partiraient tout seuls !...
M. Pavie va amener son pavillon, dès qu'il en aura reçu l'autorisation du ministre des affaires étrangères, et s'embarquer sur l'*Inconstant*. Le projet d'un bombardement de Bangkok est abandonné momentanément ; nous ne ferons feu que si on nous attaque...

La flottille descendra la rivière, sortira du Ménam à la marée du 26, la première qui permette à l'*Inconstant* de passer la barre ; le blocus du Siam sera aussitôt déclaré, et, si cette mesure n'amène pas sa soumission complète, nous reviendrons avec des forces permettant une occupation effective du pays. Les scrupules et les ménagements d'aujourd'hui n'auront plus alors aucune raison d'être.

25 juillet. — Hier soir, le pavillon de la Résidence a été halé bas ; c'est la rupture diplomatique ; l'état de guerre ne peut tarder. Les intérêts français restent confiés au consul général des Pays-Bas. Pour appuyer son autorité, le chevalier Keun de Hungerword a demandé un navire hollandais, et le *Sumbawa* a été détaché du blocus d'Achem au Siam. Assurément il n'a pas perdu au change.

Ce matin, à onze heures, toutes ses dispositions de

départ étant prises, M. Pavie s'est transporté à bord de l'*Inconstant*; à deux heures, on a hissé le drapeau hollandais au mât de la Légation.

Le désaffourchage, les préparatifs commencent sur nos trois navires aussitôt les pilotes embarqués. Celui qui conduira la *Comète* est un vieux bonhomme au chef branlant, aux jambes flageolantes, qui paraît absolument démoralisé. Que vient-il faire dans cette galère? Il se le demande avec inquiétude. Certaines tôles de blindage de la passerelle pouvant gêner sa vue, on lui offre de les enlever. Il repousse avec une extrême vivacité cette proposition malsonnante. A son avis, la protection de cette partie du navire est à peine suffisante; si une agression, très probable selon lui, se produit ce soir, il est résolu à quitter, au premier coup de canon, un endroit aussi exposé pour descendre à fond de cale. Ayant achevé sa déclaration belliqueuse, ce martyr du devoir professionnel s'assied sur un pliant près de la roue du gouvernail et attend les événements avec résignation. Son opinion n'est pas la nôtre; les Siamois doivent être singulièrement heureux de voir partir des hôtes si gênants, la leçon du 13 juillet leur a suffi; ils brûleront peut-être des feux de joie, mais pas la moindre cartouche.

A trois heures, l'évitage au flot se dessine; nous désaffourchons, et à quatre heures nous appareillons tous à la fois. Une foule immense couvre les berges; on n'entend pas un cri, on ne voit pas un mouvement parmi ces milliers d'hommes jaunes qui nous suivent du regard.

En route à neuf nœuds !... Nous sortons de Bangkok sans incident, bien que le pilote, dont la vue paraît trouble, ait failli accrocher deux ou trois navires. A Paklat, nous passons devant un grand fort auquel on travaille activement. Il sera armé de canons Canet fournis par l'industrie française ; l'ingénieur est M. Westenholtz, ex-agent de police, électricien, « manager » de tramways électriques, torpilleur, un de ces défenseurs zélés que le roi Chulalongkorn devrait faire pendre sans autre forme de procès, s'il voyait où leurs services le conduisent. A six heures, nous sommes à Paknam. Sans bruit, chacun s'est glissé à son poste de combat ; les canonniers sont à leurs pièces ; mais ce luxe de précautions est parfaitement inutile. Quand nous sommes par son travers, le fort de l'Ilot salue du pavillon, la garde sort et nous rend les honneurs militaires. Nous répondons, c'est un assaut de courtoisie ; le pilote renaît à la vie.

A sept heures, nous mouillons près de « Mosquito-Point » et passons tranquillement la nuit sur le champ de bataille de l'autre jour, côte à côte avec cinq navires siamois et plusieurs pontons poseurs de torpilles.

26 juillet. — Après le drame, voici venir la comédie, l'opéra-bouffe ! Aussitôt M. Pavie parti, les Siamois ont commencé à comprendre que les affaires se gâtaient. Deux anciens attachés à la légation du Siam à Paris ont été dépêchés pour rejoindre le ministre de France et tenter de le retenir. Arrivés depuis ce matin à bord de l'*Inconstant*, ils s'y confondent en politesses, se réjouissent que nous allions à Kohsichang, l'île où se trouve le Palais d'été du roi, et s'offrent à nous y précéder pour s'assurer qu'on prépare les appartements de notre représentant. Comment ne pas faire bon accueil à des gens aussi prévenants ?

A la marée montante, plusieurs vapeurs anglais sortent, escortés par la canonnière *le Swift*. *L'Inconstant*, la *Comète*, le *Lutin* appareillent ensuite tous à la fois ; à cinq heures ils franchissent la barre et mouillent quelques minutes après aux côtés du *Lion* et du *Forfait*. Les équipages passent à la bande, poussent de joyeux hourras... Si longue que soit une carrière, c'est là une de ces minutes poignantes qu'on ne peut oublier et qu'on ne retrouvera peut-être jamais.

Ce matin même, M. le capitaine de vaisseau Reculoux, commandant le *Forfait*, a débarqué trente hommes qui ont pris possession de Kohsichang. Le blocus est décidé ; les chaloupes siamoises sont invitées à rentrer dans le Ménam. L'une d'elles emporte notre vieux pilote qui rayonne maintenant et ne peut contenir sa joie. Par une mesure bienveillante on lui a payé double taxe ; cette munificence le laisse froid ; au dernier moment, il est sur le point d'oublier son chèque ; volontiers il nous payerait pour avoir le droit de s'en aller !

Après de longues causeries avec nos amis du *Forfait*, chacun gagne son lit et s'y étend avec délices. Pour la première fois depuis quinze jours, nous n'avons à craindre ni alerte ni surprise ; c'est une jouissance profonde de dormir enfin tranquilles, de se détendre les nerfs et les membres dans un sommeil de fumeur d'opium.

CHAPITRE XVI

En rade de Kohsichang. — Un palais d'été qu'on ne pille pas. — Le blocus. — La paix. — La *Comète* convoie les torpilleurs jusqu'à Hatien. — Retour général à Saïgon.

27 juillet. — A neuf heures du matin, le *Forfait*, l'*Inconstant* et la *Comète* appareillent pour Kohsichang. Chemin faisant, on décharge les pièces; on tire les projectiles qu'on ne peut extraire; on remet tout en ordre. A onze heures et demie nous sommes rendus; on retire les chaînes de l'extérieur pour les mailler de nouveau sur les ancres; à part quelques larges traînées de rouille, les navires ont vite repris leur aspect habituel. A midi, grand déjeuner chez le commandant du *Forfait;* les deux diplomates siamois arrivent au dessert; les saluts, les congratulations reprennent de plus belle; le champagne circule; on boit à la santé du roi; c'est le vaudeville qui continue.

Dans l'après-midi, visite à la résidence royale. L'île est verte, pittoresque, mais n'égale point Saracen en fraîcheur. Au nord, sur la plus haute colline, est un sémaphore où flotte maintenant le drapeau français. A la pointe sud, exposée à la mousson d'été, s'élève la villa de Sa Majesté qu'une plus belle, en cours de construction, doit remplacer bientôt.

Dans le parc palissadé qui l'environne, la promenade est charmante. A chaque tournant d'allée se rencontre un kiosque, un bassin, une citerne, un belvédère. Voici les appartements des femmes, les salles des gardes, plus loin la ménagerie où deux chevreuils, un singe, trois paons et une poule sultane font assez piètre figure. Nous arrivons enfin au pavillon du souverain lui-même, à sa chambre luxueusement tendue de gaze brodée d'or, ornée de tableaux modernes, garnie d'un lit de cuivre doré éventé par de grands pankas de soie. Les jardins sont jolis, pleins de plantes rares ; en dehors de l'enceinte sont les maisons où la cour habite quand le maître est là ; sur la plage un vaste appontement sert de débarcadère. Tout cela est en bois, sans caractère, assez mesquin, et rappelle vaguement les guinguettes de la banlieue parisienne.

Une surveillance sévère a été immédiatement organisée ; on ne pourra pas nous accuser d'avoir pillé le Palais d'été. M. Xavier, secrétaire du prince Devavongse, qui est venu prêter main-forte aux deux premiers émissaires, trouve même que nous poussons le scrupule trop loin en nous bornant à contempler les fleurs. Il tient à nous en offrir lui-même de véritables bouquets avec une grâce parfaite ; il est aimable ; il est prévenant ; à ses côtés, nous avons l'air d'invités, mais nullement de conquérants !

Que ces Siamois, avec leurs figures sans âge, leurs gestes de simiens, leur échine élastique, sont donc sou-

UN PAVILLON DU PALAIS D'ÉTÉ DU ROI DE SIAM A KOHSICHANG

ples, malins et retors! Comme il faut les connaître pour discuter avec eux! avec quelle main vigoureuse il faut les saisir pour qu'ils ne vous glissent pas dans les doigts! Comment des gens doués de cette finesse ont-ils pu confier leur politique étrangère à un jurisconsulte cosmopolite, à un pédant de faculté, à ce Rollin-Jacquemyns qui, Grotius et Pufendorf sous le bras, les mène aux plus folles aventures?

On ne voit ici ni ruisseaux ni sources; on recueille l'eau du ciel dans des jarres et des citernes. Il n'y a, du reste, pas de sécheresse à craindre, car les pluies sont fréquentes et torrentielles. C'est à leur abondance que l'île doit la beauté de sa végétation. Flamboyants aux fleurs de pourpre, banians énormes dont les branches plongent dans le sol pour devenir des arbres à leur tour, mille essences exotiques couvrent les collines d'une merveilleuse verdure. Toutes ces tiges sont enveloppées de lianes qui tombent en cascades de feuillages fleuris; on ne peut rêver cadre plus charmant pour une villégiature royale.

28 juillet. — Le maître de Kohsichang tient la clef du Siam. La rade, qui commande tout le delta du Ménam, est sûre, vaste et très fréquentée. Beaucoup de navires, ne pouvant, faute d'eau sur la barre, sortir de Bangkok en pleine charge, viennent là compléter leur cargaison. En ce moment cinq vapeurs, deux voiliers y finissent leur arrimage. La plupart sont anglais, et la notification du blocus qui les oblige à partir demain les a atterrés. Comme la résistance de la cour siamoise est uniquement due aux menées de leurs compatriotes, il nous est difficile de plaindre ces dignes fils d'Albion; ils n'ont à s'en prendre qu'à eux-mêmes.

Ce mouvement commercial ajoute singulièrement à l'importance que l'île doit par ailleurs à sa position stratégique. Une douane établie ici donnerait des revenus superbes; il ne tient qu'à nous de faire ainsi payer à l'ennemi tous les frais de la guerre. Kohsichang possède naturellement un hôtel à l'européenne; on y fait assez maigre chère, mais le bar est abondamment pourvu de glace, de « drinks », de tous les apéritifs, de tous les spiritueux classiques. Les gens sérieux de la division y ont déjà établi un domino à quatre qui fournit aux écoles rivales de Toulon et de Cherbourg l'occasion de tournois palpitants; les jeunes ont installé vis-à-vis du débarcadère un tennis. Quand les joueurs ont chaud, un bon bain de mer a vite fait de les rafraîchir. En quelques heures, avec la facilité d'assimilation du Fran çais, chacun a organisé sa vie.

Les amateurs de sport et d'ascension ont un but d promenade tout indiqué; c'est de monter au sémaphore Par cette température tropicale, gravir un escalier d onze cents marches n'est pas un exercice banal. O arrive en nage, les jambes rompues, le cœur battant mais on est payé de ses peines par le beau coup d' qu'on a de là-haut. De la tour, où les timoniers *Forfait* ont remplacé le guetteur siamois et que domi un beau pavillon français claquant au vent du large, découvre le delta entier du Ménam et tout le fond golfe. A cinquante kilomètres dans l'ouest on disting nettement avec la longue-vue ceux de nos navires qui font le blocus; au nord rien que des bancs, des alluvions, d'immenses marécages; à l'est et au sud des côtes élevées, bordées d'un archipel pittoresque; à nos pieds Kohsichang se dessine avec son Palais d'été, ses bois, sa rade ceinte d'îlots verdoyants. S'attarder devant ce magnifique horizon est bien tentant; hélas! il n'y faut point songer. Moite de sueur après une telle montée, on se sent pénétré jusqu'aux os par le grand souffle de la mousson du sud-ouest qui vous enveloppe de ses rafales; il faut redescendre de ces hauteurs où la fluxion de poitrine guette les imprudents. Notre île royale serait plus agréable encore si les provisions n'y étaient rares, trop rares pour tant de visiteurs qui n'avaient pas eu la précaution de s'annoncer. Deux ou trois petites épiceries tenues par des Chinois sont une faible ressource pour cinq cents convives affamés. Cette situation difficile fournit à Aming l'occasion de triomphes nouveaux. Descendu chaque matin à terre avant tous les cuisiniers de bord, il se met en quête avec le flair qui le caractérise, parle siamois avec les pêcheurs, cantonais avec ses compatriotes, anglais avec le patron de l'hôtel, malais ou volapük avec les autres, accapare poissons, œufs, poulets, bananes, et revient toujours abondamment chargé dans le youyou qui fait la poste aux choux. Là où d'autres ont fait buisson creux, il découvre des trésors de victuailles. Quel homme! quel dentiste! comme dit le personnage de Labiche.

29 juillet. — Depuis trois jours que la *Comète* ne

faisait rien, nous avions des fourmis dans les jambes. Les occasions de nous dégourdir reviennent maintenant avec une abondance parfois excessive...

A sept heures du matin un vapeur siamois, le *Assoung Pravase*, est en vue dans l'est, se dirigeant sur la rivière de Pétriu. Comme il va forcer le blocus, le *Forfait* lui signale de s'arrêter et appuie son injonction des trois coups de canon réglementaires. Cette sommation restant sans effet, le *Lion*, escorté d'un canot à vapeur, se met en chasse. Il revient bientôt, ramenant sa prise qui prend place au milieu de nous, ornée d'un beau pavillon tricolore, et que la voix publique baptise immédiatement du nom de *Prosper*, rendant ainsi un hommage discret et spontané à l'excellent camarade chargé de l'amariner.

A onze heures, l'amiral arrive, venant de Saïgon et muni des instructions de Paris. Les commandants se rendent à bord de la *Triomphante*, où le commandant Bory est reçu par trois salves d'acclamations, où ses compagnons d'armes sont l'objet du plus chaleureux accueil. Les ordres sont donnés immédiatement pour rendre le blocus aussi effectif que possible; la *Comète* est chargée d'aller en porter la notification officielle aux navires de guerre anglais qui sont devant la barre. Aucune exception n'étant faite pour eux, ils devront quitter la zone d'opérations ou s'y considérer comme bloqués. Par une mesure bienveillante qui vaudra au commandant en chef la gratitude de tous les Européens du Siam, les courriers auront libre passage; les résidents de Bangkok pourront lire leurs lettres et leurs journaux.

Le commandant Mac Leod, de la *Pallas*, signe avec une courtoisie parfaite l'accusé de réception qui lui est demandé. Il sortira demain des limites assignées ; le *Swift* est déjà au large ; le *Linnet* seul reste dans le Ménam. Les conseillers qui avaient fait espérer au roi l'appui de l'Angleterre ont compté sans leur hôte.

30 juillet. — Le découragement de l'ennemi s'accroît visiblement ; la mise en liberté du capitaine Thoreux, dont l'heureuse nouvelle parvient aujourd'hui à Kohsichang, est un symptôme caractéristique. Le *Lion* est allé rejoindre le *Lutin* devant la barre du Ménam ; le *Forfait* est détaché au blocus de Chentaboum, le port le plus important de la côte est ; la *Comète* appareille pour Hatien au moment même où la *Pallas* passe en rade et salue de vingt et un coups de canon la nouvelle terre française.

Nous portons là-bas le courrier de la division navale ; nous chargerons au retour une foule de provisions que prépare en ce moment l'administrateur, M. Bos. Toutes celles que nous pourrons nous procurer en outre seront les bienvenues ; les tiroirs du bord regorgent de listes de commissions. Ce blocus s'annonce mieux que celui de Formose, où le confortable faisait si absolument défaut. Qui veut tirer parti des hommes doit commencer par les nourrir ; la santé, le moral des équipages sont choses précieuses à conserver, et les marins aiment à voir leurs chefs se préoccuper ainsi de leur bien-être.

1er août. — La traversée a été extrêmement pénible ;

de forts grains d'ouest, des pluies violentes rendaient la navigation difficile ; une mer très dure nous secouait de façon à ébranler les cœurs les plus fermes. O Banane ! ô Bonheur Parfait ! que n'étiez-vous là pour voir pâlir ceux qui vous accablaient de leurs railleries, pour rire de leur déconvenue et partager leurs défaillances ! Hier soir, à dix heures, nous arrivions exténués en rade de Hatien, et, aussitôt l'ancre tombée, nous allions chercher dans nos chambres un sommeil ardemment désiré. Hélas ! à trois heures du matin, la brise a fraîchi du nord-ouest, la houle s'est faite si haute que nous craignions de talonner ; il a fallu appareiller, nous éloigner de la côte pour chercher au large des eaux plus profondes. Nous n'avions pas besoin de ce surcroît de fatigue.

Dès six heures, ce matin, un officier s'est rendu à terre, porteur des courriers. L'embarquement des provisions, des dépêches, a commencé immédiatement, et nous sommes partis à cinq heures et demie avec un chargement aussi hétéroclite que gênant.

Huit bœufs, dix tonneaux de charbon, vingt sacs de riz, des poulets, des canards, des cochons, encombrent le pont, tandis que des légumes, des bananes, des fruits, des œufs remplissent les soutes et les coins les plus reculés des logements. Cette ménagerie se livre à d'affreux concerts ; mais cela ne dure pas longtemps. Aussitôt que nous avons doublé Phuquoc, nous retrouvons les grandes lames de la mousson, et l'anéantissement le plus complet ne tarde pas à remplacer avantageusement une agitation si bruyante. Au milieu des embruns du tangage la *Comète* remonte péniblement vers le nord, donnant tout ce qu'elle peut, afin que les camarades de là-bas n'attendent pas trop longtemps la manne dont elle est chargée.

3 août. — La rade de Kohsichang est bien garnie au moment où nous y faisons notre entrée à deux heures du soir. Le *Forfait*, l'*Alouette*, la *Vipère*, le *Lion*, deux torpilleurs, le 50 et le 43, y sont réunis autour de la *Triomphante*. Ce déploiement de forces a vaincu d'ailleurs les dernières hésitations du Siam ; l'*ultimatum* est accepté, la paix faite, le blocus levé. Nous occuperons Chentaboum comme gage jusqu'à complète exécution du traité que M. Le Myre de Vilers est chargé de négocier.

Voici donc la France maîtresse incontestée de la rive gauche, des îles du Mékong, de Luang Prabang, et devenue ainsi limitrophe de la Birmanie. Ce résultat doit médiocrement sourire aux agents anglais de Bangkok. L'indemnité, fixée en bloc à trois millions, est déjà prête ; les frais de traite sur Londres ont coûté cent mille francs au trésor royal. Pour la France seule les dépenses de télégrammes atteignent cent vingt mille francs. La dislocation de la division navale est désormais prochaine. Chacun va rentrer dans sa chacunière, suivant l'expression du joyeux curé de Meudon. La *Comète* a grand besoin de changer d'air et de goûter un repos qu'elle ne connaît pas depuis son armement. Le surmenage des officiers, celui des hommes se manifestent par des cas de fièvre chaque jour plus nombreux et dont plusieurs sont graves. Une épidémie se dessine, fruit de la fatigue, des veilles, du paludisme, de l'intoxication typho-malarienne. Si notre départ n'était imminent, l'envoi à terre, l'installation dans une infirmerie improvisée, des malades les plus atteints ne tarderaient pas à s'imposer.

Nous débarquons, en attendant, tous les bipèdes et quadrupèdes qui nous faisaient ressembler à un champ de foire. Un arrosage abondant, quelques vigoureux coups de balai, de brosse, de faubert, ont vite rendu au pont sa physionomie habituelle. L'étable et la basse-cour ont disparu; nous retrouvons la canonnière.

Chaque jour nous parviennent maintenant les témoignages les plus précieux de sympathie et de bienveillant intérêt. L'un des premiers est celui de Sa Majesté Norodom, roi du Cambodge. Ennemi-né du Siam, qui détient ses chères provinces de Battambang et d'Angkor, il n'a jamais cessé d'espérer que l'appui de la France lui rendrait un jour les territoires perdus. La nouvelle que deux navires, entrés de vive force dans le Ménam, avaient mouillé en vue du palais de son rival détesté, qu'ils l'avaient tenu sous leurs canons, lui a causé, dit-il, la joie la plus grande de sa vie. Sans perdre une minute, il a voulu envoyer aux deux commandants et à leur chef sa médaille militaire en or, la décoration la plus recherchée du Cambodge.

Cette fois encore malheureusement les vœux du souverain de Pnom-Penh ne seront point réalisés. La cour de Bangkok s'est montrée assurément très ingrate à l'égard de la France; elle a cent fois mérité que nous déchirions les anciens pactes où nous lui avions fait de larges concessions et que nous lui imposions la restitution au roi notre protégé des fleurons enlevés jadis à sa couronne; mais l'*ultimatum* est muet à cet égard; le traité le sera également.

Si les Siamois n'avaient pas cédé immédiatement, les choses eussent pris une autre tournure. Attaqués le long du Mékong, où le capitaine Adam de Villiers leur a infligé un échec sanglant, ils l'eussent été également à Battambang, sur lequel le général Duchemin se dirigeait déjà avec quinze cents hommes, appuyé par la *Caronade* et la *Baïonnette*. Les inondations du Mékong interdisant toute communication avec le Nord, tout envoi de renforts ennemis, nous eussions occupé, presque sans coup férir, la région des Grands-Lacs. Le roi Chulalongkorn l'aurait perdue à jamais, et son heureux compétiteur fût rentré en possession de l'héritage de ses ancêtres.

8 août. — L'*Alouette* est partie ce soir à quatre heures, ramenant M. Pavie à Bangkok. Un cérémonial arrêté d'avance va marquer ce retour solennel : un navire siamois viendra recevoir à la barre le représentant de la France, saluera l'*Alouette,* saluera le ministre et rendra les honneurs; une salve nouvelle signalera le moment où le pavillon tricolore sera rehissé au mât de la Résidence; cela fait au moins cent coups de canon, deux fois plus que nous n'en avons tiré au combat du 13 juillet.

En rentrant à son poste, le ministre de France emporte les sympathies et les regrets de tous. La simplicité, la bonne grâce de son accueil, la flamme patriotique qu'on sent brûler en lui, attirent infailliblement les cœurs de ceux qui l'approchent. Toujours un peu pessimiste en ce qui concerne notre situation au Siam, il y voit les choses très en noir, la paix mal assurée, de prochains conflits en perspective. Jusqu'ici les événements lui ont donné pleinement raison ; souhaitons que l'avenir ne fasse pas de même.

Le *Lutin* est allé prendre possession de Chentaboum. L'*Aspic*, armé en toute hâte à Saïgon, vient d'arriver. Le *Prosper* a été rendu ; redevenu le *Pravase*, il s'est empressé de hisser le pavillon à éléphant blanc et de retourner à son paisible cabotage. Le *Papin* est à Singapore, d'où il doit amener M. Le Myre de Vilers à Bangkok. C'est la fin du spectacle, la sortie est proche.

9 août. — Ce matin, le départ a commencé. A neuf heures, le *Forfait* a ouvert la marche, remorquant la *Vipère*, qu'une avarie de chaudière rend incapable de faire elle-même le voyage de Cochinchine. A quatre heures la *Comète* a suivi, accompagnée des deux torpilleurs qu'elle est chargée de convoyer jusqu'à Phuquoc. Une fois à l'abri en dedans de l'île, ils gagneront Saïgon par le canal d'Hatien.

En 1885, l'escadre de l'Extrême-Orient perdit les deux siens parce qu'on voulait leur faire effectuer les traversées à la remorque d'un grand navire, et que leur faible coque ne put résister à de pareils effets d'ébranlement. L'un coula derrière le *Chateaurenaud*, l'autre à poupe du *d'Estaing*. Instruits par cette expérience, nous usons d'un procédé tout autre, laissant le 43 et le 50 faire route librement, à courte distance dans nos eaux, rasant la terre avec eux, prêts à gagner un abri si le temps se gâtait. Il fait calme heureusement, mer plate, horizon clair, une journée pour les torpilleurs. Malgré ces circonstances si exceptionnellement favorables, nos petits compagnons, faits pour filer seize ou dix-sept neufs, ont grand'peine à suivre la *Comète*, qui en marche dix et doit fréquemment ralentir pour les attendre.

Les voilà, dans toute leur faiblesse, ces nains qui devaient détruire les géants, cette poussière navale appelée à faire disparaître, disait-on, les flottes cuirassées, et que le moindre clapotis met hors d'état de naviguer, à plus forte raison de combattre! Les voilà ces coquilles de noix qui, faiblement agrandies, devaient, sous le nom de torpilleurs autonomes, sillonner les mers et envoyer les paquebots aux abîmes! Ces rêves ont pu égarer pendant quelque temps les esprits ingénieux en quête de progrès; mais la faillite est complète maintenant, la pratique a pleinement condamné la théorie. Arme redoutable le long des côtes, dans les eaux calmes, le torpilleur est impuissant au large et gêne le plus souvent les escadres qu'il devrait appuyer.

10 août. — Nous avons retrouvé le mauvais temps près de l'île Samit, brise fraîche du nord-ouest, mer grosse, grains de pluie épais; il a fallu ralentir la vitesse. Dans de pareilles conditions, nous ne pouvions songer à gagner Phuquoc avant la tombée du jour, et nous avons relâché à la baie Saracen. Le *Forfait* et la *Vipère* s'y trouvaient déjà ; l'*Aspic* n'a pas tardé à nous rejoindre ; jamais notre île de Robinson n'avait vu tant de monde à la fois. Les deux torpilleurs ont accosté la *Comète,* élevée à la dignité de mère nourrice, pour compléter leur provision d'eau et de charbon. MM. Jombert et de Cacqueray, ne pouvant dormir dans leurs soupentes de tôle d'acier, sont venus me demander asile ; vite nous avons improvisé un dortoir dans mon logement où nous avons passé une nuit tranquille, bercés par les rafales de la mousson et le crépitement des averses.

11 août. — Au petit jour, branle-bas général; le ciel s'est éclairci ; nous partons. Stimulés par l'approche de l'étape, le 43 et le 50 soutiennent vaillamment l'allure, malgré la houle qui persiste au large et leur imprime des mouvements désordonnés. A neuf heures, nous donnons dans les passes de Phuquoc; la *Comète* s'assure que ses compagnons n'ont plus besoin de rien et leur donne liberté de manœuvre... Tandis qu'ils font route vers Hatien, nous rallions à Saracen le pavillon de l'amiral. Aussitôt en vue, nous signalons : « Les ordres du commandant en chef sont exécutés », et c'est un soulagement pour tous de savoir les torpilleurs à l'abri, sains et saufs, après une traversée délicate.

12 août. — A son tour, la *Comète* est maintenant accostée au *Battambang,* vapeur affrété récemment pour apporter à la division navale des vivres et du combustible. Près de lui, elle ne paraît guère plus grosse qu'un torpilleur n'était près d'elle; la mère nourrice n'est plus qu'un nourrisson. Ce matin, le *Forfait* est parti, traînant toujours la pauvre *Vipère,* plus impotente encore que jadis dans le Yang-Tsé; l'*Aspic* a fait route hier soir. A deux heures, après avoir embarqué quatre bœufs et trente-six tonnes de cardiff, la *Comète* appareille aussi; le *Battambang,* la *Triomphante* suivent demain avec l'*Inconstant*.

Les instructions de l'amiral nous envoient à Hatien, où nous transmettrons au *Lion* l'ordre de rentrer à Saïgon; nous gagnerons ensuite nous-mêmes ce dernier point, qui est le rendez-vous de la division entière.

La fièvre continue ses ravages à bord de la *Comète*. MM. Fournier et Gervais sont gravement atteints, et deux aspirants les remplacent momentanément dans leurs fonctions.

Le mauvais temps rend la navigation très pénible; on voit à peine la terre, tant la nuit vient vite ce soir, tant le ciel est sombre, bas, chargé d'orages. C'est à tâtons, pour ainsi dire, que nous suivons dans l'obscurité cette côte sans phares, sans balisage, semée de dangers, de roches noires où brisent des lames phosphorescentes. Vers neuf heures, ayant doublé le sud de Phuquoc, nous mettons le cap sur Hatien, vigoureusement poussés par les bouffées chaudes de la mousson; à onze heures, nous mouillons pour attendre le jour.

CHAPITRE XVI.

13 août. — Vers minuit, les feux d'un navire sont en vue dans l'Est ; nous échangeons les signaux de reconnaissance ; c'est le *Lion*. Au moment où il passe à poupe, une baleinière de la *Comète* va lui porter les ordres de l'amiral. De son côté, notre camarade, en quelques mots échangés au passage, nous met au courant de sa situation. « Le *Papin,* qui était allé à Singapore chercher M. Le Myre de Vilers, a eu des avaries... Il se trouve mouillé près d'ici... L'ambassadeur a réquisitionné le *Lion* pour le conduire à Bangkok. » Après cette courte explication, il reprend route vers l'ouest et disparaît rapidement au milieu des grains.

Notre baleinière ne revient pas... Entraînée au loin par la manœuvre de tout à l'heure, elle a sans doute peine à remonter la mer, la brise, le courant contraire. Nous la veillons avec anxiété, et les minutes de cette attente nous semblent singulièrement longues. Une vague forme blanche se dessine enfin derrière, soulevant de larges embruns ; c'est elle ! Au milieu du battement des avirons on distingue des cris perçants, d'un timbre bizarre, qui dominent par moments la voix du patron encourageant ses hommes : « Hardi ! souque, garçons ! » Puis un concert de plaintes aiguës. Y a-t-il donc un blessé ? ce n'est que trop vraisemblable en pareille circonstance ! Voici enfin l'embarcation à la coupée ; le tapage redouble ; deux hommes montent l'échelle, portant avec peine un magnifique cochon noir qui s'égosille de plus belle. L'énigme s'explique très naturellement... Le *Lion* était chargé de provisions pour tous les bâtiments ; il nous a envoyé notre part au passage.

Infortuné pourceau, tu payeras cher avant peu l'émotion que tu nous as causée !

Aux premières lueurs de l'aube, la *Comète* appareille. A sept heures, on distingue le *Papin* mouillé au large des îles Pirates ; bientôt après nous rangeons son arrière, et le commandant Kiésel nous signale à bras : « Avarie de machine irréparable à bord. » Nous repasserons ce soir ; pour l'instant, nous allons au mouillage d'Hatien, d'où un officier porte à M. Bos le courrier et les dernières instructions de l'amiral.

A midi, notre mission étant remplie, nous revenons près du *Papin* et lui offrons nos services. Transporter son courrier, avertir le commandant en chef de sa situation, voilà tout ce qu'il nous demande, et, après un court stoppage, nous faisons route pour Saïgon. Derrière nous, notre malheureux camarade n'est bientôt plus qu'une silhouette confuse, là-bas au fond de cette rade foraine enveloppée d'orages, battue par la houle du sud-ouest. Évidemment on va l'envoyer chercher au plus vite.

CHAPITRE XVII

A Saïgon pendant les négociations. — La fièvre de la *Comète*. — Les trois millions du Siam. — Nègres et jaunes. — La marine et le petit commerce.

15 août. — D'Hatien au cap Saint-Jacques nous avons eu un temps affreux. La mousson soufflait dans toute sa force, amenant du sud-ouest des grains noirs et de grands nuages livides chargés d'électricité, de chaleur, de pluies torrentielles. A demi ensevelie dans le creux des lames, la *Comète* était abominablement ballottée ; à chaque coup de roulis les bastingages faisaient cuiller, les embarcations du travers trempaient dans la mer au risque d'être emportées.

Aussi Saïgon, où nous venons d'arriver à trois heures, n'est-il plus à nos yeux la ville malsaine, chaude, la prison que l'on désire quitter au plus vite ; c'est une Capoue pleine de délices, une oasis où l'on oublie les fatigues de la mer, où l'on fait des orgies de sommeil. Deux jours pareils ont rapidement aggravé l'état de nos malades ; demain matin un officier, M. Gervais, et onze hommes, seront envoyés à l'hôpital.

Sauf le *Lion*, la division d'Extrême-Orient reste ici

tout entière. Sa présence à portée du Siam est utile pendant la durée des négociations de M. Le Myre de Vilers. Elle profitera, en outre, de ce séjour forcé en Cochinchine pour se ravitailler, se réparer à fond et se mettre en état de gagner rapidement le Japon dès que sa liberté lui sera rendue. C'est là-bas seulement qu'elle pourra guérir ses malades et donner aux hommes valides un repos salutaire.

Il est facile de prendre patience quand on est dans une belle ville pleine de ressources, où chacun vous fait l'accueil le plus chaleureux, où l'on a des vivres frais, du lait, de la glace, où l'on peut faire blanchir son linge. Ce sont de petits bonheurs qu'on n'apprécie à leur juste valeur qu'après en avoir été longtemps sevré.

20 août. — Ce matin, l'amiral a réuni tous les commandants pour les mettre au courant de la situation, qui se tend de nouveau. A Khône, les Siamois ont tiré sur un parlementaire; à Chentaboum, ils assignent à nos soldats les logements les plus malsains de la ville; à Bangkok, M. Le Myre de Vilers se heurte à une mauvaise foi telle qu'il songe à se retirer. Nous devons donc être prêts à tout événement. La *Comète* est parée, quoique l'état sanitaire y soit de moins en moins brillant et qu'elle compte maintenant trente malades sur un équipage de quatre-vingt-six hommes. Nous ne demandons qu'à marcher et à finir d'un seul coup.

De précieux renforts viennent de nous arriver dans la personne des deux canonnières *Massie* et *la Gran-*

dière, destinées à la navigation du haut Mékong. Elles font actuellement leurs essais ; avant peu elles seront en état d'assurer la police du fleuve. D'un autre côté, la canonnière cuirassée *le Styx* a quitté Cherbourg pour Saïgon. Fortement blindée, ne calant que $3^m,60$, évoluant dans un espace très court à l'aide de ses deux hélices, armée d'une grosse pièce, 27 $^c/_m$, c'est un instrument de combat tout à fait approprié à des opérations contre le Siam. Avec cette clef-là, on ouvrira le Ménam en un clin d'œil, et il ne restera pas pierre sur pierre de ses défenses.

27 août. — Nous continuons à rester l'arme au bras, voués désormais à un rôle passif auquel il est difficile de fixer un terme. L'*Alouette*, l'*Aspic*, le *Lutin*, se relèvent pour monter la garde à Bangkok ; le *Forfait* appuie, par sa présence, la garnison récemment installée à Chentaboum ; les autres bâtiments sont immobiles à Saïgon. Même à douze cents kilomètres de distance, les négociateurs siamois doivent apercevoir leurs beaux-prés parés à sortir de la coulisse. Ces épouvantails lointains ne sont, d'ailleurs, pas inutiles, car l'entourage du roi Chulalongkorn, mal à l'aise sur le terrain militaire, retrouve tous ses moyens autour du tapis vert diplomatique. Les Xavier, les Rollin-Jacquemyns ont voulu entrer de nouveau en ligne ; mais notre représentant a parlé ferme, refusé de les recevoir et déclaré que la France devait discuter les affaires du Siam avec le Siam lui-même, non avec un métis portugais ou un jurisconsulte belge. Ce langage si digne, si patriotique, a remis chacun à sa place ; il a soulevé ici la plus vive approbation.

Si nos fonctions de spectres muets ne sont ni actives ni glorieuses, elles offrent, du moins, nombre de compensations. En cette saison, le climat de la Cochinchine est plus supportable que celui de Hong-Kong, de Canton ou de Shanghaï. Chaque jour un grain violent, attendu avec impatience, vient rafraîchir l'atmosphère, et la promenade est charmante après ce coup d'arrosoir quotidien. Avril était bien autrement pénible. Le Tour de l'Inspection, les excursions à Cholen, le travail, la lecture, les causeries entre amis, les obligations du service, voilà plus qu'il n'en faut pour remplir nos heures. Et puis, à Saïgon, on n'est qu'à trente jours de France ; les courriers arrivent régulièrement et vite, apportant dans leurs sacs de toile grise des lettres, des journaux où les noms du pays forment comme une musique lointaine, pleine de douceur et de réconfort.

Quelque chose nous manquait cependant : c'était le *Papin*, le camarade resté en détresse parmi les rochers des îles Pirates. Il est arrivé aujourd'hui à la remorque du *Battambang*, et l'arsenal travaille déjà à le remettre sur pied. Il est mieux ici qu'en face d'Hatien, mieux peut-être même que sur la côte de Madagascar à laquelle il est destiné. Souhaitons pour lui que ses réparations ne marchent pas trop vite.

Pendant ce temps, nos amis les Chinois profitent de notre absence pour se remuer le long du Yang-Tsé. La chaleur de la canicule les a réveillés, émoustillés même, car le *Curtatone*, croiseur italien en relâche à

Saïgon, nous apprend qu'ils ont brûlé une mission du Père Angelo.

2 septembre. — Toutes les chrétientés de la vallée du Kiang pourraient être pillées ou incendiées sans que la *Comète* eût la force de les secourir. Elle n'a plus à bord que sept hommes valides sur quatre-vingt-six ; les autres sont à l'hôpital. Depuis huit jours la fièvre a fait d'énormes progrès ; chaque matin des cas nouveaux se sont déclarés ; on peut dire maintenant que tout le monde est pris. En face de cette épidémie singulière, spéciale à un seul bateau, de cette « fièvre de la *Comète* » que rien n'enraye, les médecins sont plongés dans un abîme de perplexité. Est-ce l'influenza ? une intoxication paludéenne, typho-malarienne ? *Sub judice lis est*. Deux choses sont certaines toutefois : la première, que nous sommes un cas intéressant, magnifique, unique ; la seconde, qu'il faut opérer une désinfection complète du bâtiment, afin d'en chasser les microbes accumulés. Nous aurons ensuite une santé parfaite, brevetée avec garantie du gouvernement.

La commission nommée par l'amiral ayant arrêté toutes les mesures à prendre, on nous a placés vis-à-vis de l'arsenal, à couple de la vieille *Vipère*, qui servira de dépôt pour notre matériel. Nous ne pouvons décidément nous séparer de cette compagne de nos débuts en Chine. Elle a un aspect de plus en plus lamentable ; les ouvriers qui travaillent à sa chaudière brûlée y ont promené partout du minium et de la rouille ; l'eau des grains filtre à travers les capots et les coutures du pont; avant peu elle sera plus marécageuse et plus malsaine que sa voisine.

Commencé le 31 août, le mouvement de transbordement a été terminé le 2 septembre. La *Comète* est vide; un réchaud de soufre a été placé dans chaque compartiment, allumé avec un tampon d'ouate imbibée d'alcool; les claires-voies et panneaux ont été calfatés; les microbes restent seuls en bas, livrés sans doute aux plus amères réflexions.

Ce qui reste de l'équipage a été envoyé sur la *Loire*, le ponton-caserne de Saïgon; les officiers ont été obligés de l'y suivre, car les hôtels sont pleins, et l'on n'y trouvera de place que demain, après le départ du transport *le Shamrock,* actuellement sur rade.

3 septembre. — Qu'une chambre à terre est vaste et fraîche, que son grand lit est commode quand on sort d'une cabine étroite où les sabords sont petits, les moustiques et les cancrelats gigantesques! Les fenêtres de notre rez-de-chaussée donnent sur un jardin rempli de plantes admirables. Certaines ont des feuilles en éventail qui mesurent plus d'un mètre de longueur. Pendant l'heure calme de la sieste, où l'on dort ici comme en France à trois heures du matin, il est charmant de regarder ces belles filles de la lumière et de la pluie tropicales, de les entendre frissonner au vent et battre les persiennes avec des frôlements d'ailes.

Mais là, comme ailleurs, comme à bord de la *Comète,* comme dans le bel hôpital ombragé, fleuri, où nos hommes vont tous, la fièvre insidieuse continue son œuvre. Elle est venue avec nous, amenant son cortège d'insomnies, de cauchemars, de tristesses, sa soif dévorante que rien ne peut calmer, ses heures de défaillance où la solitude, l'éloignement du pays, l'absence de ceux qu'on aime ont tant d'amertume. Dans l'homme le plus bronzé n'y a-t-il pas un enfant endormi que la maladie réveille? Ce retour vers le passé, ce besoin de protection instinctif, se lisent maintenant sur les figures pâles de ceux que, chaque matin, nous allons voir à l'hôpital. Grâce à Dieu, aucun n'est en danger de mort; nous ne perdrons personne; mais bien des convalescents nous quitteront pour aller se guérir à Yokohama, au sanatorium du docteur Mècre. Les plus atteints rentreront en France et ne retrouveront sans doute jamais leur santé d'autrefois.

Seul de tout l'état-major, l'officier en second est indemne, malgré la besogne si fatigante dont il est chargé et dont il s'acquitte avec un entrain qui ne se dément jamais. Atteint de la fièvre du Sénégal qui lui revient par accès intermittents, il est en quelque sorte vacciné. Y a-t-il antipathie entre le microbe de Saint-Louis et celui de Bangkok? S'entendent-ils, au contraire, pour ne pas se faire une concurrence déloyale? Voilà encore un problème intéressant pour la docte faculté; la *Comète* lui fournit sans compter des sujets d'étude palpitants !

6 septembre. — Les panneaux, ouverts depuis deux jours, ont enfin donné passage aux dernières vapeurs de soufre; on a pu descendre hier et passer sur l'intérieur du bâtiment un badigeon de chaux additionnée de sublimé corrosif. C'en est fait des ferments pathogènes! Si un seul survit, les médecins y perdront leur latin.

Pendant que nous sommes immobilisés ainsi, le *Papin* a passé au bassin, et ses réparations marchent rondement; le *Forfait,* le *Lion,* le *Lutin* sont arrivés du golfe. Ce dernier était un messager de paix. Il ne portait pas de rameau d'olivier, ce qui n'est point de mise ici, mais apportait dans ses soutes les trois millions d'indemnité versés par le Siam. Cette somme est en argent naturellement, puisqu'il n'y a pas de monnaie d'or en Extrême-Orient, et pèse, au taux actuel du change, plus de vingt-cinq mille kilogrammes. Le *Lutin* s'est accosté à l'appontement des transports; de là sa cargaison a passé rapidement dans la caisse du Trésor, qui a commencé à mettre immédiatement ce renfort de piastres en circulation.

Un illustre empereur romain disait que l'argent n'a pas d'odeur; il en est sans doute ainsi pour les dollars du Siam; mais ils ont une couleur peu engageante qui va du noir crasseux au jaune sale, en passant par une foule de teintes lugubres. Déjà les négociants de Saïgon commencent à les regarder d'un mauvais œil et à croire qu'ils sortent d'une arrière-boutique de faux monnayeurs. Chacun de nous, en ayant reçu une certaine quantité pour sa solde de septembre, se demande avec inquiétude s'ils auront cours en Chine. Les « shroffers » des banques les palperont avec mépris et les feront tinter dix fois pour une. Voilà les affronts auxquels nous exposent les présents d'un ennemi :

Timeo Danaos et dona ferentes.

9 septembre. — La *Comète* a repris son poste en rade. Elle est assainie, réarrimée, et pue le soufre brûlé comme cent mille diables. Il est facile de comprendre que les microbes aient succombé dans une atmosphère pareille ; après cinq jours d'aération, les hommes ont peine à résister. On a beau inonder son logement d'eau de Cologne, l'affreuse odeur persiste ; on se croirait à la porte de l'enfer, et les piastres, même non siamoises, noircissent à vue d'œil. Le bord se repeuple lentement ; quelques malades ont commencé à revenir, et parmi ceux-là figure le plus indispensable en pareil cas, le docteur Conte, qui, bien que souffrant lui-même, n'a cessé de se prodiguer avec un dévouement admirable.

La faiblesse des convalescents est si grande encore qu'il est impossible de compter sur eux pour le service. On a donc fait une sorte de souscription : chaque navire de la rade nous envoie un certain nombre de ses brevetés, tous les Annamites qu'il possède en supplément pour la chauffe, et nous en faisons une salade destinée à parer au plus pressé.

C'est à juste titre qu'on s'efforce de développer le recrutement des marins indigènes dans la colonie. Doux, disciplinés, habitués au climat et au soleil, intelligents, adroits, ils nous rendent de grands services. Ce peuple a de sérieuses qualités militaires, l'amour de l'uniforme, la fidélité à ses chefs, le mépris de la mort, et c'est bien le cas de les utiliser au profit de notre domination.

En ce qui concerne la marine de guerre, il n'y a que deux ombres au tableau : les recrues, habituées surtout à la navigation des arroyos, souffrent de la mer et l'appréhendent ; en outre, la liberté de l'Annamite lui est chère ; les femmes lui sont plus chères encore à tous égards, et la claustration du bord lui pèse. En ne lui tenant pas la bride trop serrée dans les débuts, on arrive néanmoins à faire de lui un précieux auxiliaire. Il y a là une mine qu'il faut continuer à exploiter, de façon à ne demander à la métropole pour la station locale que les spécialistes impossibles à former sur place. L'arsenal est déjà entré dans cette voie et s'est peuplé d'excellents ouvriers indigènes ; la surveillance, la comptabilité seules exigent des Européens.

Le plus brillant avenir semble promis à cette Cochinchine, qui offre toutes les ressources d'une colonie de domination modèle, qui possède sur son sol prodigieusement riche un peuple laborieux et soumis, naturellement respectueux de l'autorité, surtout quand elle s'incarne dans un Français. Quelquefois, malheureusement, les maîtres que nous lui envoyons sont des naturalisés de fraîche date, dont les noms étrangers trahissent l'origine et dont le choix l'étonne. De temps à autre même, des nègres viennent occuper ici les fonctions les plus délicates, et ce n'est plus de la surprise qui les accueille, c'est de l'irritation.

Le blanc est le conquérant dont on ne songe pas à discuter les ordres ; le noir est un intrus qu'on méprise et qu'on bafoue. Quel contraste, d'ailleurs, entre les deux races, entre l'Africain paresseux, beau parleur, vaniteux, épris d'égalité, impatient de tout joug, et l'Annamite travailleur, taciturne, modeste, fils d'une société fortement hiérarchisée ! Aucune idée n'est commune entre eux, aucune sympathie possible. La parlote, les harangues, sont le triomphe du nègre, du vrai nègre, et non de celui de la *Case de l'oncle Tom*, admirable chef-d'œuvre de littérature, d'émotion et d'inexactitude. Qui ne connaît dans la marine les séances légendaires attribuées à un conseil d'une de nos colonies américaines :

L'orateur. — Oui, messieurs, mon concours vous est acquéri.

Une voix dans l'assemblée. — Acquis, acquis !

L'orateur, indigné. — A qui ! A qui ! à vous tous, messieurs ! N'eût-il pas mieux valu vraiment que mon interrupteur se taisât ?

La même voix dans l'assemblée. — Se tût ! Se tût !

L'orateur, surpris. — Se tue, se tue... oh ! messieurs ! je n'en demande pas tant !

Voilà le nègre burlesque, chargé peut-être, mais qu'on retrouve, hélas ! en grattant beaucoup de peaux noires ; phraseur, disserteur, orateur de palabres, aimant à prêcher son curé.

Silencieux, docile, attaché aux traditions, l'Annamite exprime son opinion simplement et se range volontiers à celle de ses supérieurs.

Au conseil colonial, les Européens reprochent même vivement aux représentants indigènes d'être toujours de l'avis de l'autorité. On doit ménager cette heureuse disposition d'esprit qu'un afflux trop considérable de fonctionnaires noirs ne manquerait pas d'altérer. La vieille France possède plus d'hommes distingués qu'il n'en est besoin pour diriger au loin son action civilisatrice. Il ne faut pas qu'elle leur préfère des enfants d'hier ou des hommes de couleur dont la place n'est pas ici, fussent-ils d'une capacité hors ligne. Aucun peuple d'Europe ne commet pareille faute dans ses colonies.

16 septembre. — Bien que le Siam ait payé ses trois millions et qu'il affiche des dispositions très conciliantes, les choses traînent en longueur. Le câble de Bangkok à Saïgon est d'ailleurs rompu, accident périodique et fréquent qui coïncide généralement avec l'annonce d'une complication.

Il est donc impossible de prévoir le terme de notre séjour à Saïgon, de cette inaction qui, trop prolongée dans un pareil pays, n'est plus un repos, mais une fatigue nouvelle. Lecture, promenades, travail, tout lasse à la fin ; la torpeur coloniale vous monte au cerveau ; ces jours de spleen qui se suivent et se ressemblent malheureusement sont énervants, interminables.

Que celui-là connaissait bien le cœur du soldat qui traitait ses vétérans de grognards ! Le marin le plus novice peut revendiquer cette épithète, la disputer même avec avantage aux plus glorieux médaillés de Sainte-

Hélène. Il trouve à grogner un plaisir, un soulagement indicibles, et le personnel de la *Comète* tout entier se livre avec ensemble à cet exercice salutaire. La tête de Turc est naturellement l'ennemi d'hier, dont la diplomatie fait preuve aujourd'hui d'une activité si peu dévorante.

20 septembre. — La canonnière se nettoie et reprend maintenant figure à vue d'œil. Ce changement est pour l'équipage une jouissance analogue à celle que procure un bain après une marche forcée ; il s'y complaît : c'est bon signe. Afin d'accélérer le retour de la gaieté, l'autorité du bord a fait emplette d'un accordéon, l'instrument favori du matelot, talisman qui exerce déjà la plus heureuse influence sur les esprits abattus du gaillard d'avant. Des danses, des chœurs se sont organisés immédiatement, dominant le bruit des grognements ; la joie renaît ; applaudissons à cet heureux symptôme.

Les commerçants de Saïgon (quel cœur est à l'abri de tout égoïsme?) font des vœux pour nous garder le plus longtemps possible. Jamais ils n'ont vu la rade garnie de tant de consommateurs sérieux. Si nos santés s'altèrent, on ne peut dire que ce soit sans bénéfice pour personne.

En France, les municipalités se disputent des escadres ; ici, on se contente d'une simple division ; j'ai connu une Antille à qui un seul navire suffisait.

En 1886, Saint-Barthélemy, petite île que la Suède nous a vendue, ne faisait pas de brillantes affaires. Afin d'y jeter un peu d'argent, chaque bâtiment allait y passer quelque temps à tour de rôle. On quittait Fort-de-France le lendemain du payement de la solde, avant que les mulâtresses eussent trouvé le temps d'y faire brèche; on arrivait là-bas chargé comme un galion; les permissions, ordinairement mesurées avec tant de parcimonie, étaient prodiguées à tout venant, et Gustavia, la capitale, s'emplissait d'un joyeux bruit de piastres. Les plus folles prodigalités étaient considérées comme la marque d'un patriotisme éclairé, éclairant même, dirait la jeune école.

Quelques esprits chagrins et puristes auraient pu s'aviser de voir là un abus. Saint-Barthélemy trouvait qu'on n'en faisait jamais trop. Un jour même, jugeant que leur rade était vide depuis longtemps, les insulaires du cru imaginèrent un « truc » ingénieux qui eut le succès le plus éclatant : ils écrivirent au gouverneur de la Guadeloupe que l'eau allait leur manquer.

Une vive émotion s'empara aussitôt des autorités du pays; on voulut parer immédiatement à un état de choses si inquiétant. Le *Bouvet*, réquisitionné par dépêche télégraphique, embarqua précipitamment toutes les barriques d'eau que l'on put se procurer à Fort-de-France et fit route pour Saint-Barthélemy. Arriverait-on à temps ? Telle était la question que chacun à bord se posait avec angoisse, et la marche de l'hélice semblait lente au gré de tant d'âmes compatissantes. Quand on mouilla en rade de Gustavia, il pleuvait à torrents ; les citernes de l'île débordaient dans les rues ; on refusa énergiquement d'y verser le chargement que nous apportions et qui fut dédaigneusement jeté à la mer. S'il y eut un danger parfaitement réel, ce fut celui que coururent les économies de notre équipage et que les séjours à terre firent tourner au désastre. Quelques permissionnaires furent même retrouvés endormis à l'ombre des mancenilliers dont l'île fourmille. Aucun n'était mort, et, s'il y eut quelques légères indispositions, on ne peut en aucune façon les attribuer à l'arbre de l'Africaine. O Sélika, noire héroïne, votre mort est un bel effet de théâtre et rien de plus! Si les matelots du *Bouvet* fréquentaient l'Opéra, ils protesteraient en masse contre un dénouement si peu conforme à la réalité.

26 septembre. — Ce matin, une dépêche de Paris vient d'annoncer officiellement à l'amiral les récompenses accordées, sur sa proposition, pour l'affaire de Paknam. M. le commandant Bory est promu capitaine de vaisseau, et cet acte de justice est accueilli par la division avec un véritable enthousiasme.

Sur l'*Inconstant,* MM. de Lapérouse, Vautier, Houard sont décorés; M. Pérot est nommé lieutenant de vaisseau; les deux blessés et le maître mécanicien reçoivent la médaille militaire.

A bord de la *Comète,* le commandant est promu capitaine de frégate; M. Méléart est fait chevalier de la Légion d'honneur. MM. Fournier et Gervais sont l'objet d'une proposition spéciale d'avancement; MM. Bazin et Conte reçoivent un témoignage officiel de satisfaction du ministre; le maître mécanicien et le maître de timonerie sont médaillés.

Le capitaine Jiquel, du *J.-B. Say,* est décoré pour sa belle conduite ; les équipages ne sont pas oubliés ; c'est une joie générale qui va singulièrement hâter les convalescences. Pendant de longs jours, nous allons vivre au milieu des félicitations, des toasts, des marques de sympathie les plus précieuses. Les nouveaux promus ne tarderont pas à rentrer en France ; cette joie qui vient par surcroît est peut-être la plus douce de toutes, celle que ressentiront le plus vivement leurs absents bien-aimés. La pensée du retour fait oublier en quelques heures les amertumes inévitables d'une telle campagne ; elles paraissent déjà loin dans le recul du passé, enveloppées de ses mirages, inséparablement mêlées aux grands souvenirs que nous emporterons d'ici.

Et pourtant quelqu'un à bord souffre d'une déception profonde, d'une déconvenue que nous partageons sans pouvoir nous empêcher d'en sourire : c'est le pauvre Aming, dont la gratification n'a pas été accordée. Froissé dans son amour-propre, il supporte stoïquement cette épreuve inattendue ; mais l'ingratitude officielle lui a tourné la tête, et ses menus s'en ressentent. Hier, trouvant que les mêmes plats revenaient trop souvent, je lui en avais donné une liste variée destinée à guider son choix, à servir de thème à ses inspirations culinaires. Il y avait jeté un coup d'œil, puis était parti sans faire la moindre réflexion. Ce matin, au déjeuner, l'office se remplit de beefsteaks, de ragoûts, de poulets au kari... Cela formait un véritable défilé, et la vaisselle n'y suffisait plus. Aming avait mal compris ! Il servait en une fois la carte d'une semaine. Force nous fut de distribuer à l'équipage ce festin de Sardanapale... A quelque chose malheur est bon.

1ᵉʳ octobre. — Un télégramme de M. Le Myre de Vilers est toujours un événement dans les circonstances actuelles. Celui de ce matin clôt la série par un coup de théâtre, alors que les bruits les plus pessimistes couraient au sujet des négociations; il est ainsi conçu : « Traité et convention signés hier à Bangkok. Avantages importants consentis France. »

C'est un soulagement de voir régler honorablement des chicanes qui menaçaient de tourner indéfiniment dans le même cercle. Certains Saïgonais soutiennent que c'est un acte de faiblesse, et qu'on eût dû revendiquer les provinces de Battambang et d'Angkor; mais cette opinion ne semble pas reposer sur une connaissance exacte de la situation et n'est point celle du gouvernement métropolitain.

Chacun a dit son mot dans cette affaire; les marins et les diplomates ont fait leur œuvre; c'est au tour du colon d'entrer maintenant en scène, d'administrer et de mettre en valeur les vastes territoires du Laos que personne ne lui conteste plus. Le terrain est déblayé... aux ouvriers de construire.

Hélas! c'est en pareille matière qu'il serait téméraire de concevoir de trop brillantes espérances. Un marin, mieux que personne, sait que le Français a d'admirables qualités de colonisateur; il en voit les témoignages dans les cinq parties du monde. Mais une expansion coloniale n'a de raisons d'être vraiment durables que dans un pays où la population augmente rapidement, et c'est chez nous la source même des colons qui est menacée de tarir. La natalité de la France est faible, inquiétante même pour l'avenir d'une nation entourée de voisins jaloux, belliqueux et prolifiques. Si tracassé par l'État, si pressuré qu'il soit par mille impôts, le Français de nos jours se sent néanmoins trop au large chez lui pour que l'esprit d'aventure de ses aïeux le ressaisisse. En ce moment nous paraissons incapables de fournir un courant sérieux d'émigration vers les vastes domaines que nous acquérons sans compter, avec une hâte qui n'est pas toujours réfléchie. Quand l'Algérie et la Tunisie seront pleines, comme le rêvait Prévost-Paradol, nous pourrons porter plus loin nos regards et nos entreprises; d'ici là nos colonies végéteront. N'est-ce pas plutôt la France elle-même qui est en voie de devenir une colonie pour les étrangers? Les statistiques de la naturalisation inspirent à ce sujet des réflexions décourageantes.

L'envoyé extraordinaire de France a demandé son audience de congé et rentre en Cochinchine par Hatien. La division navale fait ses préparatifs de façon à partir vingt-quatre heures après en avoir reçu l'ordre de Paris. Chacun est en liesse à l'idée de quitter ce pays dont nous sommes las et de se retremper dans l'air vivifiant du Nord.

9 octobre. — Si le séjour de l'Indo-Chine manque de charmes à nos yeux, nous ne pourrions sans ingratitude oublier l'accueil que nous y avons trouvé, la bonne grâce hospitalière qui nous a ouvert toutes les portes. M. Le Myre de Vilers, le gouverneur général M. de Lanessan, sont ici depuis quelques jours ; leur arrivée et notre départ, fixé à demain matin, sont l'occasion de fêtes qui se succèdent sans interruption. Ce soir, pour couronner dignement la journée des adieux, grand banquet au palais du Gouvernement, puis concert et bal à la Société philharmonique. Beaucoup ne se coucheront pas et, sans transition, passeront du cotillon à l'appareillage. On se reposera en mer de ces joyeuses fatigues !

CHAPITRE XVIII

Départ de Saïgon pour le Nord. — L'Amour Mouillé, ou coup d'œil dans un courrier anglais. — Lutte contre la mousson de nord-est. — Foutchéou. — Deuxième séjour à Nagasaki. — Retour à Shanghaï. — Départ pour la France.

10 octobre. — A cinq heures du matin, nous quittons Saïgon encore enveloppé dans la brume qui précède le lever du jour. Le *Lion* ouvre la marche; il se rend à Hong-Kong, et ce sera une course de vitesse entre nous à cette époque où il est imprudent de flâner dans une mer que parcourent les typhons. Le *Papin* vient après : lui va à Zanzibar et Madagascar. La *Comète* suit en troisième; le *Forfait*, l'*Inconstant*, qui ont ordre de visiter les côtes de l'Annam et du Tonkin, la *Triomphante*, qui rallie Hong-Kong, ne partiront qu'à la marée du soir.

Nous descendons le Donnaï à grande vitesse. Les chauffeurs, dont plusieurs sont encore convalescents, montrent une ardeur admirable ; eux aussi ont hâte de sortir de ces marécages torrides. A neuf heures, nous déposons le pilote à Cangiou; le *Papin* et la *Comète* échangent un signal d'adieu, puis notre compagnon descend vers Singapore et ne tarde pas à disparaître dans la masse de nuages sombres qui borde l'horizon du sud.

Le ciel plus dégagé du nord nous promet une heureuse traversée; aussi mettons-nous le cap droit sur Hong-Kong. Le *Lion,* moins optimiste dans son diagnostic, serre la côte, prêt à y chercher un abri si le temps se gâtait. Nous ne tardons pas à nous séparer, et ne nous reverrons plus qu'au mouillage de Victoria.

Il faut arriver les premiers : ainsi en ont décidé les mécaniciens, auxquels ordre a été donné de pousser la machine sans la fatiguer. Le grand air du large, l'espoir de revoir bientôt Nagasaki leur communiquent une fièvre de vitesse et d'émulation. En matière d'amour-propre, ils rendraient aujourd'hui des points au légendaire capitaine yankee d'un ferry du Mississipi qui, pour dépasser ses rivaux, supprimait tout poids inutile à bord et poussait la minutie jusqu'à inviter ses passagers à se faire raser la barbe et couper les cheveux.

A mesure que nous remontons, le ciel et la mer sont plus beaux et plus azurés. Nous voilà menant une fois encore la vie saine, sévère, un peu monotone et pourtant si attachante du marin, existence de moine militaire, réglée comme celle d'un couvent, au milieu des solitudes de cette immensité bleue. Sur la *Comète* on ne voit que des heureux, des visages épanouis. C'est comme un renouveau de joie de vivre, pour ceux-là surtout qui sentent venir l'heure prochaine du retour.

14 octobre. — Après quatre journées si belles qu'on eût pu se croire sur le lac de Genève, nous venons d'entrer en rade de Victoria. Nous sommes les premiers ; aucun de nos camarades n'est encore arrivé... Ce succès-là vaut bien une double ration au personnel entier de la machine... Tel est sûrement l'avis de ces braves gens qui exultent, tout en savourant le quart de vin supplémentaire qu'on vient de leur distribuer.

Il n'y a en rade que les deux avisos *Pigmy* et *Linnet;* la ville est tranquille. Il n'en était pas de même, paraît-il, pendant les affaires du Siam, qui soulevaient à Hong-Kong une vive émotion faite d'amour-propre froissé, d'intérêts commerciaux lésés, mêlée à cette mauvaise humeur du chien classique qui ne voulait pas manger un os, mais ne voulait pas le laisser manger par les autres. Ce soir, un journal local annonce déjà l'arrivée de la *Comète,* en ajoutant que toutefois « le bombardement de Victoria n'est pas encore commencé ». Les Anglais ne sont pas ennemis d'une douce gaieté.

Si l'« humour », l'ironie à froid sont des traits marquants de l'esprit britannique, il y a derrière le masque rigide de John Bull des pensées d'une nature plus folâtre qu'il est amusant de pénétrer. Nous venons d'avoir cette bonne fortune d'une façon bien inattendue. Le diable, qui connaît son monde, soulève à Paris le toit des maisons pour voir ce qui se passe dessous ; il décachette ici les lettres pour voir ce qui est écrit dedans, et il est payé de sa peine.

Il y a eu à Hong-Kong en deux mois trois typhons, dont l'un a duré trois jours, du 1ᵉʳ au 3 octobre. Le courrier de la *P and O,* surpris à la mer par la bourrasque, a été fort secoué ; le bureau de l'agent des postes, placé sur le pont, était mal fermé par mégarde ; il a été envahi par l'eau, et le sac destiné à Victoria a pris un bain prolongé. Quand on a voulu faire le triage après cette aventure, l'embarras est devenu extrême. Beaucoup d'adresses avaient disparu ; des enveloppes étaient en bouillie ; il fallut chercher dans les lettres elles-mêmes un indice qui révélât les noms des destinataires ou des expéditeurs. Malgré tous les efforts des Œdipes du « Post Office », un bon stock ne put être distribué, et on prit le parti d'afficher ce qui restait pour que chacun vînt réclamer sa propriété. Il y a dans cette correspondance, signée des noms de baptême les plus variés, de nombreux billets doux tellement expansifs qu'une foule épaisse assiège sans cesse le tableau d'affichage et qu'on s'étouffe pour les lire. Les employés de la poste ont passé là quelques bons moments. Ils attendent maintenant les Bob, les Tom, les Maggy, les Jenny dont les noms familiers émaillent ces confidences ; mais, comme sœur Anne, ils ne voient rien venir. L'Amour Mouillé reste muet... Shocking ! shocking !

18 octobre. — L'arrêt à Hong-Kong n'est, cette fois, qu'un repos de peu de jours destiné à nous permettre de renouveler le charbon et de visiter rapidement la machine.

L'amiral, arrivé le 15, nous envoie à Nagasaki ; aussi la terre anglo-chinoise nous brûle-t-elle un peu les pieds. Nous partons demain matin et gagnerons le Japon en touchant à Foutchéou. Toutes les précautions sont prises à bord contre le mauvais temps qui règne au large. La mousson de nord-est s'est établie de bonne heure cette année et souffle, paraît-il, avec force dans le canal de Formose; la lutte avec elle sera dure.

21 octobre. — Les météorologistes de Victoria ne s'étaient point trompés dans leurs prévisions; la *Comète* est effroyablement secouée. Adieu les belles enjambées de plus de deux cents milles marins que nous faisions jadis en vingt-quatre heures ! La vitesse est maintenant réduite de moitié; nous nous traînons péniblement vers le nord; nous nous faufilons en dedans des îles qui bordent la côte et nous prêtent par instants un abri, hélas ! trop précaire. Le vent souffle du nord-est avec violence; les lames déferlent en hautes volutes panachées de blanc ; la côte est voilée de brouillard; le ciel est bleu, traversé de nuages dont les ombres fugitives volent sur la mer.

Ce matin, tandis que nous tanguions en face d'Amoy, le *Forfait* nous a dépassés. Grand croiseur, muni d'une forte machine, il remontait vaillamment la mousson. En voyant la *Comète* si petite et si faible, noyée parfois jusqu'aux bastingages, le commandant Reculoux nous a élongés, tenant haut le signal qui signifie : « Avez-vous besoin de quelque chose ? — Merci, avons-nous répondu avec résignation, tout va bien. » Le *Forfait* a repris sa course, et nous ne pouvions nous empêcher de l'envier, de l'admirer surtout. A chaque lame, son éperon plongeait jusqu'au gaillard d'avant, éventrant l'eau verte, soulevant un nuage d'écume. Derrière, ses flancs cuivrés se montraient à nu ; son hélice émergée fouettait la mer de ses quatre ailes de bronze ; puis il s'élevait, l'étrave dressée, ruisselante, chevauchant ainsi de vague en vague, respirant la puissance, défiant la tempête. Cette incarnation du génie humain dominant les forces les plus terribles de la nature est un spectacle grandiose dont un marin ne peut se blaser.

Notre camarade a eu vite fait de disparaître au loin dans le nord-ouest, et la *Comète* est restée seule. Le vent fraîchit encore ce soir ; on ne peut tourner le visage vers l'avant sans être aveuglé par le jaillissement des embruns, le cinglement des rafales. Le beaupré, les mâts de hune vibrent sous les coups d'un tangage désordonné ; la machine s'affole par moments, secouant la canonnière jusqu'à la quille ; mais nous marchons toujours et nous serons les plus forts.

23 octobre. — Hier, le temps a commencé à s'embellir, et, pour la première fois depuis Hong-Kong, nous avons croisé des flottilles de jonques battant la mer, traînant d'immenses sennes plongées entre deux eaux. Peu à peu la vitesse est remontée jusqu'à sept nœuds ; nous avons pu atteindre enfin la rivière Min et gagner ce matin le mouillage de Pagoda.

Tandis que nous complétons le plein de nos soutes et que nous consolidons notre mâture ébranlée, un gracieux panorama nous environne. Par une heureuse exception sur cette côte triste et sèche, les paysages de Foutchéou sont charmants : on dirait une Suisse.

mais une Suisse sans neige. Il fait un admirable crépuscule dont le calme et la fraîcheur sont singulièrement doux après tant d'agitations ; une lumière idéale ruisselle sur les montagnes vertes de Foutchéou. La *Comète,* toute blanche au clair de lune, semble se reposer de sa lutte opiniâtre contre la mousson ; chacun à son bord est las comme elle et se sent gagner par cet abandon physique qui suit les fatigues excessives.

24 octobre. — Puisque nous ne partons que demain matin, les chasseurs de l'état-major ont résolu de faire une grande partie, et le « comprador » du fournisseur s'est empressé de leur procurer un guide. Celui-ci est une mine de renseignements :

— Y a-t-il beaucoup de gibier ? lui demande-t-on.

— Oui, beaucoup canards, beaucoup sarcelles, beaucoup tourterelles !

— Des perdrix ?

— Oui, beaucoup aussi...

On part ; on bat les roseaux des berges, les rizières qui occupent le fond des vallées voisines de la Douane, puis les coteaux agrestes qui surplombent la rive sud du fleuve ; on marche intrépidement des heures entières sans voir ni poil ni plume. Le cicerone paraît si peu surpris qu'on le presse de questions.

— Oui, répond cet honnête homme, beaucoup gibier... l'hiver, maintenant rien di tout.

Voilà bien le Chinois et la précision habituelle de ses dires ! Chacun est furieux ; mais que faire ? Rentrer à bord et y dévorer sa déconvenue?... C'est ce que font nos disciples de saint Hubert. Avec un Fils du Ciel il faut toujours s'expliquer à fond et mettre les points sur les *i*.

25 octobre. — Cette relâche ne pouvait durer longtemps ; à neuf heures, la *Comète* appareille et descend la rivière Min. Pour ceux de nous qui ont pris part aux événements de 1884, c'est un véritable pèlerinage.

L'arsenal, où a disparu toute trace du combat de Pagoda, est en pleine activité ; les batteries ont été relevées de leurs ruines, renforcées d'ouvrages nouveaux. Seules les longues tranchées qui couronnaient toutes les crêtes et abritaient une armée de tirailleurs, n'ont pu résister à l'action du climat et de la végétation puissante du Fokien. Les rives du Min semblent toujours un décor d'églogue ; mais ses eaux ne roulent plus, comme alors, des débris calcinés, des épaves, des noyés tuméfiés et grimaçants ; elles coulent paisiblement au milieu de collines verdoyantes, ombragées de grands arbres.

Voici Couding, Mingan où il fallut combattre deux jours, Kimpaï où l'escadre éprouva des pertes cruelles, enfin l'île Salamis près de laquelle les navires passèrent à poupe de l'amiral Courbet en l'acclamant. L'ovation spontanée de ses compagnons d'armes dut retentir jusqu'au fond de ce grand cœur. Ce fut peut-être là la dernière joie sans mélange de ce chef glorieux qui entrait dans l'histoire déjà marqué du sceau de la mort, que nous allions perdre bientôt, mais que

ENTRÉE DE LA RADE DE NAGASAKI

ne pourront jamais oublier ceux qui ont eu l'honneur de l'approcher.

Avant la nuit, nous sommes sortis de l'archipel qui borde la côte ; la canonnière recommence à tanguer, à « mettre le nez dans la plume », remontant la grande brise, le cap sur le Japon.

29 octobre. — A mesure que nous nous sommes élevés en latitude, la mer et le vent sont tombés; cette traversée, si dure au début, s'est terminée de la façon la plus douce. Quelque tempête a dû pourtant parcourir récemment ces parages, car des passereaux, des tourterelles, épuisés de fatigue, sont venus se réfugier dans la mâture. Pendant deux jours nous les avons gardés prisonniers ; puis, à l'approche de la terre, nous leur avons rendu la liberté, et ils n'ont pas tardé à disparaître à tire-d'aile dans la direction du nord-est.

Hier soir, nous avons passé les îles Méac-Sima par la soirée la plus fraîche, la plus lumineuse, la plus charmante que l'on puisse souhaiter pour un atterrissage. Ce matin, à l'aube, la côte pittoresque du Japon a surgi au nord, drapée d'une brume couleur d'argent ; à sept heures, la *Comète* affourchait au fond de la rade de Nagasaki, toute blanche de rosée et de brouillard.

Un joli soleil ne tarde pas à dissiper ce voile léger, et le délicieux fiord japonais apparaît. La jeune verdure, que nous admirions au mois de mai, commence à se faner ; les arbres ont jauni, mais que les feuillages sont beaux encore avec le chatoiement de leurs teintes d'automne ! Peut-on désirer des brises plus douces pour des convalescents, une atmosphère plus pure pour dissoudre les miasmes de la serre chaude siamoise, des paysages d'arrière-saison plus reposants pour des yeux fatigués par l'aveuglante réverbération des jours tropicaux ?

Avant la nuit chacun est déjà à terre. Ceux qui partent ont mille emplettes à faire, mille souvenirs à rapporter en France; « bibeloter » est d'ailleurs ici un passe-temps classique. Même pour qui n'achète rien les marchands font assaut de sourires, de saluts sans fin ; ils semblent vous recevoir par plaisir et non par métier. Assurément la clientèle paye une partie de ces frais d'amabilité, et les tasses de thé que vous apportent les « mousmés » ne sont pas si gratuites qu'elles en ont l'air ; mais, après tout, ce système est infiniment plus agréable que celui des « general stores » des ports à traités chinois, où l'on vous vend, avec un air rogue et revêche, des choses abominablement chères.

1er novembre. — Chaque fois que nous descendons à terre, une légion de « djinns » nous attend au quai, et le débarquement se fait au milieu d'une cohue de menues voitures dont les traîneurs se confondent à qui mieux mieux en courbettes cérémonieuses. Bien râblés dans leur petite taille, ce sont des coureurs étonnants, aux poumons et aux jambes infatigables, qui feraient de rudes chasseurs à pied.

Celui que j'ai pris aujourd'hui pour aller à Ourakami trotte bravement depuis deux heures sur une route effroyablement dure et raboteuse, sans que sa bonne

MAGASIN DE CHAUSSURES AU JAPON

humeur en soit ébranlée. Une fois seulement il s'est arrêté quelques instants devant une boutique de chaussures pour y remplacer ses sandales de paille qui tombaient en loques. C'est le voyageur qui a payé cette grosse emplette; coût : dix centimes.

Nous serpentons dans de gracieux vallons dont les détours ouvrent sans cesse de nouvelles perspectives ; nous suivons des coteaux ombragés de taillis exotiques, parfumés de citronnelle ; nous longeons une petite rivière qui bruit doucement sur un lit de rochers, et nous voici à Ourakami, dont le jardin est une des curiosités du pays. C'est en effet un parc charmant, dessiné avec goût, embrassant une colline entière de ses allées en lacets. En quelques minutes on atteint le sommet couronné de belvédères d'où la vue s'étend au loin. Partout s'élèvent des chaînes vaporeuses; çà et là, au fond d'une trouée, on aperçoit la baie d'Omura, Nagasaki, puis les golfes bleus qui l'enserrent dans son étroite presqu'île.

Deux petites mousmés, en robe gris perle et ceinture rose, sont montées d'une « tchaïa » voisine; elles apportent, avec force saluts et éclats de rire, un plateau chargé de tasses de thé et de bouteilles de limonade. Notre traîneur de djinn, au lieu de se reposer, a grimpé à leur suite... Si c'est pour se faire offrir un rafraîchissement, son attente ne sera point trompée... Tous les trois causent gaiement, me nomment les montagnes et sentent visiblement la beauté de ce site d'Ourakami : dans le plus humble Japonais, il y a un amoureux de la nature.

Les chrétiens sont nombreux de ce côté. Dans les sentiers, sur la route, nous croisons des groupes où chacun porte au cou un scapulaire. Ce trait caractéristique et la sympathie avec laquelle ils nous saluent les désignent à l'œil le moins exercé. Ce sont des ouailles de Mgr Cousin, des catholiques auxquels les Missions étrangères apprennent le respect et l'amour de la vieille France.

3 novembre. — Quelque chemin que l'on prenne ici, la promenade est un enchantement. Hier nous étions à Nakago, dont le lac fournit l'eau à Nagasaki. Une jolie rivière en sort, tombe de cascade en cascade parmi de grands rochers boisés de sapins, et vient arroser les jardins où l'on cultive les plus beaux chrysanthèmes du pays. Larges comme des tournesols, colorés de toutes les teintes de l'arc-en-ciel, ils ouvrent fièrement au soleil leurs pétales éclatants. On comprend, en les voyant, que le Japon en ait fait son emblème et qu'ils figurent jusque dans le blason impérial. En regagnant la ville, nous sommes tombés au beau milieu d'une sortie de collège, de bandes de marmots jouant, se bousculant, poussant des cris de moineaux, jetant là leurs cahiers pour se poursuivre et se lancer des pierres. Eux n'ont point d'effort à faire pour imiter l'Occident ; l'enfant est le même partout, qu'il ait une robe à fleurs de Kiou-Siou ou une blouse d'écolier français.

Ce soir, nous sommes allés de l'autre côté de la baie voir la colonie russe d'Inassa, presque déserte en ce moment, mais qui ne va pas tarder à se remplir de bruit

et d'animation. Vladivostock, bloqué par les glac
pendant de longs mois, ne peut servir de centre a
escadres que pendant l'été, et c'est ici que vienne
hiverner la plupart des bâtiments de la flotte du Tsa
Nagasaki est aux yeux des équipages un lieu de d
lices ; Inassa leur appartient. La cuisine, les rafraîchi
sements sont à l'instar de Saint-Pétersbourg ; le po
trait de l'Empereur orne les appartements d'honneur
on mange du caviar dans ces restaurants dont l
enseignes mêlent les caractères nippons et l'alphab
russe. Des maisonnettes, voilées de feuillages, bala
cent de toutes parts des écriteaux engageants. Leur
fenêtres, ouvertes sur la belle rade de Nagasaki, sem
blent attendre les hôtes qui viendront là, comme de
oiseaux de passage, chercher le soleil et le nid d'un
saison, puis qui disparaîtront au renouveau vers le
pays du Nord.

C'était aujourd'hui l'anniversaire du Mikado, grand
fête officielle à laquelle nous ne pouvions manquer d
nous associer. Le cérémonial a été complet... A terre,
visite au gouverneur, qui nous reçoit en habit brodé et
nous offre l'affreux champagne traditionnel. En rade,
grand pavois, lunch et régates à bord de la frégate *Kaï-
mon,* l'école des apprentis chauffeurs. Là tout est anglais,
les uniformes, les croix, les règlements, le navire lui-
même, le champagne surtout, en dépit de son étiquette
française. Il n'y a de japonais que les visages et la cuisine. Certain poisson cru, qui figure sur la table à la
place d'honneur, a même une saveur indigène si marquée
qu'elle nous poursuivra longtemps comme un cauchemar.

CHAPITRE XVIII.

12 novembre. — La *Comète* a repris sa santé sous l'heureuse influence du beau climat de Kiou-Siou, et, de même que les peuples fortunés, elle n'a plus d'histoire. Les jours passent, marqués tour à tour par ces exercices périodiques dont la continuité peut seule former un équipage et le tenir en haleine. L'hiver approche, mais nous ne le passerons pas ici ; une dépêche de l'amiral, arrivée hier, nous prescrit d'être à Shanghaï le 19, pour recevoir le nouveau commandant attendu à cette date. Nous partirons le 14.

C'est par une excursion à Mogi que nous terminons notre « Voyage autour de Nagasaki »… Après avoir gagné les hauteurs de Tagami, d'où la vue s'étend jusqu'au golfe de Shimabara, on descend par un vallon pittoresque ; on contourne de hautes collines, à travers des bois fleuris d'asters, des bouquets de pins, de fougères, de palmiers, de bambous qui poussent ici côte à côte, mariant la verdure de tous les pays. En bas, une mer bleue et calme, des caps escarpés où s'élèvent des temples étranges ombragés de cyprès, des baies pleines de soleil dans un horizon de montagnes violettes.

Au milieu de ce cadre charmant, le village de Mogi dort près d'un torrent, le long d'une plage où le flot déferle à peine. Ses hôtelleries coquettes, ses ruelles paisibles, ses barques tirées sur le sable, tout respire le repos et la douceur de vivre. L'amour de la patrie, si profondément enraciné dans le cœur des hommes, même de ceux qui sont nés sous un ciel triste et sans lumière, doit être singulièrement vif et passionné chez ce peuple heureux que la nature a comblé… Heureux !

il semble l'être jusqu'à la légèreté. De ces paysages idylliques, du rire perpétuel de ces grands enfants, du babillage de ces mousmés aux jupes bariolées qui jacassent le long de la route, se dégage l'impression d'un monde fait pour jouir, d'un paradis de la vie matérielle, dont l'aspect et les sentiments graves de nos pays sont l'antipode. Et pourtant, ici même, dans ces gracieuses collines de Mogi, au milieu de ces joies païennes, le christianisme a trouvé des milliers de néophytes. La légende raconte qu'au moment des persécutions, les chrétiens furent jetés à la mer du haut des falaises de l'île Pappenberg, située à l'entrée de Nagasaki : il n'en est rien. C'est à Mogi qu'ils se réunirent et que, cernés par les bourreaux, ils furent forcés dans leur dernière retraite après un assaut furieux et passés impitoyablement au fil de l'épée. Aujourd'hui la liberté des cultes est complète, et ce passé sanglant n'est plus qu'un glorieux souvenir pour les Missions. Mais on voit là, sous son vrai jour, cette nation qu'il ne faut point juger en passant, qui cache, sous une apparente insouciance, avec les plus mâles vertus guerrières, une âme naturellement religieuse, qui sait enfanter des héros et des martyrs.

14 novembre. — Les préparatifs de départ sont terminés ; nous avons dit adieu aux amis qui restent et dont l'accueil eût suffi pour nous faire aimer Nagasaki ; à midi, la *Comète* appareille.

La gelée blanche du matin a fondu sous un grand soleil ; le temps est admirable ; il semble que le Japon se soit mis en fête pour nous donner des regrets. Les îles du golfe passent rapidement ; nous doublons Iwo Sima, le feu d'Ose-Saki ; les montagnes de Kiou-Siou diminuent, s'abaissent peu à peu sous l'horizon, puis s'effacent enfin dans un crépuscule couleur de perle dont la douceur retient les yeux.

18 novembre. — Après un jour de calme, le vent a fraîchi de l'ouest, nous apportant à plus de deux cents kilomètres la poussière grisâtre de la côte de Chine ; mais la *Comète* a continué vaillamment. Le 16, au matin, le bleu de la mer s'est assombri ; bientôt nous sommes entrés dans l'eau jaune du Kiang ; deux rives plates et vaseuses se sont dessinées vers l'ouest, et, forçant de vitesse pour finir cette étape, nous sommes venus jeter l'ancre devant Shanghaï.

La ville est en liesse pour célébrer la cinquantième année de son ouverture au commerce européen. Pavois, salves, illuminations, rien ne manque au programme de ces réjouissances. Hier matin, au champ de courses, le vice-amiral anglais Fremantle, le corps consulaire entier, les officiers de chaque pays représenté ici ont assisté à une grande revue des volontaires de Shanghaï. Afin d'affirmer le caractère international de cette solennité, les compagnies de débarquement de tous les navires de la rade y ont pris part. Le soir, retraite aux flambeaux, feu d'artifice, promenade de lanternes colossales, de poissons lumineux d'un réalisme étonnant, au milieu d'une foule énorme.

En ce moment les derniers lampions du « jubilé » finissent de brûler, et la gaieté officielle s'éteint avec eux. Suivant leur règle habituelle, les autorités chinoises se sont abstenues de prendre part à ces manifestations, et leurs sentiments à cet égard sont évidents. L'anniversaire d'un traité imposé par la force ne leur dit rien qui vaille ; les hauts mandarins ne l'ont jamais accepté du fond du cœur. C'est pour eux une date néfaste, et leur devise secrète est toujours : « La Chine aux Chinois ! »

25 novembre. — La *Comète* a, depuis le 19, un nouveau commandant. Le « tug boat » des Messageries maritimes a pris ceux qui partent ce matin au wharf de la Compagnie ; il les emporte vers Wousung, où les attend le *Calédonien* qui va les ramener en France. Sans doute, le bonheur du retour, la joie d'un moment si ardemment désiré ne laissent de place à aucun sentiment d'amertume ; sans doute aussi, pour un marin, la responsabilité est lourde quelquefois, et il aime à déposer ce fardeau lorsque sa tâche est accomplie... Cependant, nous avons eu le cœur serré quand le *Whampoa* a longé la canonnière blanche où des mains amies s'agitaient en signe d'adieu. Un lien puissant, étroitement noué, s'était formé entre nous et ce navire auquel nous devons tant de souvenirs précieux ; il ne pouvait se rompre sans souffrance. Ce n'est point avec un sourire que l'on quitte à jamais un état-major d'élite qu'on aime, un vaillant équipage qui vous a donné tant de preuves de dévouement et d'abnégation, un bâtiment où l'on a goûté la fierté suprême d'avoir à défendre le pavillon de la France. Nos regards ont peine à se détacher de la *Comète*. Son beaupré est tourné vers le large; le vent fait flotter les longs plis de son enseigne et de sa flamme de guerre; on la sent déjà prête à repartir et comme impatiente d'aller où un autre la conduira.

COMPOSITION
DE LA
DIVISION NAVALE D'EXTRÊME-ORIENT
EN 1893

TRIOMPHANTE, cuirassé de croisière.

MM. Humann, contre-amiral, commandant en chef;
Borel de Brétizel, capitaine de vaisseau, chef d'état-major;
Raffenel, capitaine de frégate, second;
Gauchet, lieutenant de vaisseau, aide de camp;
De Reinach de Werth, lieutenant de vaisseau, aide de camp;
Charlier, lieutenant de vaisseau;
Pacquèr,   id.
Daveluy,   id.
Laugier,   id.
Le Bihan,   id.
Frochot, aspirant de 1re classe;
Vindry,   id.
Serret,   id.
De Framond,   id.
Mondot,   id.
Renard,   id.
Le François des Courtils de la Groye, aspirant de 1re classe;

MM. Théron, aspirant de 1re classe;
Valdenaire, id.
Dauch, id.
Bertrand, id.
Luneau, mécanicien principal de 1re classe;
Lavise, commissaire adjoint, commissaire de division;
Mouello, aide-commissaire;
Ambiel, médecin principal, médecin de division;
Gorron, médecin de 2e classe;
L'abbé Le Rouzic, aumônier de division.

FORFAIT, croiseur de 3e classe.

Reculoux, capitaine de vaisseau, commandant;
Bahezre de Lanlay, capitaine de frégate, second;
Simon (Prosper), lieutenant de vaisseau;
Linkenheld, id.
Mac Guckin de Slane, enseigne de vaisseau;
De Cacqueray, id.
Bernard, id.
Porcher, aspirant de 1re classe;
Lebègue, id.
Bonnin, id.
Glorieux, id.
Bérenger, id.
Liard, id.
Graive, mécanicien principal de 2e classe;
Layrle, sous-commissaire;
Espieux, médecin de 1re classe.

INCONSTANT, aviso de 1re classe.

MM. Bory, capitaine de frégate, commandant;
Borsat de Lapérouse, lieutenant de vaisseau, second;
Vautier, enseigne de vaisseau;
Pérot, id.
Houard, id.

MM. Germon, aide-commissaire;
Bergeret, médecin de 2ᵉ classe;

COMÈTE, canonnière.

Dartige du Fournet (Louis), lieutenant de vaisseau, commandant;
Méléart, lieutenant de vaisseau, second;
Fournier (Georges), enseigne de vaisseau;
Gervais (Benjamin), id.
Bazin (Louis), id.
Conte, médecin de 2ᵉ classe.

LION, canonnière.

Papaïx, lieutenant de vaisseau, commandant;
Chevreux, enseigne de vaisseau;
Demoulin, id.
Marrot, id.
Dautheribes. id.
Madon, médecin de 2ᵉ classe.

TABLE DES MATIÈRES

CHAPITRE PREMIER

Le départ. — Le canal de Suez. — Aden. — Colombo. — Singapore. — Saïgon. — Hong-Kong. — Shanghaï.......... 1

CHAPITRE II

Le fleuve Bleu. — Prise de commandement. — Fiancées à bon marché ! — La branche de saule partagée. — Kiou-Kiang. — Hankow. — Les projets d'un vice-roi. — Wouhou. — Coup d'œil sur les missions. — Chinkiang................................. 14

CHAPITRE III

Shanghaï. — Les incendies de fin d'année. — Zeng Fô, ou le Bonheur parfait. — Journal d'un chasseur d'Afrique. — Cuisine chinoise. — Tirs du canon............................ 29

CHAPITRE IV

Montée du fleuve. — Un ami de Li-Hung-Chang. — Caractères et rites. — L'hiver chinois. — Oie et cuisinier. — Un père clairvoyant. — Mésaventure d'un croiseur chinois. — Navigation pénible................................. 40

CHAPITRE V

Wouhou. — La boue. — Les pontons. — Missionnaires catholiques et protestants. — Jour de l'an chinois. — Baisse et hausse du Yang-Tsé. — Ngan-King. — Le paradis des chasseurs.... 52

CHAPITRE VI

Descente du fleuve. — Nanking. — Le tombeau des Mings. —

Pagodes de Bouddha et temples de Confucius. — Ordre d'aller prendre la *Comète* à Saïgon. — Atchi tailleur et mandarin.   63

CHAPITRE VII

Départ mouvementé. — La croisière du riz en 1885. — Hong-Kong. — Bal au « Naval-Yard. » — L'été au sortir de l'hiver. — Saïgon.. 77

CHAPITRE VIII

Le désarmement. — Le tour de l'Inspection. — Familles annamites. — La « Comète ». — Courses à Saïgon. — Les jardins publics. — Bruits de difficultés avec le Siam. — La maison du phou de Cholen. — Transbordement. — En route pour Bangkok..   90

CHAPITRE IX

Dans le golfe de Siam. — La pointe Samit. — La barre du Ménam. — Paknam. — Le roi vu à la lorgnette. — Forts et navires siamois. — Bangkok................................... 109

CHAPITRE X

De Paknam au cap Saint-Jacques. — « Ouvre l'œil au bossoir ! » — Départ pour Hong-Kong. — Au pic Victoria. — Le seul filou. — Swatow. — Souvenirs de Formose.... 124

CHAPITRE XI

Nagasaki. — Les Missions. — Cheval de bronze et Crapaud volant. — Mœurs japonaises. — Dépêches chiffrées. — Fête champêtre. — Complications au Siam. — Départ pour Hong-Kong... 146

CHAPITRE XII

Retour à Hong-Kong. — Piraterie mutuelle. — Conseils d'un bon patriote. — Prise du capitaine Thoreux par les Siamois. — Marine chinoise. — En attendant les événements........... 160

CHAPITRE XIII

Voyage à Canton. — Monts-de-piété. — Bateaux de fleurs. — Fête du Dragon. — A travers Canton. — Retour à Hong-Kong.

— L'affaire Grosgurin. — Départ précipité pour Saïgon. — En croisière dans le golfe de Siam. — La baie Saracen. — Hatien.. 178

CHAPITRE XIV

Les affaires de Siam. — L'*Inconstant* et la *Comète* forcent les passes du Ménam. — Combat de Paknam. — En rade de Bangkok. — Le pavois du 14 juillet. — Forces et pertes comparées des deux flottilles. — Guet-apens avec préméditation............. 202

CHAPITRE XV

Dix jours en branle-bas de combat. — Affaire du *Say*. — Alertes de nuit. — L'*ultimatum*. — Préparatifs de guerre. — Au jardin de la Légation. — Expiration de l'*ultimatum*. — Rupture des relations diplomatiques. — Départ de Bangkok............. 226

CHAPITRE XVI

En rade de Kohsichang. — Un palais d'été qu'on ne pille pas. — Le blocus. — La paix. — La *Comète* convoie les torpilleurs jusqu'à Hatien. — Retour général à Saïgon................ 241

CHAPITRE XVII

A Saïgon pendant les négociations. — La fièvre de la *Comète*. — Les trois millions du Siam. — Nègres et jaunes. — La marine et le petit commerce.................................... 258

CHAPITRE XVIII

Départ de Saïgon pour le Nord. — L'Amour Mouillé, ou coup d'œil dans un courrier anglais. — Lutte contre la mousson de nord-est. — Foutchéou. — Deuxième séjour à Nagasaki. — Retour à Shanghaï. — Départ pour la France.................... 277

Appendice. — Composition de la division navale d'Extrême-Orient en 1893.. 295

PARIS

TYPOGRAPHIE DE E. PLON, NOURRIT ET Cie

Rue Garancière, 8.

www.ingramcontent.com/pod-product-compliance
Lightning Source LLC
Chambersburg PA
CBHW060329170426
43202CB00014B/2718